Mein Jakobsweg

Herstellung und Verlag
Books on Demand GmbH, Norderstedt
ISBN: 978-3-8370-2135-6

Erinnerungen an eine besondere Radtour

Der Weg nach dem Ende der aktiven Berufszeit und

vor Beginn der Freizeit

die Gesamtstrecke von Wulfertshausen (bei Augsburg) bis Santiago

Wie ich auf die Idee komme, den Jakobsweg zu gehen? Das ist doch jetzt der große Schrei; da sind doch Massen unterwegs! Kennst Du das Buch von Hape Kerkeling, das er über seinen Jakobsweg geschrieben hat? Wenn Dir langweilig ist, wieso hörst Du dann mit dem Arbeiten auf?

Das sind nur ein paar der Fragen, aber fast immer wieder dieselben, die ich mir anhören musste, als der eine oder andere von meinem Vorhaben erfahren hat.

Die **Idee** meines Jakobsweges hatte wie jede andere Idee auch eine Vorgeschichte.

Genau genommen begann mein Jakobsweg mit einer Freundschaft und Radfahren.
Seit Jahren fahre ich mit Heinz größere und kleinere Radtouren, nach Andechs, Maria Vesperbild, Nördlingen usw. Und Heinz ist der Mann, der den Jakobsweg von Augsburg bis Santiago schon zu Beginn der 90er Jahre – in Urlaubsetappen - zu Fuß gegangen ist. Dadurch hatte ich schon frühzeitig manche Information erhalten, die ich mit ganz normaler Neugier, aber ohne Wunsch zur Nachahmung aufgenommen hatte.

Zum ersten Mal berührte mich das Thema näher, als sich 2 befreundete Ehepaare aus Wulfertshausen aufmachten, den Jakobsweg in mehreren Jahresetappen mit dem Rad zu fahren.

Als ich dann im Jahr 2003 mit der Unterschrift unter den Altersteilzeitvertrag das Ende meiner Arbeitszeit einläutete, da bekam plötzlich der Begriff „Alter" in Zusammenhang mit mir einen anderen Sinn. Ich, der ich seit meiner Kindheit gerne mit dem Rad fahre und mich auch sonst total fit fühle, bin „alt". Da entwickelte sich nach und nach die Idee eines sinnvollen Überganges vom Beruf zur Freizeit. Mal eine mehrtägige Radtour unternehmen? Und da war er, der Jakobsweg! Hier glaubte ich die Möglichkeit zu haben, Abstand vom hektischen Beruf zu gewinnen, über das bisherige Leben nachzudenken und meinem Schöpfer Dank für ein erfülltes Leben zu sagen.

Aber da war noch meine Frau: hier musste noch viel **Ü b e r z e u g u n g s a r b e i t** geleistet werden, denn sie wollte mich keinesfalls alleine fahren lassen!

Deshalb hatte ich schon 2005 meine Jakobswegidee einem meiner Sport- und Radfahrfreunde geäußert und für eine Mitfahrt geworben, weil ich wusste, dass auch er zur Jahresmitte 2007 seine aktive Arbeitszeit beenden wird.

Ende 2006 und Anfang 2007 gab es dann Gelegenheiten, bei Diavorträgen einen ersten optischen Eindruck des Weges zu erhalten. Außerdem konnten die ehemaligen Pilger persönlich befragt werden. Dabei stellte sich das sprachliche Problem als geringe Hürde heraus. Größer war das Entsetzen über den finanziellen Aufwand. Von bis zu € 3.000 war da die Rede... Damit war auch der finanzielle Einspruch des Ehepartners erheblich. Und falls ja, wann sollte die Pilgerfahrt starten?

Dieser nun im Raum schwebende finanzielle Aufwand half ganz schnell bei der Klärung der Radfrage. Lange Zeit hatte ich damit liebäugelt, mir ein neues, leichtes und mit technischen Neuerungen ausgestattetes Fahrrad zu kaufen. Aber der Preis war nicht akzeptabel. Ein von Opa als Geschenk angebotenes älteres 7-Gang-Rad lehnte ich als zu schwer und mit zu wenigen Gängen ausgestattet ab. Blieb also nur mein Marin-Trekkingrad, mit dem ich in den vergangenen 13 Jahren schon 9000 km gefahren war. Nach meiner Pilgerfahrt sollte es den Namen „Jakobsrad" bekommen.

Als dann im Frühjahr 2007 mein erhoffter Rad-Mitpilger seine Teilnahme absagte, wurde die Wallfahrt ein Selbstläufer. Ich brauchte auf niemanden mehr zu warten und konnte alleine handeln. Als erstes legte ich das Startdatum fest: es sollte der Tag nach unserem Hochzeitstag sein.

Meine Frau war inzwischen von der Pilgerfahrt überzeugt und unterstützte mich total. Sie wusste, dass ich von meinem Plan nicht mehr abzubringen war. Es sei besser, positiv nach vorne zu denken und zu unterstützen, als zu bremsen und dadurch den angehenden Pilger zu verunsichern.

Als dann die Rückflugkosten inklusiv Fahrradtransport nur knapp über € 200[1] lagen, kam Begeisterung auf und die Aufbruchstimmung war groß. Aufgrund der zu fahrenden Kilometer, die evtl. täglich geschafft werden

---

[1] Bereits 2004 hatte ich nach Flügen von Santiago nach München gesucht. Dabei war ich bei der Lufthansa fündig geworden: rd. 1.300,- € !

könnten, und unter Berücksichtigung von 7 Reserve-Tagen für Unvorhergesehenes wie Pannen, Schlechtwetter und Krankheitstage hatte ich den 21.8. als Rückflugtag ausgewählt.

Bald nach der Idee begann das Füllen des „Gerippes" mit „Fleisch", das langsame **V o r b e r e i t e n** auf die Unternehmung. Wie ist was und wann zu transportieren? Was braucht man, was sollte man dabei haben, was ist lebensnotwendig, was ist wichtig, was ist wünschenswert, was kann ich bereits im Vorfeld zur Vermeidung von Radpannen tun?

Schnell waren die Bedürfnisse klar, wurden aber im Laufe der Zeit überholt, geprüft, verbessert bzw. optimiert: Satteltaschen, Lenkertasche, leichte und schnell trocknende Funktionskleidung, Regenschutz für die Radfahrt – außen wie innen, Ersatzteile für das Rad/Foto/Tacho, Fotoapparat[2], Speicherkarten, Fotostativ, Wichti (=Mobiltelefon), Tagebuch, Lese- und Sonnenbrille, Karten, Wegbeschreibungen, Erste-Hilfe-Paket, Sicherheitsweste, Schlafsack, Überholung des Rades, Getränkeflaschen; Radhelm!

Über einen längeren Zeitraum hinweg kristallisierten sich Problempunkte heraus, die vor der Abfahrt gelöst sein mussten: Überprüfung der Felgen und Speichen nach 3 Speichenabrissen, Kontrolle der Schaltung und der Zahnräder, Prüfung der Schalt- und Bremsseile, Austausch der Radmäntel gegen „Unplattbare", Kontrolle der aktuellen Schläuche – Mitnahme von Reserveschläuchen, Prüfung aller Schraubverbindungen, Radtransport im Flugzeug, Rückflug von Santiago. Auch der Check beim Arzt- und Zahnarztbesuch ist notwendig...

Letzte Schritte folgten: die Generalprobe, das Einfahren der neuen Komponenten, war die Testfahrt nach Neuburg. Mit voller Ausrüstung, neuen Reifen, neuer Hinterradfelge und neuen Speichen, neuer Kette und neuen Zahnrädern ging es am 30.6. los. Das Wetter war hervorragend und so startete ich um 8 Uhr. Gegen 11 Uhr kam ich in Neuburg an, ohne Probleme und erstaunlich frisch. Damit war klar, dass es nach einem letzten Radcheck in der Fahrradwerkstatt losgehen konnte.

---

[2] Mein Arbeitgeber spendet jedem Ausscheidenden einen Gutschein zur Erfüllung eines Wunsches. Ich kaufte mir davon u. a. eine kleine, handliche und doch sehr leistungsstarke Digitalkamera (Kodak V610) extra für den Jakobsweg. Sie wurde die „Jakobskamera".

Am Sonntag fragte ich bei unserem Pfarrer an, ob er mir den Pilgersegen geben könnte. Als Termin dafür wurde der 9.7. abends abgesprochen.

Der erste Tag:
der Aufbruch

Wulfertshausen – Ottobeuren

Seit Tagen wurde alles notwendig Mitzunehmende in der Nähe des Fahrrades deponiert. So auch Plastiktüten, die themenbezogen gefüllt wurden: die eine mit Unterwäsche, die andere mit Schlafzeug, die nächste mit Hemden usw. Diese Verpackungsart soll im Fall eines Falles, wenn Regenwasser in die Satteltaschen eindringen sollte, den Tüteninhalt trocken halten. Andernfalls gäbe es am Abend eine unangenehme Überraschung, wenn aus der durchgeschwitzten Kleidung nach dem Duschen in die regennasse Wäsche gewechselt werden müsste.

Natürlich klappte das Packen nicht auf Anhieb. Mehrmals wurde aus- und wieder eingepackt, der Inhalt der Tüten umgeschichtet, und der Bedarf mancher bereitgestellter Dinge noch einmal kritisch hinterfragt. Als endlich alles perfekt schien, wurde gewogen. Die Satteltaschen kamen auf 16 kg, das Bikebag – die Fahrradtasche – wog 2,5 kg, der kleine Rucksack mit den Lebensmitteln kam auf 5 kg, die Getränkeflaschen auf 2 kg, die Plastiktüte mit den Reiseunterlagen wie Karten und Bücher usw. auf 2 kg, die Fronttasche mit all den sofort notwendigen Kleinigkeiten wie Brillen, Wichti, Foto, Geldbeutel, Bonbons und Kaugummis, Pilgerausweis, Tagebuch usw. brachte es auf 3 kg. Mit meinem Gewicht und dem des Fahrrades ergab sich somit das „amtliche" Startgewicht, das die Muskeln die nächsten Tage und Wochen zu stemmen hatten: rund 128 kg, natürlich inklusiv der beiden Jakobsmuscheln. Mein Jakobsmentor Heinz hatte sie mir besorgt. Eine war an der Fronttasche und die andere hinten an der linken Satteltasche befestigt, so dass für jeden Wissenden sofort erkennbar war, hier ist ein Jakobspilger unterwegs.

Gegen 18 Uhr fuhr ich in voller Pilgermontur zum Pfarrzentrum, um mir dort von unserem Pfarrer den Pilgersegen zu holen. Meine Angelika begleitete mich und dokumentierte das mit den ersten Fotos meines Jakobsweges. Ich musste immer lachen, weil ich es nicht glauben konnte, dass es wirklich wahr wird. Irgendwie kam mir das alles, was geschah, wie nicht mich betreffend vor.

Die Stimmung am letzten Abend zu Hause vor dem Aufbruch war merkwürdig, traurig über den kommenden Abschied, und ängstlich in Erwartung dessen, was kommen wird.

Die Nacht war unruhig, der Schlaf oft unterbrochen und so war es nur konsequent, dass das Aufstehen noch früher als üblich stattfand. Ich wollte doch mit meiner Angelika das Haus um 7:30 Uhr verlassen, wenn sie mit dem Bus zur Arbeit fährt.

Doch auch Angelika war früher wach, stand früher auf und war somit auch früher aufbruchbereit.

Wir frühstückten wie immer gemeinsam, aber es wollte keinem so recht schmecken. Auch die Zeitung war diesmal unwichtig.

Nach einer innigen Umarmung und einem letzten Kuss verließen wir das Haus. Angelika schoss das Startfoto und los ging's. Ich begleitete sie ganz langsam fahrend bis zum Bus. Ein letzter Windkuss und eine Abschiedsgeste, und - wir waren getrennt.

Ich wollte die ganze Sache langsam angehen und so fuhr ich auch weiter, stark gebremst die Moosstraße hinunter, Richtung Hochablass. Mir war elend zumute, fast kamen mir die Tränen.

Doch ich freute mich auf meine Überraschung. Ich hatte geplant, Angelika an ihrer Arbeitsstelle zu besuchen, sie mit meinem Besuch zu überraschen und dann mit Heinz weiterzufahren. Mit Heinz hatte ich mich deshalb in Göggingen verabredet.

Langsam fuhr ich über das Moos, über die neue Brücke der neuen AIC25 nach Friedberg-West hinein. Alles kam mir so anders vor, ich betrachtete und erfasste alles bewusst, und mit einem Gefühl, als würde ich das alles nicht mehr sehen. Immerhin lag eine lange Zeit der zunehmenden Entfernung und viel Unbekanntes vor mir, alles Mögliche könnte sich ereignen – wer weiß schon, was kommen wird? Und doch, warum sollte ausgerechnet mir etwas auf dem sicherlich langen Jakobsweg passieren? Es waren schon so viele Pilger unterwegs gewesen und noch nie habe ich von einem Unglück gehört.

Das Wetter war nicht sommerlich, stark bewölkt und etwas windig aus westlicher Richtung. Der Wind kam also genau so, als wolle er auf dem Jakobsweg gegen mich sein. Die Wetterprognose für die nächsten Tage deutete auf Regen und kräftigen Wind hin. Umso erfreulicher war es am Startmorgen, dass es trocken war. Die Wolken allerdings verhießen baldigen Niederschlag. Aber, die Hoffnung (auf gutes Wetter) stirbt zuletzt!

Nach dem Hochablass bog ich in einen Waldweg Richtung Tierpark ein. Langsam ging es weiter an der Urologischen Klinik vorbei, die Schertlinstraße hinauf, durch das Antonsviertel weiter Richtung Göggingen.

An der Pforte sah mich die diensthabende Frau mit misstrauischem Blick an. Obwohl ich die Radbrille inzwischen abgenommen hatte, war ich für sie bekannt – vor Jahren hatten meine Frau und ich mit unserer ersten Digitalkamera einige Dinge fotografiert und bei dieser Gelegenheit war ich genau der Frau vorgestellt worden - und doch unbekannt, denn der Radhelm und das warme Kopftuch darunter waren eben doch eine gewisse Tarnung. Ich stellte mich vor und bat, Frau Reimelt an die Pforte zu rufen. Ich sei am Beginn meiner Fahrt nach Santiago und möchte meine Frau noch einmal sehen. Ihrem Gesichtsausdruck war sofort anzumerken, dass sie von meinem Wunsch und der Idee begeistert war. Sie rief bei meiner Frau an und sagte, sie solle bitte zur Pforte kommen, da sei jemand, der sie sprechen möchte.

Sekunden später betrat meine Frau die Pforte mit sehr misstrauischem Gesicht und schaute Richtung Empfangsfenster. Als sie mich sah, brach sie in einen Lachanfall aus und kam heraus. Sie sagte, sie sei sehr erstaunt über den Pfortenanruf gewesen und habe sich nicht vorstellen können, welcher Fremde hier an ihrem Arbeitsplatz etwas von ihr wolle. Umso größer war die Überraschung, dass ich es sei und damit schon die ersten Kilometer des Jakobsweges zurückgelegt hatte.

Wir gingen gemeinsam zur Straße, als Heinz mit seinem Rad um die Ecke bog. Nach einem großen gegenseitigen Hallo begann der endgültige Abschied. Heinz und ich fuhren los, Angelika winkte uns nach und ging zurück an ihren Arbeitsplatz.

Im Laufe des Vormittags hatte sich mein Besuch und meine Pilgerfahrt nach Santiago in der Firma bis zur Chefin herumgesprochen. Sämtliche Mitarbeiter waren von meiner Pilgerfahrt angetan und wollten mich in den nächsten Wochen in ihre Gebete für ein gutes Gelingen einschließen.

In den letzten Wochen hatte ich einmal Heinz besucht, um Wissen für die bevorstehende Pilgerfahrt aufzunehmen bzw. Bekanntes abzusichern. Heinz bot mir seine Spanienkarte zum Mitnehmen an, was ich aber ablehnte, weil ich als alter Jäger und Sammler Karten gerne selber besitze. Bei einem gemeinsamen Mittagessen im Biergarten des Andechser konnte ich Heinz überzeugen, dass er als mein Jakobsmentor meinen Start begleitet. Ich dachte dabei an eine Wiederholung unserer Radtour von

Augsburg bis Bad Wörishofen, die wir im heißen Sommer des Jahres 2003 unternommen hatten. Die 65 km seien für ihn machbar und er könne mit der Bahn wieder ganz schnell in Augsburg zurück sein.

Wir, Heinz und ich, entschieden uns, nicht den Radweg an der Wertach zu nehmen. Der Grund war, dass der Regen der letzten Tage die nicht geteerten Wege mit Sicherheit so aufgeweicht haben dürfte, dass radeln und schmutzig werden eins sein würde. Eine Verschmutzung von Rad und Kleidung zu so einem frühen Pilgerzeitpunkt sei aber vermeidbar und deshalb nahmen wir den Radweg neben der Straße nach Schwabmünchen. Hier kaufte ich die für meine Radtouren obligatorische Leberkässemmel, aber nicht um sie zu essen, sondern um einen Vorrat zu haben.

Mit zunehmender Fahrtdauer wurde das Wetter langsam besser: es gab ganz kleine Wolkenlücken und die Regenwahrscheinlichkeit nahm ab. Der Wind allerdings wurde immer kräftiger. Das alleine war schon unangenehm, dazu kam aber noch der Winddruck des Straßenverkehrs.

Wir fuhren von Schwabmünchen nach Hiltenfingen und von da weiter nach Ettringen. Auf diesem Straßenabschnitt gab es keinen Radweg mehr und durch die Fahrt auf der Straße hatten wir engen „Autokontakt". Auch die baumfreie Landschaft bot keinen Windschutz. So war es nicht verwunderlich, dass plötzlich die Kappe von Heinz davonsegelte.

Ab der Höhe Türkheim gab es an der neu gebauten Umgehungsstraße wieder einen Radweg, den wir natürlich sofort benutzten. Die Übergänge über die Querstraßen waren allerdings manchmal bergig. D.h., um die Querstraße kreuzen zu können, musste ein kurzer, aber kräftiger Anstieg bewältigt werden. Und den meinte ich einmal mit großem Gang und Schwung nutzen zu können. Doch für den Schwung wird ein größerer Kurvenradius benötigt, der nicht zur Verfügung stand. Also blieb nur Abbremsen und ganz schnelles Runterschalten, damit der Anstieg noch gefahren werden konnte. Und da passierte das Seltene – ich verschaltete mich und die Kette blockierte. Was war geschehen? Ich hatte vorn auf Blatt 3 und hinten auf Ritzel 1 geschaltet, wodurch die Kette „quergelegt" wurde. Aber eine neue Kette ist sehr straff und bietet keinen Spielraum. Deshalb blockiert sie, ein Weitertreten ist nicht möglich. Es blieb nur Absteigen.
Ein einfaches Heben der Kette in normaler Radhaltung war unmöglich, sie klemmte total. Mit kurzen Handgriffen gab es also keine Problembereinigung. Es blieb nur Abladen des Gepäcks und das Rad auf den Kopf stellen. Gott sei Dank war es inzwischen sehr sonnig geworden,

so dass die Arbeit keine weiteren Umstände machte. Ich schimpfte wie ein Rohrspatz, weil ich eine solche Panne noch nie in meinem Fahrradleben gehabt hatte. Ausgerechnet auf dem Jakobsweg mit seinen noch über 2000 km und in Anwesenheit von Heinz, meinem Jakobsmentor und Freund, aber „technischer Ignorant", musste mir so etwas passieren. Ich sah das als persönlichen Angriff auf meine Radlerehre. Über die Wirbelsäule und den Nacken zog eine Gänsehaut auf, als ich an die nächsten Tage dachte. Sollte das das Ende meines Jakobswegs sein?

Als das Rad auf dem Kopf stand, stellte ich zu allererst die lockeren Schaltseile fest. Deshalb dachte ich zunächst an gerissene Schaltseile. Aber beide Schaltseile zur gleichen Zeit reißen? Wozu war ich vorher in der Radwerkstatt gewesen? Hatten die nicht alles getestet und für ok befunden? An diesen unglücklichen Zufall wollte ich nicht glauben. Damit und auch mit der Umkehr von Heinz, der inzwischen weitergefahren war und mich zur Bewahrung von Ruhe aufforderte, kehrte langsam Vernunft in mein Hirn zurück. Mit angelegten Aidshandschuhen aus meinem Reparaturpaket konnte ich die Kette dann doch leicht anheben. Durch gleichzeitiges kräftiges Andrehen mit einem Pedal gelang es, die Kette auf Blatt 2 zu drücken. Und nun konnte ich wieder „pedalen". Sofort wurde das Rad umgedreht und eine Testfahrt unternommen. Alle Schaltvorgänge rauf und runter, aber bewusst durchgeführt, gelangen einwandfrei. Nichts blockierte mehr, kein Schaltseil war gerissen – ein Stein fiel mir vom Herzen. Was blieb, war ein angeschlagener Stolz und eine verletzte Ehre. Als Lehre aus diesem Malheur musste ab sofort „mit Hirn" geschaltet werden, das nahm ich mir ganz fest vor.

Nach dem Aufladen und wasserdichten Verpacken des Gepäckes ging die Fahrt weiter Richtung Bad Wörishofen, das wir auch bald erreichten.

Als erste Maßnahme in Bad Wörishofen wurde am Bahnhof der Fahrplan gesucht. Heinz und ich wollten sehen, wann der nächste Zug zurück nach Augsburg fährt und wie viel Zeit uns bleiben würde, um vielleicht eine gemeinsame Brotzeit zu machen oder eine Pizza zu essen.

Ich meinte als erster die nächste Abfahrtzeit zu haben, die Heinz aber in Frage stellte, weil er ja schon öfter zu allen möglichen Zeiten von Bad Wörishofen zurückgefahren war. Und bei der gemeinsamen Nachkontrolle musste ich von meiner schnellen Aussage einen Rückzieher machen – der 2. (berechtigte) Angriff an diesem Tag auf meine Ehre!! Ich hatte auf dem Fahrplan die Ankunftszeit in Augsburg für die Abfahrtszeit in Bad Wörishofen gehalten – wie peinlich...! Die Konsequenz aus dem Irrtum: da der nächste Zug in wenigen Minuten bereits fährt, wäre ein kurzfristiger Abschied nötig. Entweder fährt Heinz mit dem nächsten Zug oder wir machen Pause, was dann aber zu Lasten meiner verbleibenden Tages-Radstunden geht.

Als Entscheidungshilfe stellte ich Heinz die Frage, wie er es bei seinem Jakobsweg gehalten hatte: Mittagspause und dann weiter, oder weitgehend Durchziehen der Tagesetappe mit evtl. Pause, soweit sie sich auf dem Weg ergibt? Ein Durchziehen hätte den Vorteil, dass das Übernachtungsquartier früher erreicht wird, wodurch sich die Wahrscheinlichkeit deutlich erhöht, ein Bett zu bekommen. Die Antwort war, dass er dem Ziel Priorität vor einer erholsamen Pause gegeben hatte. Mit dieser Aussage half er mir sehr und ich entschied mich für das Weiterfahren.

Was folgte, war ein ganz schneller Abschied: eine Umarmung und ein Segenswunsch von Heinz. Er gab mir mit zunehmend zitternder Stimme sein Gnadenbild von der schwarzen Gottesmutter aus Roncesvalles und bat mich, dieses Bild und seinen Pilgersegen mitzunehmen, und bei der Gottesmutter in Roncesvalles für ihn zu beten.

Mit Lachen und dem Versprechen, seine Wünsche zu erfüllen, aber auch mit mangelndem Verständnis, was Heinz bewegte und fehlendem Weitblick - so erkannte ich es später in Roncesvalles -, nahm ich die beiden Papiere und steckte sie in mein noch leeres Tagebuch.

Heinz ging in den Bahnhof rein und ich fuhr weiter – Markt Rettenbach war mein Ziel.

Der Weg aus Bad Wörishofen heraus kam mir zunächst bekannt vor. Wir waren hier mit Gerlinde und Christian an einem schönen Herbsttag schon mal gewandert. Unser damaliges Ziel war die Wirtschaft in Hartenthal mit seiner guten Küche und dem Biergarten mit Bergsicht gewesen.

Doch was war das? Vor lauter Abschied, Konzentration auf den Weg und Orientierung auf der Karte hatte ich die Wetteränderung nicht bemerkt. Es begann ganz leicht zu nieseln. Was soll das? Kaum unterwegs, kaum ist Heinz weg - so mein Gedankenblitz -, beginnt die Realität und das kann auch schlechtes Wetter sein. Und plötzlich kam ich mir so verlassen vor. Dann merkte ich, dass ich mit meiner Reaktion, meiner Meinung, meinen Worten ins Leere stieß. Komische Gefühle kamen auf, etwas Durcheinander entstand im Kopf, denn so etwas hatte ich bisher nicht erradelt: meine Ausflüge, ob allein oder mit Freunden, fanden immer bei schönem Wetter statt bzw. waren Tagesausflüge, so dass Regen oder Gewitter immer am Tagesende bzw. am Ziel kein Thema mehr waren. Doch ich war weder am

Tagesziel, noch am Zielort; ich war ja erst am ersten von etwa 35 Radtagen. Oh Gott, was soll werden und wie geht das weiter?

Dennoch strampelte ich weiter. Ich erhöhte die Geschwindigkeit, immer mit dem Ziel, schneller voran zu kommen und einen evtl. Regenunterstand zu erreichen. Am Ortsende von Untergammenried war eine überdachte Bushaltestelle, in die ich reinschoss.

Inzwischen war aus dem Nieseln leichter Regen geworden. Ich musste mich also irgendwie regendicht machen. Außerdem dachte ich mir, wenn schon aus Wettergründen ein Stopp sein muss, dann kann ich etwas trinken und essen. Damit würde sich der Zeitverlust evtl. auf ein Minimum reduzieren.

Laufend wurde der Niederschlag mit einem kritischen Blick in die Ferne und auf dunklem Hintergrund geprüft, ob und wann ein Weiterfahren möglich ist. Das war bald der Fall.

Ab Großried allerdings ergab sich wieder etwas Neues. Die neue Fahrtrichtung nach Westen zeigte mit dem Gegenwind, dass der Regenschutz ein Hindernis war. Ich hatte das Gefühl, mit einem Scheunentor gegen den Wind zu fahren, denn das Treten wurde anstrengend und die Geschwindigkeitsanzeige war eine Enttäuschung. Außerdem regnete es nicht mehr.

Kaum ausgezogen und die erste Steigung hochgefahren, fing es wieder an zu regnen. Ich konnte mich in der Türnische eines Wasserspeichers, der ein paar Meter neben der Straße am Rande einer Wiese gebaut worden war, unterstellen. Zusätzlich günstig war auch, dass dies die windgeschützte Seite war. Das war der zweite Regenstopp – wie sollte das weitergehen? Zu diesem Zeitpunkt ahnte ich noch nicht, dass ich erst das Vorspiel erlebte.

Unangenehm war das Kältegefühl, das langsam aufkam, weil mich das Antreten gegen Wind und Steigungen zum Schwitzen gebracht hatte. Durch die Fahrpause kühlte ich wieder ab und merkte durch die ohnehin geringe Luftwärme die nasse Funktionskleidung auf der Haut. Ich wusste auch aus Erfahrung[3], dass ich mich bald umziehen oder weiterfahren müsste, um nicht noch mehr abzukühlen.

Langsam ließ der Regen nach und ich setzte meine Fahrt fort. Laut Wegweiser war es bis Markt Rettenbach nicht mehr weit, aber bergig und windig. Ein Blick auf die Uhr ergab, dass es wohl aufgrund der

---

[3] durch über 30jähriges regelmäßiges Joggen

Wettersituation sinnvoll wäre, wirklich in Markt Rettenbach nach einem Quartier für die Nacht zu suchen.

Endlich kam ich bei dunklen Wolken in Markt Rettenbach an. Mit langsamer Fahrt und Blicken nach links und rechts hielt ich Ausschau nach Informationen über evtl. Unterkünfte. Und schon war ich in der Ortsmitte bei einer Kirche. Daneben war eine Gastwirtschaft mit Hotel, und davor Tische und Stühle, wie in einem Biergarten. Ich stoppte und wollte die Gastwirtschaft betreten, doch sie war wegen „Ruhetag" geschlossen.

Es begann wieder zu regnen, aber heftiger als bisher. Schnell flüchtete ich mit dem Rad unter eine Überdachung, die für einige Tische mit Stühlen gedacht war. Kaum erreicht, frischte der Wind kräftig auf und aus dem Regen wurde ein Wolkenbruch. Oh Gott, was ist das denn und was wird jetzt? Und wieder war da dieses komische Gefühl im Rücken und die Erkenntnis des Alleinseins. Was soll ich tun? Wo komme ich unter? Wo ist die Gemeindeverwaltung oder eine Infotafel? Der Wolkenbruch verdunkelte den noch frühen Nachmittag, und meine Gedanken und Gefühle.

Da entdeckte ich gegenüber eine Bäckerei mit Tagescafe. Ich dachte mir, wenn ich da drin wäre, könnte ich das Problem des Auskühlens verhindern und vielleicht gibt es außer Kaffee auch Tee oder heiße Schokolade, womit ich mich etwas wärmen könnte. Gedacht und bald getan: ich spurtete mit dem Rad rüber und schon war ich, etwas nass geworden, in der Bäckerei. Nur einige Minuten später hatte ich meinen heißen Tee. Dazu genoss ich, und strafte damit das schlechte Wetter, ein leckeres Blätterteiggebäck.
In diesem kleinen Laden waren die junge Verkäuferin und ich längere Zeit allein, da nur selten Käufer eintraten. Und so kamen wir ganz langsam ins Gespräch. Ich erkundigte mich nach Übernachtungsmöglichkeiten im Ort, weil ich als Jakobspilger den Weg morgen fortsetzen wollte. Sie hatte noch nie etwas vom Jakobsweg gehört, obwohl dieser Ort am Jakobsweg liegt. Außerdem liegt schräg gegenüber die Kirche, eine Jakobskirche, und der Brunnen davor ist ein noch relativ neuer Jakobsbrunnen. Er war erst vor geraumer Zeit wegen der Wiederbelebung des Jakobsweges von der Gemeinde gestiftet worden.

Die Verkäuferin hatte tatsächlich eine Adresse von einer Kundin erhalten für den Fall, dass sich einmal ein Pilger nach einer Übernachtungsmöglichkeit erkundigen würde. Ich war über die Information sehr glücklich. Aber mit einem Blick auf die Uhr entschied ich mich, mit einem Anruf noch zu warten. Jetzt um 14:30 Uhr wäre eine Quartierbuchung noch zu früh.

Als ein älterer Herr eintrat, wurde auch der in unser Gespräch verwickelt. Er bestätigte mich in meinem Plan, über Ottobeuren und Bad Grönenbach in Richtung Wiggensbach zu fahren.

Immer wieder prüfte ich mit Blicken durch das Schaufenster die Wettersituation und ob sich Richtung Westen die Bewölkung veränderte. Das schien auch zunächst der Fall zu sein, so dass ich schon ans Weiterfahren bzw. an die Quartiersuche dachte. Doch binnen Minuten setzte ein noch heftigerer Wolkenbruch ein. Das bedeutete weiter warten.

Bei diesem Wolkenbruch öffnete sich die Tür und zwei in körperlange Regenmäntel verhüllte Menschen traten ein. Sie erkundigten sich bei der Verkäuferin, ob sie hier in dem Ort ein Quartier wüsste. Jetzt wurde mir ganz zweierlei. Ich hatte doch schon gefragt, nahm für mich das moralische Recht in Anspruch und hatte gedanklich bereits gebucht. Und nun gab die junge Frau den beiden Personen dieselbe Information über die eine Übernachtungsmöglichkeit.

Der Herr des Paares zückte sein Wichti und rief sofort bei der Telefonnummer an. Das Gespräch dauerte nur Sekunden, dann war alles vorbei: das Zimmer war bereits belegt. Mir wurde noch komischer. Was sollte ich jetzt tun?

Da kam die Verkäuferin auch schon mit einer Visitenkarte von einem Gasthaus aus dem Nebenraum. Dieses Gasthaus läge aber etwas abseits und nicht auf der Strecke. Sofort rief der Holländer, wie ich bereits aus den Gesprächen erfahren hatte, bei dieser Adresse an. Und siehe da, heute sei zwar Ruhetag in dem Gasthaus, aber Übernachtungsgäste nähmen sie auf. Da keimte in mir Hoffnung auf, dass ich doch noch ein Bett bekommen könnte. Aber abseits und bei dem Regen noch eine Extrastrecke fahren? Ich entschied mich gegen diese Lösung und hoffte auf Wetterbesserung.

Die beiden Holländer packten sich wieder wasserdicht zusammen und brachen zu dem Gasthaus auf. Sie kamen aus Utrecht und waren im Mai aufgebrochen. Sie seien ausschließlich zu Fuß unterwegs und wollten bis Oktober in Rom, dem Ziel ihrer Wanderschaft sein. Die Wanderkarten kauften sie immer erst vor Ort. Verständigungsprobleme hätten sie keine und rechneten auch nicht damit, denn neben der Muttersprache Holländisch spräche er noch englisch und italienisch, und sie deutsch.

Ich war mit der Verkäuferin wieder allein im Laden und fragte nach den Kilometern bis Ottobeuren, denn von einem größeren Ort versprach ich mir nun die Lösung der Übernachtung. Und die ca. 7 km waren ja überhaupt kein Schreck, eher das Wetter. Aber auch hier tat sich etwas. Es schien so, als würde es aus der Richtung Ottobeuren etwas heller. Deshalb machte ich mich wieder reisefertig.

Als es dann wirklich nur noch tröpfelte, bezahlte ich und war erstaunt, dass die junge Frau lediglich für die beiden Gebäcke Geld verlangte. Was sie für einen Tee verlangen solle, sei ihr nicht bekannt und überhaupt wolle sie mich bei der Pilgerschaft unterstützen. Voller Überraschung bedankte ich mich recht herzlich, wünschte ihr Gottes Segen für die Zukunft und verließ nach knapp 2 Stunden das Stehcafe.

Die Fahrt nach Ottobeuren war kilometermäßig kurz, aber sehr feucht. Zwar regnete es inzwischen nicht mehr, aber die Straßen waren patschnass und in den Spurrillen stand das Wasser. Außerdem war die Straße relativ schmal, so dass der Wasserschleier, den die Autos hinter sich herzogen, für genügend Nässe im Gesicht sorgte. Aber mit der Sonne, die durch die immer größer werdenden Wolkenlücken schien, und mit der Aussicht auf die baldige Übernachtungslösung störte mich dieses Ungemach nicht.

Von oben kommend hat man auf Ottobeuren einen guten Überblick und der war inzwischen sonnig. Langsam fuhr ich in Ottobeuren ein, mit dem freien Marktplatz als Ziel. Ich konnte mich aus früheren Besuchen erinnern, dass man von der Basilika aus einen schönen Blick auf einen freien Platz hatte.

Bei der Ehrenrunde auf dem Marktplatz war auch gleich die Touristeninformation der Gemeinde entdeckt. Bis zum Ende der Öffnungszeit um 17 Uhr hatte ich noch 10 Minuten Zeit, Informationen und evtl. ein Bett zu bekommen.

Die Frau der TI[4] war zwar hübsch und nett, aber ihr Verhalten mir gegenüber empfand ich als Enttäuschung. Ich hatte gehofft, dass von der TI aus die in Frage kommenden Angebote angerufen werden. Stattdessen drückte sie mir den Zettel mit den Adressen und Telefonnummern in die Hand.

Mit Dank verabschiedete ich mich und ging zu meinem Rad, das ich neben einer Sitzbank abgestellt hatte. Da inzwischen die Sonne die Lufttemperatur spürbar hatte ansteigen lassen, setzte ich mich auf die Bank und studierte die Preise. Schnell war klar, dass die am nächsten liegenden

---

[4] TI = Abkürzung für Touristeninformation

Möglichkeiten = Hotels preislich außen vor waren. Ich telefonierte in der Reihenfolge der günstigen Preise (für Übernachtung mit WC, Dusche und Frühstück) die Privatquartiere ab. Eines nach dem anderen war belegt und mein Unbehagen steigerte sich. Müsste ich doch in einem der Hotels nächtigen?

Ich schob mein Rad über den Marktplatz und wollte die Hotels nach optischen Gesichtspunkten näher betrachten. Ich dachte mir, je eleganter und protziger der Bau, umso teurer würde die Nacht sein. Ein Vergleich dieser Überlegung mit dem Preisen der TI-Liste gab mir weitgehend recht. Aber bereits beim ersten Gasthof blieb ich hängen, denn die Preisliste der angebotenen Speisen war auch im Rahmen meiner finanziellen Möglichkeiten.

Ich ging in den Gasthof und wurde auch gleich von einer älteren, aber elegant gekleideten Frau empfangen. Oh, elegant, dann wird's doch nicht günstig, dachte ich mir. Zwar sei alles belegt, sagte die Frau, aber sie hätte noch ein Zimmer frei, das allerdings ohne Dusche. Schnell sagte ich trotz des Preises von € 27,- zu, denn mir war ein Bett für die Nacht die Hauptsache und ich wollte bereits aus meinem großzügigen und etwas arroganten Verhalten in Markt Rettenbach lernen. Sofort wurde mir die Radunterstellmöglichkeit und das Zimmer gezeigt.

Als ich mein Gepäck ins Zimmer geschleppt hatte, konnte ich endlich aus den feuchten Klamotten raus, denn inzwischen fröstelte es mich. Da ich aber nicht ungewaschen in frische Wäsche schlüpfen wollte, musste ich mich kalt waschen. Aus meiner frühen Zeit des Ski-Langlaufes wusste ich, dass die Kälte bei freiem Oberkörper das kleinere Übel gegenüber der dauerhaft feuchten und abkühlenden Kleidung ist. Nach der grauseligen Kaltwaschung konnte ich endlich in trockene Klamotten schlüpfen. Alles Feuchte wurde ausgebreitet in der Hoffnung, dass es bis zum Morgen trocken sein würde, auch wenn die Heizung trotz Aufdrehens kalt blieb.

Nun galt meine erste Sorge dem Pilgerstempel. Wo erhalte ich ihn? Was ist, wenn ich keinen kirchlichen Stempel bekomme? Gilt der Stempel eines Hotels auch? Die Gasthofchefin, die Dame, die mich empfangen hatte, empfahl mir, diesen Stempel doch im Kloster zu holen.

In aller Ruhe, die warme Luft und die Sonnenstrahlen genießend, ging ich zur Basilika und suchte einen Hinweis, wo denn die Klosterpforte sei. Sicherheitshalber hatte ich mir die wasser- und winddichte Regenjacke angezogen, denn der Himmel war inzwischen wieder etwas bewölkt.

Die Klosterpforte war dank der Umleitungsschilder wegen der Renovierungsarbeiten bald gefunden. Der Pförtner allerdings, von dem ich gehofft hatte, dass er nur auf mich wartet, telefonierte mit dem Rücken zum Pfortenfenster. Geduldig wartete ich, denn ein weiterer Zutritt ins Kloster war wegen der geschlossenen Glastür nicht möglich. Alle aufgehängten Plakate wurden buchstabenweise „eingezogen", weil das Telefonat immer noch andauerte. Und ich war mir nicht sicher, ob mich der Pförtner schon bemerkt hatte. Ich hoffte, dass er das Telefonat abbrechen, zumindest unterbrechen würde, wenn er „Kundschaft" sähe. Deshalb hielt ich mich immer so vor der Klosterpforte auf, dass ich gesehen werden konnte. Zur Vermeidung der nun auftretenden Langeweile las ich alle Plakate x-mal und betrachtete die zum Kauf angebotenen Devotionalien in aller Ausführlichkeit.

Nach langer Zeit, so schien es mir, hatte der Pförtner wohl alles gesagt, was zu sagen war und beendete das Telefonat. Ich trug kurz meine Bitte vor und zeigte den Pilgerpass. Daraufhin erhielt ich wortlos den Pilgerstempel.

Etwas enttäuscht über diese Kommentarlosigkeit ging ich wieder zurück Richtung Ortskern. Weil der Weg an der Basilika vorbeiführte, betrat ich das Gotteshaus. Mir war plötzlich bewusst geworden, dass ich ja fast 100 km geradelt war, und trotz intensiven Straßenverkehrs, Wind und Regen heil eine Unterkunft gefunden hatte. Und dafür hatte ich Gott zu danken.

Kaum in einer Bank in der relativ dunklen Kirche sitzend, erkannte ich, dass auch dieses Gebet, die morgendliche Bitte und der abendliche Dank einer täglichen Regelmäßigkeit bedürfen.

Nicht weit weg vom Marktplatz fand ich einen Supermarkt, um mich noch vor Geschäftsschluss mit Getränken, etwas Gebäck und Obst zu versorgen. Bei diesem Einkaufsvorgang wurde mir bewusst, dass ich auch diese Tätigkeit in den nächsten Wochen wohl täglich durchzuführen hätte. Denn meiner Angelika hatte ich versprochen, neben Getränken und Gebäck unbedingt immer Obst einzukaufen. Die mehreren eingepackten Packungen von Stangenmüsli sollten nur meine Notverpflegung sein. Bananen und Äpfel seien Grundausstattung, und Tomaten wollte ich unbedingt dazu.

Ich überlegte, was ich zu Abend essen sollte. Finanziell günstiger wäre ein Essen auf dem Zimmer, aber einmal täglich was Warmes? Als Alleinreisender, der immer alles mit seinem Partner gemeinschaftlich entschieden hatte, gab mir keiner eine Antwort. Also rief ich erstmals meine Angelika an. Auch dieses Ritual, telefonische Kontaktaufnahme nach dem Quartierbezug, fand zum ersten Mal statt und wurde künftig täglich wiederholt. Angelika empfahl sofort ein warmes Essen, wenn es das

Angebot schon gäbe. Wer weiß, sagte sie, welche Gelegenheit es am nächsten Tag geben würde.

Das Bauernomelett mit dem frischen Salat schmeckte wunderbar, nur war die Portion für meinen Hunger zu klein. Und das Weizenbier dazu – alles erinnerte an das abendliche Essen zu Hause. Da war nur der kleine Unterschied des Alleinseins...
Frisch „gefüttert" und etwas ausgekühlt ging ich in mein Zimmer. Weil es dort nicht besonders warm war, zog ich mehrere Kleidungsstücke übereinander und legte mich ins Bett, bis oben hin zugedeckt. Den Fernseher hatte ich eingeschaltet und ließ das Programm ohne geistige Erfassung laufen.

Plötzlich ein lautes Klingeln neben meinem Ohr. Es war das Wichti. Ich musste wohl eingeschlafen sein, sonst wäre ich nicht so erschrocken.
Es war Opa Erwin, der sich erkundigen wollte, wie es mir denn an meinem ersten Pilgertag ergangen sei und wo ich wäre. Aus dem Schlaf aufgeschreckt führte ich das Gespräch fast widerwillig, andererseits war ich froh, mit jemandem reden zu können. Doch bald war das Telefonat beendet.
Ich wollte jetzt wirklich schlafen und schaltete das TV-Gerät ab. Außerdem war mir klar geworden, dass das Wichti nachts nicht solchen Krach machen sollte, was immer auch der evtl. Anrufer von mir wollte. Also: Lautstärke des Wichti runter und „vibrieren" einschalten.
Doch – das Tagebuch: ich hatte die Eintragungen des Tages vergessen! Sofort wurde alles dokumentiert: die aktuelle Höhe, die gefahrenen Kilometer und die Fahrzeit vom Tachocomputer, die Gesamtfahrstrecke vom Tacho und Tachocomputer, sowie den Durchschnitts- und Maximalpuls[5].

Mit Gedanken über den vergangenen Tag und was ich alles für die nächste Zeit gelernt hatte, drehte ich mich auf die Seite und schlief ein.

---

[5] siehe Anhang „Technisches kompakt"

Der zweite Tag

Ottobeuren – Lindau

Was habe ich gestern gelernt? Den Tag mit Gebet beginnen – Du willst schließlich etwas in Deinem Leben anders machen als bisher. Dann tu es auch!

Aber dann galt mein Interesse gleich dem Wetter und das sah gar nicht besonders aus. Wie in den vergangenen Tagen war es leicht wolkig und ein leichtes Rosa zeigte, dass irgendwo Lücken für die Morgensonne waren. Meine Hoffnung stieg, dass der Regen vom Vortag nur eine Episode gewesen sei, vielleicht ein Test der Nerven und der Leidensfähigkeit. Im Übrigen war es die letzten Tage nie absolut sonnig gewesen, geschweige denn sommerlich. Außerdem können bei einer Radtour oder einem Pilgerweg über längere Zeit alle Facetten des Wetters vorkommen. Dennoch – die leichte morgendliche Röte erweckte in mir die Erwartung, dass es heute besser sein würde.

Das Gepäck musste reisefertig gepackt werden. Und zu Beginn dieser Tätigkeit bemerkte ich, dass ich etwas umpacken sollte – ein weiterer Lernvorgang aus der Praxis heraus. Es wäre doch sicher einfacher, wenn die einzelnen Tüten den Gesamtinhalt eines logischen und zusammenhängenden Vorganges enthielten; z. B. zum Schlafen den Schlafsack, den Trainingsanzug und andere Unterwäsche. Gedacht und gleich getan, und bald war alles verstaut.

Außerdem ist täglich morgens die aktuelle Höhe zu dokumentieren, denn die kann sich zu der am Vorabend gemessenen unterscheiden. Die Basis der ganzen Höhenmessung ist der Luftdruck. Während beim Fahren die Veränderung der Höhe und damit die Luftdruckänderung die Ursache ist, sieht das beim Nichtfahren anders aus. Gibt es zwischen Abend und Morgen eine Differenz, obwohl nicht gefahren wurde, dann bedeutet diese Luftdruckveränderung eine Wetteränderung. Bei höheren Metern als am Vorabend kann mit einer Wetterbesserung bzw. Stabilisierung gerechnet werden, bezogen auf einen Umkreis von 15 - 25 km. Bei gesunkenen Metern…, na ja, Schwamm drüber, ich wünschte mir nur eine regenfreie Fahrt. Und heute war die Anzeige höher…

Ich ging frühstücken, bezahlte meine Übernachtung und lud das Gepäck auf. Der Blick zu den Wolken verhieß nicht mehr so Gutes wie beim ersten Blick durchs Fenster. Meine zweidrittellange Radhose wollte ich nicht mehr wechseln, denn es war Sommer, auch wenn es keiner merkt. He Wetter, halte dich gefälligst an die Anzeige des Höhenmessers! Der Wert ist gestiegen, also bitte besseres, mindestens stabiles Wetter, klar?

Nach 50 m schon bergauf fahren zu müssen war fast gemein, weil die Knochen, Bänder und Sehnen noch steif waren. Dazu kam noch das Orientierungsproblem, wo musste ich denn fahren und wo abzweigen, und das noch nicht ganz sichere Gleichgewichtsgefühl.
Aber der ortsinnere Anstieg war erst der Prolog. Ich hatte schon vermutet, welche Straße ich aus Ottobeuren heraus nehmen müsste und – Bingo -, genau die war es. Lange geradeaus und steil bergauf – ein Albtraum. Aber was soll's, das war nicht der letzte Berg bis Santiago. Nur so früh ins Schwitzen zu kommen, das war mir unangenehm. Dazu kam, dass es etwas schwül war. Und bei all diesen Gedanken und Gefühlen spürte ich plötzlich einen Tropfen.
Innerhalb der nächsten 20 m war die Straße nass. So, damit war meine Hoffnung auf einen trockenen Tag gestorben. Mir blieb nichts anderes übrig, als schnell unter der nächsten, noch dichten Baumkrone zu halten und mich und das Gepäck regensicher zu machen. Zum Trotz behielt ich wie gestern die Sonnenbrille auf – für alle Fälle…

In Wolfertschwenden fuhr ich in ein Buswartehäuschen, das gegenüber meiner hier endenden Straße lag, denn es regnete zu heftig. Außerdem musste ich links oder rechts abbiegen, aber wohin? Es gab keinen Wegweiser! Klar, welcher Fremde kommt schon hierher und die Einheimischen wissen ja, wohin sie fahren müssen. Der ausgehängte Gemeindeplan war grundsätzlich gut, denn ich konnte meine Position und den Weg finden, den ich gekommen war. Aber nach rechts und links war nicht zu sehen bzw. war nichts beschriftet, wohin die jeweiligen Straßen führen. Das inzwischen schon bekannte komische Gefühl im Rücken und Nacken machte sich ganz langsam bemerkbar, auch die Stimmung ging bergab.
Da sah ich einen Papierfetzen in der Wasserrinne am Straßenrand liegen. Ich spürte den Zwang, mir das näher anzusehen. Dieser nasse Papierfetzen stellte sich als ein gefalteter Geldschein, ein 5 € - Schein heraus. Sofort hatte ich eine Idee: einstecken und irgendwo auf der Strecke spenden. Damit er nicht mit meinem Geld vermischt wird, wurde er im Reparaturset unter der Fahrradquerstange verstaut. Aber ein etwas schlechtes Gewissen hatte ich dennoch.

Endlich war jemand zu sehen, den ich fragen konnte, in welche Richtung es nach Bad Grönenbach geht. Ich ging aus dem Bushäuschen raus auf die Straße in Richtung des kommenden Autos und winkte. Der Fahrer hielt und entpuppte sich als rauchende Frau mit Kleinkind auf dem Vordersitz. Die Wortfolge und die andere Betonung deuteten auf eine osteuropäisch-stämmige Deutsche hin. Nur mit Mühe konnte ich verstehen, in welche Richtung ich zu fahren hätte.

Es dauerte schon einige hundert Meter, bis ich den ersten versprochenen Wegweiser fand. Damit war dann alles Weitere klar. Es regnete, aber in erträglichen Maßen. Ich passte auf Grund der Spritzerei und der Nässe meine Geschwindigkeit an, denn ein plötzliches Bremsen war kaum möglich.

In Bad Grönenbach gab es 3 Wegweiser, aber auf keinem stand mein nächstes Nahziel Dietmannsried oder Krugzell. Der Passant, den ich fragte, war ein Urlauber und kannte sich hier nicht aus. Die Verkäuferin im gegenüberliegenden Sportgeschäft stellte sich auch als Ortsfremde heraus und verwies mich auf den Inhaber des nahen Juweliergeschäftes. Das Schaufenster war geschmackvoll und viel versprechend gestaltet, was aber nicht für das Geschäftsinnere galt. Hier gab es ein Gemisch von Schmuck- und Fotogeschäft mit etwas Drogeriegeschmack. Und den Ladeninhaber hätte ich auf der Straße eher für einen einfachen Tierhüter gehalten. Aber seine Empfehlung, den etwas weiteren, aber flachen Weg entlang der Bahnlinie zu nehmen, habe ich nicht bereut. Mit einem Gott-segne-sie ging's weiter. Diesen Segensspruch hatte ich mir vorgenommen, immer denen zu sagen, die mir auf meinem Weg helfen.

In Dietmannsried war die Wegweisung nach Krugzell nicht vorhanden. Ich musste schon wieder fragen und kam mir langsam blöd vor. Das Beste an der Situation war, dass die Frau auf dem Gehsteig jung und bildhübsch war. Das gab gleich wieder Auftrieb. Aber ganz klar war mir ihre Beschreibung nicht, wie ich Minuten später bemerkte. Da wäre ich beinahe in einen Friedhof gefahren. Die wenigen Meter zurück zu der eben gekreuzten Straße gaben den erhofften Wegweiser frei – es war zum Verrücktwerden! Meist gibt es dann Wegweiser, wenn alles klar ist; und bei Unklarheit fehlen sie... Das war die wichtigste Erkenntnis dieses Tages und das sollte ich noch öfter auf der Pilgerfahrt feststellen.

Inzwischen hatte es aufgehört zu regnen und die Temperatur stieg an. Außerhalb von Krugzell fragte ich ein Ehepaar, wie ich am besten nach

Wiggensbach komme. Ich wollte das, was ich vor mir sah, irgendwie umgehen: Berge.

Nach ein paar Kilometern war es dann so weit: es ging ziemlich steil bergauf und bald entschied ich mich für das Schieben. Ich wollte meine Kraft bewusst einsetzen und nicht schon am zweiten Tag alle Berge hinauffahren; wer weiß, wie lange meine Kraft reichen würde? Schließlich waren das noch keine nennenswerten Berge, wie ich aus den Reisebüchern wusste. Die richtigen Berge würden erst in der Schweiz, in Frankreich und in Spanien kommen. Also gemach, gemach.

Der Ausblick von den Hügeln auf die Landschaft unterhalb war nett, einfach wunderschönes Allgäu kam mir in den Sinn.

Auf einmal tauchte das Ortsschild Markt Wiggensbach auf. Die Häuser betrachtend fuhr ich etwas langsamer und beim Anblick einer Bäckerei mit Stehcafe verspürte ich sofort Hunger. In Erinnerung an die gestrige Situation in Markt Rettenbach kehrte ich ein auf einen Tee und ein Gebäck. Außerdem füllte ich aufgrund des appetitlichen Angebotes meinen Gebäckvorrat auf. Diesmal musste ich aber meinen Tee bezahlen. Überhaupt waren das zwei komische Verkäuferinnen. Die eine Frau schien gerade ihre Arbeitszeit zu beenden und übergab den Laden an die andere. Dabei wurden alle Schwachstellen und Mängel recht lautstark beschrieben, bis hin zu den Ansichten, die sie zu ihrem Chef, ihrer Firma und Gott und die Welt hatten.

Meine Pilgerfahrt ging weiter Richtung Buchenberg und ich erwartete einerseits unangenehme Steigungen, denn den Ortsnamen kannte ich aus den frühen 70er Jahren von den Besuchen bei Mutti in Kempten. Und damals ging es nach Buchenberg immer Serpentinen rauf. Andererseits konnte es keine wesentlichen Steigungen geben, denn auf der Karte war eine Bahnlinie eingezeichnet. Diese ist längst aufgelöst und als Radweg gekennzeichnet. Bahnstrecken steigen max. 2,5% und sind deshalb immer fahrbar. Das bestätigte sich bald, als ich in Ermengerst den Beginn der Ex-Bahnlinie erfragte.

Leider war der Weg nicht geteert. Wegen des Regens der vergangenen Tage war er aufgeweicht und deshalb recht schmutzig. Die Steigung war wirklich minimal, denn ich verspürte keine Anstrengung. Auch die Anzeige des Höhenmessers veränderte sich kaum.

Durch die Bäume und Büsche, die von links und rechts wie ein Dach über dem Weg hingen, kam ich mir vor wie in einem Tunnel. Deshalb spürte ich auch nicht, dass längst der Regen wieder eingesetzt hatte. Bei einer freien Stelle war das schnell klar, auch die Notwendigkeit, den Wetterschutz anzuziehen. Die Pfützen nahmen zu, die Geschwindigkeit wurde etwas reduziert und die Stimmung sank.

Am Ende des langes Weges tauchte als erster Ort Weitnau auf und schon war sie wieder da, die Unklarheit: wohin? Geradeaus, nach links? Keinesfalls nach rechts, denn das hätte ja zurückfahren bedeutet. Es fehlte ein Wegweiser. Ich legte meine wasserdichte Kleidung ab, denn der Regen hatte aufgehört. Beim Zusammenlegen sah ich, dass ich aussah wie ein Ferkel, voll gespritzt mit Sand vom Hinterrad bis hoch zur Kapuze! Der entgegenkommende Junge verschwand zu schnell in einer Gartengasse, so dass er nicht befragt werden konnte. Ich fuhr keine 10 m weiter, als ein Auto kam. Die Fahrerin bestätigte meine Fahrtrichtung nach Lindenberg.

In Seltmans war schon wieder Ende der Wegeklarheit. Der befragte Hausbesitzer, der gerade seine Einfahrt kehrte, empfahl mir die Richtung Isny zu nehmen. Der Weg sei kaum länger, hätte mehr Radwege und sei auf alle Fälle nicht so bergig. Und ich solle doch meine Kraft schonen, wenn ich schon bis Santiago fahren wolle...

Recht hatte er, das konnte ich binnen Minuten feststellen. Ich war bald in Isny und wollte eine Pause einlegen. Diese Pause musste ich aber nutzen, um mich erneut gegen den aufkommenden Regen anzuziehen.
Dann schob ich mein Rad langsam durch die Innenstadt. Am Ende der Fußgängerzone fragte ich eine Frau, ob die sich einschleifende Straße die Richtung nach Lindau wäre. Die Antwort: sie sei als Schweizerin hier zu Besuch und kenne sich nicht aus...
Die Richtung war in Ordnung, wie sich bald aufgrund der Wegweiser herausstellte. Auch gab es einen Radweg. Nur der Regen wusste nicht, soll er noch oder soll er aufhören. Dass der Verkehr auf dieser Bundesstraße sehr intensiv war, merkte ich erst, als der Radweg zu Ende war. Dann rauschte der Verkehr und dabei vor allen Dingen die LKW immer wieder ganz dicht vorbei.

Je näher ich nach Lindau kam, desto besser wurde das Wetter. Auch die Temperatur stieg, wie ich am Thermometer feststellen konnte. Also war die Regenkleidung wieder überflüssig. Überhaupt war sie außen trocken und unten feucht – Welt verkehrt.
Aufgrund der schon längeren Fahrt spürte ich erstmals ein wenig mein Sitzfleisch und machte eine Pause, die ich für die Umrüstung und für Lockerungsübungen nutzte. Dabei verspürte ich zum ersten Mal Appetit auf

den Geschmack von Müsliriegel. Zusätzlich leerte ich ein Magnesiumtütchen. Natürlich wurde auch kräftig getrunken. Ich hoffte, dadurch etwas zur Stärkung für die noch 30 zu fahrenden Kilometer zu tun. Aber die Erwartung erfüllte sich auf der weiteren Fahrt nicht. Bei einer nächsten Trinkpause auf einem Radweg wurde ich von einer Spaziergängerin eingeholt. Die empfahl mir, diesen Radweg zu verlassen und über eine Seitenstraße mit viel weniger Verkehr zu fahren. Diese Empfehlung war voll in Ordnung, wie ich bald feststellen konnte.

Und so erreichte ich Lindau, das mir völlig unbekannt vorkam. Wo war ich? Einfach weiterfahren, bis sich Klarheit ergäbe? Und genau so geschah es. Bald tauchte ein Wegweiser zur Insel auf. Lindau bestand für mich nur aus der Insel...

Ich schob mein Rad durch die Fußgängerzone Richtung Bahnhof, denn dort in der Nähe sollte die Touristeninformation sein. Auch in Lindau musste es geregnet haben, vielleicht sogar bis vor kurzem, denn alle Leute trugen noch Regenkleidung oder Regenschirme in der Hand. Je näher ich dem Bahnhof und dem angrenzenden Hafen kam, desto dichter wurde die Menschenmenge.

Vor der gleich gefundenen TI war allerhand los und ich befürchtete das Schlimmste, dass drinnen die Hölle los und / oder kein Bett mehr zu bekommen sei. So einfach das Rad stehen lassen und weggehen, das war mir zu unsicher, zumal vermutlich kein Sichtkontakt bestehen würde und die Abwesenheitsdauer auch völlig offen sein dürfte.

Als ich mein Rad entsprechend gesichert hatte, betrat ich mit meiner Fronttasche unter dem Arm den Raum der TI. Dort waren die beiden Beratungsschalter belegt durch mehrere Leute, die sich bald als zwei Gruppen herausstellten. An einem Schalter waren „Schlitzaugen", die auf Englisch beraten wurden. Da stand ich nun mit etwas Abstand, aber doch so, dass sich niemand dazwischen drängen konnte. Zwangsläufig hörte ich die Informationen für die Gäste mit. Als dieselben Aussagen ein drittes Mal wiederholt wurden, regte sich in mir die Ungeduld. Die hatte sich wohl trotz der körperlichen Anstrengung noch nicht verloren, vielmehr war da immer noch die Hektik der vergangenen Jahre, des bisherigen Lebens. Als sich dann endlich die schlitzäugige Gruppe bedankte und ging, verließ auch die Beraterin den Schalter und ich stand da, einfach so da und niemand kümmerte sich um mich.

Frust kam auf, auch wenn ich über die Schilder sehr angetan war, die mit den Flaggen und der dazugehörenden Sprache bedruckt waren, so dass ein Fremder sofort sehen konnte, wo er sich am besten anstellen könnte, um in der für ihn verständlichen Sprache bedient zu werden.

Aus dieser relativen Bewunderung wurde ich aufgeschreckt, als eine andere junge Frau vor mir stand und nach meinen Anliegen fragte. Ich wies mich, mit dem Finger auf meine Tasche zeigend, als Jakobspilger aus, der für eine Nacht eine Unterkunft suche. Sie sagte, Lindau sei fast immer dicht, aber sie würde trotzdem auf Suche gehen. Und bereits beim zweiten Anruf wurde sie fündig. Mit einem kleinen Stadtplan versehen machte ich mich auf den Weg, die markierte Stelle zu suchen. Gott sei Dank war dieses Quartier in der Altstadt und ich musste nicht wieder zurück irgendwohin auf das Festland fahren, wie ich zunächst befürchtet hatte.

Die Suche war nicht so einfach, wie ich mir das in der kleinen Altstadt von Lindau gedacht hatte. Die Häuser waren z. T. sehr klein und schmal, und die Hausnummern deshalb nicht immer eindeutig erkennbar, weil das EG meistens ein Ladengeschäft enthält. Erst beim zweiten Versuch, und da auch nur mithilfe eines Geschäftspersonals, fand ich die genannte Adresse.

Es war wirklich eines der vielen schmalen, aber hohen alten Häuser. Ich läutete bei „Gästehaus", aber nichts rührte sich. Auch beim zweiten Mal kam keine Antwort aus der Klingelanlage mit Lautsprecher. Die Dame von der TI hatte doch telefonisch mein Eintreffen avisiert.

Als ich enttäuscht zum Rad ging und überlegte, was ich nun tun sollte, hörte ich ein „Hallo, hallo" rufen. Ich drehte mich in die Rufrichtung und sah eine Frau aufgeregt winken. Meinte die mich? Ich wartete und siehe da, die Frau kam auf mich zu und fragte, ob ich der neue Gast sei. Auf meine Bejahung hin entschuldigte sie sich, dass sie nicht zu Hause war, aber auch sie nutze die neuen technischen Möglichkeiten. So habe sie den Anruf über ihr Wichti geführt, da sie ihr Heimtelefon auf Weiterleitung geschaltet hatte. Sie hatte nicht geglaubt, dass ich schneller bei ihrem Haus ankomme würde, als sie Ihre Einkäufe erledigen könne.

Die Frau in meinem Alter war sehr freundlich und redete viel, fast zuviel. Sie öffnete die Haustür und zeigte mir, wo ich mein Rad abstellen könne.

Ich war entsetzt von dem, was ich sah: ein Treppenhaus auf der einen und 3 Fahrräder auf der anderen Seite und dazwischen etwa 1m freier Weg zu einer dahinter liegenden Tür. Und das war es. Wo waren die Zimmer?

Sie forderte mich auf, ihr zu folgen und es ging tatsächlich die Treppe hinauf. Im ersten Stock, so erklärte sie mir im Gehen, sei die Küche, das Frühstückzimmer und das Büro. Weiter im zweiten Stock seien die

Etagendusche und mehrere Zimmer. Mein Zimmer sei im dritten Stock, gleich die zweite Tür. Hinter der ersten Tür sei die Etagentoilette. Sie sperrte mein Zimmer auf und ich war sofort begeistert. Warum? Weil die Luft, die mir entgegenströmte, warm war. Ich war natürlich mit dem Zimmer einverstanden, und akzeptierte die Umständlichkeiten stillschweigend: Etagenversionen von Dusche und Toilette, der Preis noch höher als in Ottobeuren, das Gepäck bis in den 3. Stock schleppen zu müssen und kein schöner Ausblick aus den beiden Fenstern. Die freie Sicht betrug max. 5 m und dann war schon die Hauswand des nächsten Gebäudes da. Priorität aber hatte für mich die Wärme im Zimmer!

Als ich nach zwei Schleppgängen endlich das Gepäck im Zimmer hatte, breitete ich die nassen Sachen aus. Die Elektrospeicherheizung drehte ich noch ein wenig höher, denn da sollte die Radlerunterwäsche draufkommen, die ich heute zum ersten Mal waschen wollte. Nach dieser Erledigung ging ich zum Duschen. Oh war das herrlich, endlich wieder warmes Wasser am Körper zu spüren. Ich war total glücklich und merkte, wie das Unbehagen langsam der guten Laune Platz machte. Umgezogen und im Zimmer zurück breitete ich meine Essensvorräte aus. Dabei entdeckte ich das von zu Hause mitgenommene Paar Dauerwürste und ein schon fast vertrocknetes Römerle[6]. Diese Lebensmittel mussten als erstes gegessen werden. Dazu sollte es aus dem Teebeutelvorrat, den mir meine Angelika sicherheitshalber für eine warme Tasse Tee zugesteckt hatte, einen (Zahnputz)Becher voll Tee mit heißem Wasser aus der Leitung geben.

Wie gedacht, so wurde auch gehandelt. Noch nicht fertig mit dem Essen fragte ich mich, ob denn jetzt noch eine warme Mahlzeit Platz hätte? Warme Mahlzeit, was könnte das evtl. sein? Plötzlich erinnerte ich mich an das Gutscheinheft einer Metzgereikette, das wir daheim vor einigen Tagen im Briefkasten erhalten hatten. Bei der Durchsicht hatte ich entdeckt, dass es u. a. zwei Gutscheine für je eine Leberkässemmel mit Getränk gab. Schon damals hatte ich die Idee, diese Gutscheine auf meine Pilgerfahrt mitzunehmen und unterwegs einzulösen. Ich hatte sogar im Internet recherchiert, in welchen Orten auf meinem Jakobsweg diese Metzgereikette Filialen unterhält. Dabei wurde ich nur in Lindau fündig. Ein Blick auf die Uhr zeigte, dass ich bis zur Schließung der Geschäfte noch Zeit hätte.

Nach dieser Essens Aufräumaktion machte ich mich auf, um die Gutscheine einzulösen und meinen Getränke- und Obstvorrat wieder aufzufüllen. Wo aber sollte ich mir meinen Stempel in den Pilgerpass holen?

---

[6] die Augsburger Bezeichnung für eine knusprige Semmel aus dunklem Mehl mit Kümmel

Als ich ganz schnell die Metzgereifiliale gefunden hatte, kam ich gerade noch rechtzeitig, um das Abschließen beobachten zu können. Da hatte ich wohl Pech gehabt, aber euch Leberkässemmel bekomme ich schon noch, dachte ich. Der Blick auf die morgendliche Öffnungszeit stimmte mich gleich wieder versöhnlich, denn ab 8 Uhr sollte es im Gästehaus das Frühstück geben und ab diesem Zeitpunkt öffnete auch die Filiale wieder. Damit war die Tätigkeitsreihenfolge für den nächsten Tag geklärt. Nun ging es auf die Suche nach dem mir bekannten Discounter, der gleich hier in der Fußgängerzone sein musste.

Aber wieder war es schlichtweg Pech. Die Hausbeschriftung des Discounters war noch da, aber kein Laden mehr. Auch die Kirche war dunkel und ich konnte keinen Hinweis auf das Pfarrhaus o. ä. erhalten. Aber vielleicht galt auch der Stempel eines Hotels oder einer Pension? Überhaupt, wenn in Spanien die Stempel der Refugios, der Herbergen, gelten, dann müssten doch auch hier die Stempel gelten. Diesen Gedanken mit dem Schluss fand ich toll!

Seelisch wieder etwas versöhnt fuhr ich weiter über die Brücke aufs Festland. Ich folgte dem Radweg und konnte bald ein großes Einkaufszentrum sehen. Nach wenigen Minuten hatte ich die gewünschten 3 Liter Säfte und die Obstmischung, und verstaute alles im Rucksack. Einer von den 3 Litern Fruchtsaft lebte aber nur bis zum nächsten Abfalleimer, denn die schon geleerte Packung musste hier rein. Sehr langsam und mit mir zufrieden fuhr ich den Weg wieder zurück auf die Insel.

Da ich gesättigt war, auch die Vorräte für morgen schon hatte, und es noch lange nicht dunkel werden würde, nahm ich mir vor, die Insel zu entdecken. Ich fuhr beim Spielcasino auf den Uferweg und um die ganze Insel herum, bis zum Ende an der Bahnbrücke. Die stellenweise aufbrechende Wolkendecke und die damit durchscheinende Sonne verliehen der Abendstimmung einen besonderen Reiz. Zwangsläufig musste ich die sich ergebenden Motive fotografieren, besonders am Hafen, als dann noch die Beleuchtung eingeschaltet wurde.

Während ich mit meiner Angelika telefonierte, nahm die spazierende Menschenmenge am Hafenbecken zu. Ich studierte den Schiffsfahrplan, um den richtigen Überfahrtstermin in die Schweiz herauszufinden. Währenddessen wurde mir ganz langsam die Musik bewusst, die von irgendwo herkam. Die Ursache war bald gefunden: immer mittwochs gibt es an der Promenade ein Kurkonzert im Freien. Und das war auch der Grund, warum so viele Menschen in der Hafengegend herumspazierten. Auch ich blieb und genoss die Musik des Salonorchesters und der Sängerin, fühlte mich zufrieden und doch einsam. All die Jahre habe ich immer alles Angenehme mit meiner Frau geteilt und hier war das eben nicht möglich. Den heutigen Regentag hatte ich zu diesem Zeitpunkt schon vergessen.

Als es fast dunkel war, fuhr ich gemütlich und musikbeseelt zum Gästehaus zurück. Zwar war der Weg dorthin kein Problem mehr, aber mangels Radbeleuchtung konnte ich den Straßenzustand, der in Altstadtbereichen selten gut ist, fast nicht erkennen. Aber es ging alles gut.

Im Zimmer aktualisierte ich mein Tagebuch und ging mit dem angenehmen Gefühl ins Bett, dass aufgrund der Abendstimmung morgen das Wetter deutlich besser sein würde als heute, dass ich wegen des relativ späten Frühstücks länger liegen bleiben könne und – dass es Leberkässemmeln geben würde.

Der dritte Tag:
von Bayern in die Schweiz

Lindau – Wattwil

Irgendwann wurde ich wach und wie ein Blick auf die Uhr ergab, war das viel zu früh zum Aufstehen. Also drehte ich mich wieder um und hoffte auf Schlaf oder Träume.

Doch plötzlich war ein unerwartetes Geräusch zu hören. Es wiederholte sich und klang, als würden Regentropfen auf Blech treffen. Aber das konnte ja gar nicht sein. Wie war der gestrige Sonnenuntergang? Das Geräusch nahm an Heftigkeit zu. Inzwischen klang es fast wie Trommeln. Ich stand auf und wollte mich mit einem Blick aus dem Fenster überzeugen, dass es Regen nicht sein konnte, durfte. Aber der Himmel war dunkelgrau, ein Boden war nirgends zu sehen. Im Moment des Betrachtens und zu Beginn der Überlegung, dass ich doch nicht schon wieder bei Regen radeln müsse, wurde endgültige Klarheit über den Wetterzustand hergestellt: es donnerte. Ein paar Sekunden später blitzte es und wieder folgte ein Donner.
Ich ging zu meinem Bett zurück und setzte mich. Und meine Stimmung stürzte ab! Regnen, wenn's denn sein muss, ok, aber bei Gewitter radeln? Es war zwar noch sehr früh fürs Aufstehen und Frühstücken, aber nun

schossen die Gedanken durch den Kopf, was zu tun sei. Was wäre das Beste? Vielleicht ist das Ganze bis 8 Uhr vorbei, und danach besseres Wetter? Aber die Erfahrung in unseren Breitengraden spricht gegen diese Wahrscheinlichkeit. Also wird es weiter regnen. Noch einmal nass und schmutzig werden wie gestern? Wie soll das alles wieder trocknen? Ich weiß doch nicht, wo ich die kommende Nacht sein werde. Also am besten mit dem Zug heimfahren. Die rund 500 m bis zum Bahnhof kann ich auch bei strömendem Regen zurücklegen. Und im Zug wird schon wieder alles trocknen, komme bis Augsburg und kann am Bahnsteig unter Dach warten, bis der Zug nach Friedberg fährt. Von dort sind es nur 3 km nach Hause. Sollte es in Friedberg gewittern, kann ich das in Ruhe am Bahnhof aussitzen. Wenn es auf der Strecke nach Wulfertshausen schüttet – kein Problem mehr, denn ich bin in Kürze zu Hause. Außerdem ist das Bayern-Single-Ticket die finanziell günstigste Lösung nach Hause zu kommen. Allerdings – wie verkaufe ich das Angelika und allen anderen Menschen, die von meiner Pilgerfahrt wissen, dass ich schon wieder zu Hause bin? Wie stehe ich da, könnte das Image darunter leiden? Wenn ich aber weiterfahre, entferne ich mich immer mehr, und ein Umkehren aus Witterungsgründen wird verkehrstechnisch immer schwieriger. Ich kann doch deswegen nicht auf Harry's Angebot zurückkommen. Er versprach, dass er mich überall abholen werde, wenn ich in irgendwelchen Schwierigkeiten stecke. Ist das Wetter eine Schwierigkeit zum Abbrechen der Pilgerfahrt? Fragen über Fragen, Gedanken pro und kontra Weiterfahrt...

Frust kam langsam auf, weil sich der Lärm auf dem Blechdach inzwischen anhörte, als wären Schlagzeuger am Werk. Es prasselte, blitzte und donnerte, und alles klang sehr nahe...

Inzwischen war es 7 Uhr geworden, Zeit zum Aufstehen und Packen und – Entscheiden. Intuitiv schnappte ich das Wichti und schrieb eine SMS an Angelika. Thema: dritter Tag mit Regen ist zuviel, ich komme heim. Nur wenige Minuten später kam die Antwort, aber nicht die, die ich erwartet hatte: das Wetter wird heute besser, soviel wie kein Regen mehr, mach weiter. Ich war verwirrt. Ich hatte auf Verständnis gehofft, und dass Angelika froh sei, wenn ich diese lange Fahrt ins Unbekannte nicht unternehme. So jedenfalls war früher eines ihrer Argumente gewesen. Und nun eine Abwehr! Wollte sie mich nicht daheim haben? Meine Stimmung kippte von Frust zur Enttäuschung. Aber vielleicht hatte sie recht?

Mit einem komischen Bauchgefühl, totaler Verwirrung und Appetitlosigkeit ging ich runter ins Frühstückszimmer. Aus der Küche heraus sah mich Frau Lilly[7], die Frau des Hauses, begrüßte mich sehr freundlich, und lachte. Meine Gefühle wurden immer noch verworrener. Als ich an die Tür des Frühstückzimmers kam, sah ich, dass schon alle Tische belegt waren – widerlich, ich will doch meine Ruhe haben - und ich nach einem Platz suchen, und fragen musste. Da kam Frau Lilly, fasste mich an der Hand, führte mich an einen Tisch mit jungen Leuten und zeigte an ein unbenutztes Set. Dies sei mein Platz, sagte sie, und was ich zu trinken möchte.

Das Frühstücksangebot war normal. Eier vermisste ich, aber die angebotenen Äpfel fand ich prima. Der Vernunft halber begann ich zu frühstücken. Als Frau Lilly mit der kleinen Teekanne wieder kam, sagte sie laut für alle, dass ich der Radpilger nach Santiago und sie ganz stolz über die Bcherbergung eines Pilgers sei. Beinahe hätte ich zu heulen begonnen, so komisch war mir. Am liebsten hätte ich mich weggebeamt – war mir das alles peinlich. Aber die jungen Leute halfen mir unbewusst, als sie sich nach weiteren Details erkundigten. Im Raum wurde es ganz still, so dass zwangsläufig jeder alles hören konnte. Der Fragerkreis wurde immer größer und ich musste das mir unangenehme Spiel mitspielen.

Die unterschiedlichen Gründe, warum es diese Gäste in dieses Gästehaus verschlagen hatte, waren interessant und lenkten mich von meinem Tief ab.
Ein Ehepaar mit Kind war mit seinen Rädern im Zug gekommen, wollten die Gegend kennen lernen und deshalb einige Tage bleiben.
Die jungen Leute an meinem Tisch waren alle aus verschiedenen Bereichen Deutschlands gekommen und kannten sich bis gestern auch nicht. Ihr gemeinsamer Arbeitgeber hatte sie nach Lindau zu einer größeren Mitarbeiter- und Motivationsschulung eingeladen. Da wurden Erinnerungen an meine Berufszeit wach…

Nach und nach verabschiedeten sich die Gäste und wünschten mir alles Gute für den weiteren Pilgerweg. Da war sie wieder, die Realität und das flaue Gefühl im Bauch und die Gänsehaut auf dem Rücken. Beim Bezahlen war Frau Lilly wieder die Freundlichkeit in Person, gab mir mit Begeisterung meinen Stempel in den Pilgerpass und baute mich auf, dachte sie bestimmt. Aber je mehr sie lachte und positiv sprach, desto mehr war mir nach heulen. Ich soll bei dem Wetter weiterfahren, hatte meine Angelika gesagt!
Trotz allem: Danke für das Lächeln und Mutmachen an Frau Lilly!

---

[7] Name geändert

Ich schleppte mein Gepäck runter zum Rad und machte es reisefertig. Als ich die Tür öffnete, war auf dem Straßenpflaster alles nass. Vereinzelt waren sogar Pfützen zu sehen. Aber wo war der Regen? Da hatte mich doch tatsächlich die ganze Frühstückssituation von meinem Weltschmerz so abgelenkt, dass ich das Gewitterende überhaupt nicht mitbekommen hatte.

Misstrauisch fuhr ich los in Richtung der Metzgereifiliale. Unsicher fragte ich, ob auch hier diese Gutscheine gültig seien. Klar, sagte der einzige Mann des Personals – er war auch noch der Filialleiter -, allerdings könne er mir nur Cola als Getränk anbieten. Er habe nichts außer Cola für diese Aktion bekommen. Ich und Cola[8], oh Gott! Andererseits, so schoss es mir durch den Kopf, vielleicht könnte das aufputschende Getränk sogar von Vorteil sein, wenn mir in den kommenden Schweizer Bergen die Puste ausgehen sollte.

Nachdem ich Semmeln und Getränke mühevoll und regensicher verstaut hatte, fuhr ich weiter zur Verkaufsstelle für Schifffahrtskarten. Ich wusste von gestern Abend und dem umfangreichen Studium der aushängenden Fahrpläne und Prospekte, dass fast täglich kurz nach 9 Uhr ein Schiff nach Rorschach fährt. Mit einer Schifffahrt, die ungefähr eine gute Stunde dauert, würde ich die Zeit, die ich durch spätes Frühstück verloren hatte, wieder hereinholen. Den ursprünglichen Plan, mit dem Rad über Bregenz nach Rorschach zu fahren, hatte ich aufgegeben. Die 53 km ohne Steigungen zu fahren waren nicht das Problem. Das Problem war die Zeit, die ich für 53 km brauchen würde. Außerdem, wenn's dann noch regnet... Mit dem Schiff komme ich wenigstens trocken in die Schweiz. Und dort wollte ich weiter entscheiden, was aufgrund des Wetters möglich sein würde. Weiterfahren, pausieren oder wieder zurück nach Lindau und heimfahren?

Als ich endlich nach einem dauerplappernden und nichtskapierenden Ruhrpottler meine Karte kaufen konnte, war die Zeit bis zur Abfahrt knapp geworden. Der Kai, von dem das Schiff ablegte, lag genau am anderen Ende des Hafens. Aber erst einmal auf dem Rad sitzend, und dann noch so früh am Morgen, da ist das Schiff gleich erreicht, so meine Gedanken. Hoppla, war da etwa eine leichte Besserung der Gefühlswelt?

Zu meiner Überraschung war ich der erste Fahrgast auf dem Schiff und konnte mir in dem Bereich, der mir mit dem Rad zugewiesen worden war,

---

[8] Mein erstes Cola seit meiner Lehrzeit!

den Platz mit der besten Aussicht aussuchen. Ich wollte eine gute Fotografenposition und das Rad immer im Blick haben, ganz gleich wo ich auf dem Schiff stand. Und schon kamen jede Menge Mitfahrer aufs Schiff und bald ging's los.

Die Fahrt ging an Nonnenhorn vorbei nach Wasserburg, wo das Schiff den geplanten Zwischenstopp einlegte. Obwohl viele Leute zustiegen, dauerte die Unterbrechung nicht lange und wir querten den See Richtung Rorschach. Misstrauisch prüfte ich immer wieder den Himmel, ob die Wetterbesserung, von der Angelika geschrieben hatte, auch wirklich kam.

Inzwischen hatte ein Fahrgast die Jakobsmuschel an meiner Fronttasche bemerkt. Als wir in Rorschach von Bord gingen, sprach er mich an, ob ich auf dem Jakobsweg sei. Durch dieses kurze Gespräch vergrößerte sich der Kreis der Leute, die meine Situation interessierte. Mehrere wünschten mir eine gute Fahrt und gutes Gelingen.

Die richtige Route für die Weiterfahrt zu finden, war nicht einfach, weil? Richtig - eine Ausschilderung nach dem oder den im Pilgerreiseführer genannten Orten fehlte. Auch ein Jakobszeichen konnte ich an der Straßenkreuzung vor dem Hafen nicht finden. Das Losfahren nach der gefühlten Himmelsrichtung stellte sich bald als falsch heraus, als ich eine Passantin nach dem Weg fragte. Sie wisse den Weg auch nicht, sagte sie, empfahl mir aber die Route über St. Gallen zu nehmen. Es sei zwar mehr Verkehr auf dieser Straße, aber ich würde auf diese Weise meinem Ziel schneller näher kommen.

Die Straße war wirklich sehr belebt, ihre vier Spuren waren aber sehr breit und der Seitenstreifen war für mich als Radler aus Abstandsgründen auch ok. Es ging allerdings permanent bergauf. Immer wenn ich glaubte, die eben angepeilte höchste Stelle erreicht zu haben, gab es ein paar Meter relative Ebene und danach ging es weiter nach oben. Trotz der vielen und fein abstimmbaren Gänge war es anstrengend, das gesamte Gewicht von ca. 130 Kilogramm nach oben zu strampeln.
Bald fühlte ich mich am Körper nass, auch deshalb, weil die Jacke, die ich aufgrund der kühlen Temperatur trug, einen größeren Luftaustausch nicht zuließ. Irgendwann bemerkte ich trotz Sonnenbrille, die bis dahin als Wind- und Luftschutz gedient hatte, dass es heller geworden war. Eine Prüfung der Temperaturanzeige bestätigte auch zunehmende Wärme. Und der Blick auf die Wolken ergab auch Positives: sie hatten ganz in der Ferne,

im Süden auch schon Lücken. Von Westen her hatte ich den Eindruck, dass mit Regen nicht mehr zu rechnen war. Meine Stimmung wurde besser! Die Verkehrsdichte nahm noch weiter zu und bald war das Ortsschild St. Gallen erreicht.

Die Straße ist als Fernstraße eine Tangente, die an den Gleisen entlang und damit am Stadtkern vorbei führt. Als ich den Bahnhof sah, erinnerte ich mich an unseren Betriebsausflug 1989, der uns nach St. Gallen geführt hatte. Damals hatten wir, mein Team und ich, per Führung die Innenstadt, die Kirche und die berühmte Bibliothek besichtigt. Deshalb bestand für mich kein Bedarf, den Ort noch einmal zu besuchen.

Die Ausschilderung nach Herisau war perfekt, auch wenn ich von manchen Änderungen der Straßenführung verwirrt wurde und glaubte, die südwestliche Richtung zu verfehlen.

Die lang gezogene Steigung der Straße hinter St. Gallen war erst der Prolog, wie ich bald bemerkte. In immer kürzeren Abschnitten ging es unterschiedlich steil bergauf, aber auch wieder rasant bergab. Irgendwann wurde mir die Wärme bewusst: die Wolkenschicht war immer dünner geworden und die Sonne machte angenehm warm.

Als mir das Schwitzen zu viel wurde und ich bei einer der vielen Steigungen an einer Hofeinfahrt anhielt, um mir die Jacke auszuziehen, fielen mir die Leberkässemmeln ein. Ich war ganz entzückt von der Vorfreude, wie eine Lindauer Leberkässemmel in der Schweiz schmeckt. Und nur wenige Sekunden später gab es nur noch eine. Die zweite Semmel konnte ich nicht mehr essen, weil ich aufgrund der Anstrengungen doch etwas außer Atem war. Auch das Trinken ging nur mit Mühen runter und in ungewohnt kleinen Schlucken.

Als ich endlich Wattwil, das geplante Etappenziel erreichte, fuhr ich langsam durch den Ort, um mir einen Überblick zu verschaffen. Bei der Reiseplanung zu Hause hatte ich die Möglichkeit von Schlafen-im-Stroh als die günstigste Übernachtungsmöglichkeit gefunden. Wegen der bekannt hohen Schweizer Preise war ich deshalb von der Idee ganz angetan. Doch jetzt, kurz bevor diese Idee Realität werden könnte, war ich mir unsicher.

Vor der Kirche sah ich einen Gärtner bei der Pflege der Blumenbeete und peilte ihn als Informanten an. Vorher besichtigte ich noch die Kirche, eine evangelische, wie sich herausstellte. Die Antwort des freundlichen Mannes in seinem netten Schweizer Dialekt war wenig hilfreich. Aber die Lage des Touristenbüros, das ich in der Gemeindeverwaltung fand, konnte er mir gut beschreiben. Dort bekam ich eine Liste von Übernachtungsmöglichkeiten ausgedruckt, die ich auf einer Bank vor dem Gebäude studierte.

Als erste Adresse wurde ein Bauernhof genannt, bei dem auch Schlafen-im-Stroh möglich wäre. Aber die Lage sei 3,5 km außerhalb, am Berg oben. Da ich heute schon genügend Höhenmeter gefahren war, hatte ich kein Interesse mehr, einen weiteren Berg hinaufzufahren. Die zweite Adresse klang deutlich besser, weil es eine Straße im Ort war.

Sofort rief ich an und hatte auch gleich den erwarteten Gesprächspartner am Ohr. Wenige Minuten später holte mich Herr H.[9] ab und führte mich in ein Büro. Da kamen mir leichte Zweifel, was das denn nun werden würde. Als er sich hinter den Schreibtisch setzte und mich bat, Platz zu nehmen, sah ich an der Wand zum ersten Mal ein Riesenposter von der Jakobskathedrale von Santiago. Dahin wolle ich, sagte ich und zeigte auf das Bild, müsse allerdings bis dahin noch viel fahren und oft übernachten. Damit waren alle steifen Begrüßungsriten weggeschwemmt und ein sehr nettes und freundschaftliches Gespräch entwickelte sich. Er könne mir nur im Notfall ein Quartier anbieten, meinte er, denn er sei eigentlich der Vermittler für eine größere Gruppe der Pfarrgemeinde, die für Jakobspilger Betten zur Verfügung stellen. Da er den langen Weg nach Santiago selbst schon mehrfach gegangen sei und um die Kosten wüsste, würde er mir ein Quartier empfehlen, das bereits in der richtigen Fahrtrichtung läge, günstig und mit Familienanschluss sei. Und das war ausgerechnet die erste Adresse, zu der ich aus Steigungsgründen nicht mehr fahren wollte. Was sollte ich sagen? Sollte ich seine Empfehlung ausschlagen? Seine Antworten im folgenden Telefonat mit der Bäuerin klangen nicht gut. Ich glaubte rauszuhören, dass es mit dieser Adresse nichts werden würde. Doch nach dem Auflegen klärte sich das Gespräch: alle Betten seien belegt, aber Schlafen-im-Stroh sei möglich. Begeistert sagte ich zu und machte mich kurz darauf mit einer Wegbeschreibung an den Aufstieg.

Ganz harmlos ging es fast bis zum Ortsende, dann nur über die Eisenbahnbrücke hoch zum Kloster und nach der Kurve – ging's erst richtig steil rauf.

Nur wenige Meter hatte ich noch den Ehrgeiz zu radeln, dann stieg ich ab und schob das Rad. Es ging zwar langsam vorwärts, aber durch diese Langsamkeit konnte ich meine Augen mehr nach rechts und links wenden.

---

[9] Name geändert

Die Landschaft wurde mit jedem Meter interessanter und die Ausblicke immer schöner.

Die schmale Bergstraße führte an Scheunen und Bauernhöfen vorbei, aber die Lagebeschreibung passte nie. Sollte ich den falschen Weg genommen haben? Ich schob weiter, weil ein Umkehren nur einen erneuten Aufstieg zur Folge haben würde. Und wie es immer ist, wenn ich kurz vor dem Geduld verlieren bin, dann tut sich was: etwas abseits der Straße und mit sehr steiler Auffahrt tauchte mitten am Hang ein Gehöft auf.

Ich war schon erschöpft und hoffte intensiv, dass das mein Ziel sei. Oben waren Kinder und ein Hund auf den kommenden Besucher aufmerksam geworden. Ich sah, wie ein älterer Herr auf mich zukam. Ich fragte ihn, ob das der gesuchte Hof sei. Er, der Opa, bejahte zwar, sei aber nicht der Hausherr und deutete auf eine junge Frau, die inzwischen aus dem Haus gekommen war und mich misstrauisch beäugte.

Ich stellte mich als den Jakobspilger vor, wegen dem Herr H. angerufen hatte. Bald waren wir drei in ein sehr nettes und freundliches Gespräch verwickelt. Es ging um Heimat, Dialekt, Aussicht und Radfahren. Die Kinder waren interessierte Zuhörer, die sich nach und nach mit neugierigen Fragen ins Gespräch einschalteten. Es handelte sich um Schweizer Großstadtkinder, die in den Ferien für eine Woche auf die Almen geschickt werden, um das Leben auf dem Land kennen zu lernen.

Die Hausfrau stellte sich als Dany[10] vor und ich solle sie doch duzen. Sie zeigte mir die für den Besucher wichtigen Orte: das WC für alle, das Bad – das Familienbad – im Haus und meinen Stroh-Schlafplatz im Boden der angrenzenden ehemaligen Scheune. Für den großen Bereich mit Strohlager gab es nur einen Lichtschalter und ein Licht, und das ganz vorne an der Treppe, gleich nach dem „Hunde"gitter, das unbedingt geschlossen werden sollte. Damit sollte ein Besuch von ungebetenen Gästen, wie z. B. streunende Hunde, vermieden werden. Neu und überraschend für mich war auch die Aufforderung, bei Betreten des Hauses die Schuhe auszuziehen. Auf ihre Frage, ob ich separat oder mit der Familie essen wolle, sagte ich erfreut die Teilnahme am Familienessen mit den Gästekindern zu. Weniger begeistert war ich, als ich erfuhr, dass es zu Brot, Schinken und Käse als Getränk frischgemolkene Milch geben werde. Aber einen Rückzieher wollte ich auch nicht machen.

---

[10] Name geändert

Nach Duschen und Beziehen des „Schlafgemaches" setzte ich mich im Freien an den Tisch bei der Hütte, in der sich die Familie mit den Gästen trifft und gemütlich feiert. Ich aktualisierte mein Tagebuch, genoss die herrliche Aussicht und informierte meine Angelika über meine Situation. Der Hof-Opa kam zu mir, setzte sich und wir redeten über alles Mögliche.

Allmählich tauchten neue Gesichter auf. Diese wurden mir als Gäste aus Mecklenburg-Vorpommern vorgestellt, die oben in der Gästehütte einen Bergurlaub verbrachten. Die Me-Po-Frau war besonders klug und wusste zu allem alles, und wurde mir von Minute zu Minute unsympathischer. Als ich das bemerkte, musste ich mich erinnern, dass ich auf dem Pilgerweg war und dabei immer wieder Hilfe erwartete, und deshalb doch offener und toleranter als bisher sein sollte. Ihr Mann schien durch das Landleben förmlich aufzublühen. Er wollte immer wieder landwirtschaftliche Arbeiten verrichten und tat das auch, wie ich später sehen konnte. Weiter oben auf der sehr steilen Wiese wendete er mindestens eine Stunde lang das gemähte Heu – ich war sehr beeindruckt!

Die Gastgeber hatten zwei kleine Kinder, die Dany sehr in Schwung hielten. Der Sohn, das ältere Kind mit 3 Jahren, war ein Treibauf und durch nichts zu bremsen. Das kleine Mädchen war grade 1 Jahr alt geworden und damit das Schmusekind von Mama und Papa Pepe[11], der inzwischen von seiner Arbeit heimgekehrt war. Für ihn war nun sein zweiter Job zu erledigen, die Nebenerwerbslandwirtschaft. Zwar war tagsüber Opa da, doch am Spätnachmittag war der Bauernhof sein Arbeitsgebiet.

Nach getaner Stallarbeit rief Dany die Kinder und mich zum Abendessen. Es gab wirklich die angekündigten mehreren Riesenteller mit Speck, Käse und Brot. Dazu hatte jeder eine große Tasse mit Milch, nur Pepe nicht. Vor ihm stand eine größere Schüssel (ohne Henkel) mit einem Kaffee-/ Milchgemisch. Dass aus solch einem Geschirr getrunken wurde, hatte ich vorher noch nie gesehen – Reisen bildet eben. Ich konnte mich zwar in der Runde von 10 Personen satt essen, aber etwas fehlte mir: mein abendliches Bier. Und wieder musste ich mich an die Pilgerfahrt erinnern, dass andere Länder und andere Sitten kommen würden, und dass das wohl die erste Situation sei, in der Gewohnheiten zu hinterfragen sind.

Aber kaum war ich wieder draußen und genoss den Ausblick, da kam Dany und fragte mich, ob ich ein Bier haben wollte... Wenige Minuten später kam auch Opa wieder, mit einer Bierflasche in der Hand! Dany

---

[11] Name geändert

fragte mich, ob sie meine Wäsche waschen solle. Die sei bis morgen früh leicht trocken und das Angebot koste 5 Schweizer Franken. Ich war sehr überrascht, nahm das Angebot aber gerne an. Denn wann es eine nächste Waschgelegenheit geben würde, war völlig offen, außerdem spare ich mir Waschmittel für später, dachte ich mir. Wer weiß, wie sich alles entwickeln würde...

Da die Sonne längst hinter den Bergen verschwunden war, merkte man ganz langsam die aufkommende kühler werdende Luft. Und schon war Dany wieder da und forderte uns auf, in die Hütte zu gehen. Doch nur wenige Augenblicke waren wir, Opa und ich, allein, da kamen auch die norddeutschen Gäste und die Gastgeber mit ihren Kindern. Später, als es fast ganz dunkel war, kamen auch noch zwei Freunde von Dany und Pepe aus Wattwil hoch zum Dämmerschoppen.

Ich zog mich bald zurück, um ins Strohbett zu gehen. Bereits beim Betreten der Scheune bemerkte ich, dass es ganz schön kühl war. Das Gefühl verstärkte sich noch, als ich mich schlafgerecht anziehen wollte und den Schlafsack, der ja nur eine Hülle war, herrichtete. Ich disponierte um und zog alles an, was wärmte: mehrere Lagen Unterwäsche, zwei Jacken und Hosen, und zwei Paar Socken. Nach dem mäusedichten Verschließen aller Taschen machte ich meinen Strohhaufen zurecht und wollte in den Schlafsack schlüpfen. Doch das klappte irgendwie nicht richtig. Ich überlegte, was denn jetzt anders sei als beim Probeliegen zu Hause. Langsam erinnerte ich mich daran, dass daheim in Sommerkleidung getestet worden war. Außerdem wurde der Schlafsack danach gewaschen und musste dabei geschrumpft sein.

Es kostete ziemlichen zeitlichen Aufwand, in den Schlafsack zu schlüpfen. Als ich endlich drin war, tauchte das nächste Problem auf. Es war nicht möglich, eine vernünftige Schlafposition wie zu Hause im Bett zu finden. Ich fühlte mich sehr beengt und eingequetscht. Außerdem war da ein hartes Gefühl, das darauf hindeutete, dass ich trotz Stroh auf dem Boden lag. Um das zu prüfen, musste ich wieder raus aus dem Schlafsack. Tatsächlich ergab ein Test, dass das wenige Stroh für mein Gewicht nicht ausreichte. Ich holte mehrmals Stroh aus dem Nebenbereich, musste aber erkennen, dass der Boden weiterhin fühlbar war. Was tun? Mit der gespürten Härte würde ich nie schlafen können, das war klar. Und wenn dann noch durch das längere Liegen das Auskühlen zunahm – was würde das für eine Nacht werden? Damit war es mit der zu Hause entstandenen idyllischen Schlafen-im-Stroh-Vorstellung vorbei, die sich beim Studium der Reiseführerunterlagen ergeben hatte. Ein mulmiges Gefühl kam in mir hoch, als ich an den weiteren Verlauf der Pilgerfahrt dachte. Wie sollte ich morgen den Tag mit seinen zu erwartenden Anstrengungen überstehen, wenn ich unausgeschlafen weiterfahren müsste?

Der vierte Tag

Wattwil – Brunnen

Bis 2:30 Uhr hielt ich durch, dann war die Härte nicht mehr auszuhalten. Da erinnerte ich mich an Heinz, was er mir kurz vor unserer Trennung in Bad Wörishofen gesagt hatte: „Der heilige Jakobus lässt Dich nicht im Stich!" Bei diesen Gedanken erfasste ich erstmals bewusst das verstaubte Ledersofa in der Ecke, und plötzlich hatten die herkömmlichen Schlafsäcke in dem alten Schrank, die mir Dany gezeigt hatte, einen Sinn.

Ich staubte das Sofa vorsichtig ab, legte Schlafsäcke drauf, um eine größere flache Liegefläche zu erhalten und versuchte wieder in meinen Schlafsack zu schlüpfen. Allerdings hatte ich keine Geduld mehr für das Reinkriechen. Ich schnappte mir das Taschenmesser und schlitzte den Einstieg vorsichtig weiter auf. Damit konnte ich nicht nur leichter einsteigen, es verbesserte sich auch die Bewegungsmöglichkeit, ähnlich wie im Bett. Über meinen Primitivschlafsack zog ich zwei andere „Schweizer" Schlafsäcke als Zudecke. Gut war's!

Ich hatte leidlich gut geschlafen. Die aufgehende Sonne schien mir voll ins Gesicht, als ich durch unbekannte Geräusche aufwachte. Ich stand auf, weil an ein Weiterschlafen nicht mehr zu denken war und ging ins Freie. Obwohl es erst 6 Uhr war, arbeitete Pepe bereits im Stall und pfiff zu meiner Begrüßung über das Gelände.

Als es endlich 8 Uhr war, traf ich auf eine total verschlafen aussehende Dany, die mir mein Frühstück servierte: heiße Milch, Brot und selbstgemachte Marmelade. Bald kamen auch die Großstadtkinder und es war wieder sehr lebhaft in der großen Wohnküche. Dany ließ mich auch von der Löwenzahnmarmelade probieren, von der sie nur 4 Gläser gemacht hatte. Obwohl diese sehr aufwändig herzustellen, der Vorrat deshalb nur gering und diese Marmelade die Lieblingsmarmelade von Pepe, und deshalb besonders geschützt sei, durfte ich zwei Brote damit bestreichen. Köstlich!! Und Dany - einfach eine ganz tüchtige, feinfühlige und sehr aufgeschlossene junge Frau – alle Achtung! Ich habe ihr diese Empfindung auch gesagt. Dabei ist sie schon ein wenig errötet…

Mit frisch gewaschenen Klamotten am Körper und bei strahlendem Sonnenschein packte ich langsam meine Sachen und machte mein Fahrrad reisefertig. Als ich um 9 Uhr abfuhr, hatten sich alle Bewohner und Gäste zu meinem Abschied eingefunden, bis auf Pepe. Der war längst zu seiner Hauptarbeitsstelle aufgebrochen, nachdem wir uns voneinander verabschiedet hatten.
Danke für die sehr nette Aufnahme an Dany und Pepe!

Da es die 100 Meter vom Hof bis zur Straße sehr steil runter ging, war mir beim Aufsteigen aufs Rad nicht besonders wohl. Als erste morgendliche Radaktivität gleich sehr steil bergauf – ok: da gibt's sicherlich das Schaltproblem und die benötigte Antrittskraft ist schon da. Aber gleich so steil bergab? Das war ungewöhnlich und schon sehr anspruchsvoll. Immerhin war der Weg nicht geteert, etwas steinig und dann das richtige Maß an Bremskraft aufbringen, hm… Die Bremskraft ist das Eine und das Aushalten der Bremsseile das Andere, hm… Ich war ja fast noch am Anfang meiner Reise und hoffte, dass meine Bremsseile halten…

Die kleine Abfahrt im Schneckentempo klappte gut, auch die folgenden etwa 1000 Meter Fahrt auf der Hochebene mit wunderbarem Ausblick. Aber dann ging es das erste Mal an diesem Tag bergauf. Als ich merkte, dass ich zu schwitzen anfing, stieg ich ab. Ich wollte die frische und gutriechende Wäsche nicht schon wieder verstinken.
Das Auf und Ab setzte sich mehrfach fort. Der Weg war ein typischer landwirtschaftlicher Weg: breit für ein Fahrzeug, meistens geteert, ab und zu auch gepflastert und immer wieder mit Querrillen für den schnelleren Wasserablauf versehen. Bei Abfahrten war deshalb immer volle Konzentration gefordert und das Betrachten der Landschaft zweitrangig. Notwendig war die Vorausschau auf die kommende Wegführung.

Und plötzlich war bei einer solchen kurzen, etwas steileren Abfahrt weiter vorne etwas Seltsames zu sehen. Ich glaubte eine Wegsperre durch einen Draht zu erkennen, von einem Draht, der mit den elektrisch geladenen Weidezäunen verbunden war. Ja was sollte das denn? Wie komme ich mit meiner schweren Ladung durch ein Hindernis in ca. 80 cm Höhe? Und dann noch elektrisch geladen…
Erst wenige Meter davor klärte sich alles auf. Erforderlich waren dennoch ein Stopp und eine genaue Betrachtung der Technik. Es handelte sich um zwei Leichtmetallstangen, die mit Federn an Weidepfosten angebracht waren und den Weg versperrten, aber nicht mit Strom versorgt wurden. Ich konnte die Stangen berühren und einfach durchfahren. Sie

öffneten sich gerade soweit, dass ich durchpasste und wurde dabei immer berührt. Nach der Durchfahrt federten sie in die Sperrstellung zurück. Ich musste lachen. Die Sperre war nicht für uns Menschen gedacht, sondern für die Tiere! Sie sehen nur das Hindernis und bleiben damit auf der Weide. Alles klar?

Der nächste angepeilte größere Ort hieß Schmerikon. Von dort ging meine Reiseroute am See entlang weiter nach Rapperswil. Meine Erwartungen auf eine schöne Landschaft und eine ebene Fahrstrecke wurden voll erfüllt!

Von Rapperswil führte der Weg über eine lange Brücke über den Zürich-See nach Pfäffikon. Ich beneidete die Schwimmer im klaren See, da es ein wunderbarer warmer Tag war.

In einer der mit Bänken ausgestatteten Haltebuchten am Rad- und Fußweg stoppte ich, um etwas zu essen und zu trinken. Dabei entdeckte ich die zweite Leberkässemmel von Lindau, von vorgestern also und war darüber sehr begeistert. Mir wurde bei dem Anblick auch klar, dass ich bisher nur meine Vorräte abgebaut hatte. Also musste bei nächster Gelegenheit eingekauft werden, zu allererst war aufgrund der schon sehr warmen Luft Getränkenachschub notwendig.

Am Rand von Pfäffikon hatte ich allerdings meinen Wasserbedarf bereits wieder vergessen, weil die Orientierung über den weiteren Weg wichtiger war. Und der Wegweiser nach Einsiedeln zeigte auf die gegenüber liegende Steigung.

Nach den ersten beiden Kurven war es mir zu steil und zu heiß, weil es keinen Schatten gab. Ich spürte großen Durst und sofort war die Erinnerung an die zu Ende gehenden Getränkevorräte wieder da.

Bei einem Blick in einen der am Hang unter mir liegenden Gärten entdeckte ich eine Frau bei der Blumenpflege. Sofort stoppte ich, ging mit zwei Flaschen zu ihr und fragte, ob ich Wasser bekommen könne. Die erste gefüllte Flasche wurde auch sofort wieder ausgetrunken, so groß war inzwischen mein Durst geworden. Mit Dank und Gottes Segen für sie schob ich mein Rad weiter bergauf.

Die Straße nach Einsiedeln war eine Ansammlung von Serpentinen. Bis dorthin musste erst der Etzel-Pass mit 950 m erreicht werden, dann sollte es runter gehen zur Teufelsbrücke / Tüfelbrugg, und danach wieder rauf und auf dieser Höhe bleibend müsste Einsiedeln liegen.

Bis zum Erreichen des weiter oben liegenden Waldes wurde es immer heißer, durch die Sonne und das anstrengende Schieben. Da mir die Länge der Strecke unklar war, leerte ich wieder eine Wasserflasche und ging in das letzte Haus vor dem Wald zum wiederholten Wasserbetteln.

Es war ein sehr vornehmes Hotel mit viel Parkplatz davor und einer großen Aussichtsterrasse, die eine hervorragende Aussicht auf den Zürich-See mit seinen am Rande liegenden Orten bot. Nach wenigen Minuten füllte mir die Bedienung mit etwas unfreundlichem Gesicht meine Flasche auf und ich schob weiter lange bergauf.

Oben am Pass angekommen sah ich als erstes einen Kirchturm und dann eine Wirtschaft. Ich legte eine Pause ein, besuchte das Gotteshaus zu einem kurzen Dankgebet und den Biergarten zum Auffüllen meiner schon wieder geschrumpften Wasservorräte.

Da längere Zeit keine Bedienung heraus kam, ging ich rein ins Haus, um nun den Abschluss dieser Aktion selbst zu steuern. Als ich sah, dass der Weg zur Bedientheke direkt an der Toilette vorbeiführte, ging ich dort rein und füllte mir das Wasser selbst ein. Mir war das sehr recht, denn die Erinnerung an das Gesicht der Bedienung in dem feinen Hotel war nicht gerade aufbauend gewesen. Durch die Selbstbedienung konnte ich jeder Geste oder Mimik des Personals, vielleicht sogar einer Diskussion, ob freundlich oder nicht, aus dem Weg gehen.

Die schmale Straße führte nun steil bergab, kurvig und eng, und plötzlich war sie da, die Tüfelbrugg. Die hölzerne Brücke mit einer Durchfahrtsbreite noch enger als die Straße überquerte den tief unten liegenden Bach. In einem dieser wenigen danebenliegenden Häusern soll der berühmte Arzt Paracelsus geboren worden sein.

Bei diesen Gedanken und dem konzentrierten Fahren über die holprige und hölzerne Fahrbahn bemerkte ich nicht, dass es nach der Brücke sofort sehr steil nach oben ging. Das ging so schnell, dass ein Schalten und rechtzeitiges Einsetzen der Kraft nicht mehr möglich war: ich musste schieben. Verärgert dachte ich mir, so ein Fehler – nach einer Abfahrt nicht runterschalten, mit einem größeren Gang weiterfahren - sollte nun ein letztes Mal passiert sein. Der Vorteil des Missgeschickes war, dass ich öfter einen Blick zurückwerfen konnte, ohne mich selbst zu gefährden.

Bald war auch die Hochebene erreicht und ein See war zu erkennen. Es war schon der Sihlsee, der größte künstlich angelegte Schweizer See zu Lasten des ehemals größten geschlossenen Moorgebietes der Schweiz.

Erhöht und mit Blick auf den See lag an der Straße das Galgenchappeli. In der Galgenkapelle erhielten früher die zum Tode Verurteilten den letzten Segen.

Und dann ging es flott hinunter Richtung See und nach einem kurzen Anstieg tauchten die Spitzen des Klosters Einsiedeln auf.

Wie immer bei einer Einfahrt in einen Ort fuhr ich der Orientierung wegen sehr langsam. An der Klosterkirche suchte ich nach einer Information, wo ich den Pilgerstempel bekommen könnte. Dabei bemerkte mich ein junger Klosterbruder. Er fragte, ob er einem Pilger helfen könne, und woher ich heute und überhaupt komme. Ich war überrascht von der Ansprache und ein angenehmes Gespräch entwickelte sich. Für den Stempel verwies er mich an die Pforte, die ich im Klosterhof fände.

Dort fuhr ich langsam hin und versperrte mein Rad sorgfältig, war aber trotzdem irgendwie verunsichert. Etwas seltsam fand ich, dass die Pforte geöffnet werden konnte, aber keine Menschenseele zu sehen war. Zwischen den Tischen und Regalen mit der großen Auswahl an Informationsmaterial und Kaufbeispielen fand ich einen Klingelknopf, den man im Falle des Bedarfes drücken sollte. Überrascht war ich dann, als nach dem Drücken ein zivil gekleideter Mann über die Stufen des riesigen Treppenhauses herab und auf mich zukam. Hier sei schon der richtige Ort, wo ich den Pilgerstempel erhalten könne, meinte er und maulte vor sich hin, dass die Pforte wieder nicht besetzt sei und was er denn noch alles machen solle.

Stolz auf meinen Pilgerstempel schob ich mit dem Fahrrad wieder zurück auf den Platz vor der Kirche. Als mein Rad wieder sorgfältig versperrt war, suchte ich in meiner Werkzeugtasche den in Wolfertschwenden gefundenen Fünf-Euro-Schein, nahm ihn und ging, wie immer in solchen Fällen, mit meiner Fronttasche in die Klosterkirche.

Nach einem Dankgebet vor der Gnadenkapelle mit dem Gnadenbild der schwarzen Madonna machte ich einen Besichtigungsrundgang durch die Kirche und wollte auch fotografieren. Aber die vielen Verbotspiktogramme waren nicht zu übersehen und hemmten mich. Außerdem ist ein „Schießen" aus der Hüfte mit einer Sucherkamera, ob digital oder nicht, ohne Blitz kaum von Erfolg gekrönt. In diesem Moment bedauerte ich, dass ich meine Nikon Ausrüstung nicht dabei hatte.

Ich suchte einen Opferstock, steckte den gefundenen Fünfter rein und verließ die Kirche.

Kaum draußen kam auch gerade der junge Klosterbruder mit einem Fahrrad aus einer Tür des Gebäudekomplexes und wir lachten, als wir uns sahen. Am Ende unseres kurzen Gespräches wünschte er mir Gottes Segen auf meiner Pilgerfahrt und ich fuhr weiter Richtung Brunnen.

Die Straße ging in die Berge rein, hatte ich den Eindruck. Also müsste es doch bergauf gehen, aber aufgrund des gefahrenen Tempos hatte ich nicht das Gefühl, dass mich das Treten anstrengte. Die vorübergehende Beobachtung des Höhenmeters bestätigte meine Vermutung des permanenten Anstieges. Ein stolzes Gefühl kam auf, denn ich musste eine gute Kondition haben; entweder grundsätzlich oder schon ein erstes Ergebnis der bisherigen Pilgerfahrt?

In Alpthal stellte sich Verunsicherung über den Fortgang des Weges ein. Laut Reiseführer sollte der Fußpilgerweg von hier zum Haggenegg-Pass abgehen. Die Internet-Beschreibung des Radpilgerweges sprach aber von weiterfahren bis zu einem Gasthof, und danach gleich rechts steil bergauf. Am Ende von Alpthal fand ich weder die Abzweigung für die Fußpilger, noch waren weitere Häuser, geschweige denn eine Wirtschaft vorhanden. Nach kurzer Überlegung und einer Trinkpause fuhr ich entsprechend der Internet-Beschreibung weiter. Und tatsächlich kamen nach einer Biegung noch einmal Häuser.

Vor der Haustür des letzten Hauses saß eine Frau und sonnte sich. Sofort stellte ich mein Rad ab und fragte, ob ich auf dem richtigen Weg sei. Natürlich, sagte sie und wir kamen ins Reden, woher und wohin. Mir fielen wieder meine reduzierten Wasservorräte ein und ich bat um eine Auffüllmöglichkeit. Sie ging ins Haus und kam mit meiner aufgefüllten und einer zusätzlichen 2-Liter-Flasche heraus. Die habe sie gerade leer und wäre zu entsorgen, aber nun habe sie einen guten Zweck, meinte sie.

Während ihrer Abwesenheit fiel mir auf, dass das kein normales Haus war. Ich staunte, wie nett der Eingang zum Haus, der Flur, aber auch der Vorgarten dekoriert war. Als ich ihr sagte, dass ich das sehr nett fände, erzählte sie, dass es sich hier um ein Hotel handele. Da bekam ich wegen meiner Wasserbettelei ein schlechtes Gewissen, zumal sie auch nichts verlangte. Also bestellte ich ein großes Glas mit erfrischender Limonade gegen Bezahlung. Noch vor einigen Jahren sei das ein nahezu verkommener Bauernhof gewesen. Ihr Mann und sie hätten alles nach und nach, und mit viel Liebe zum Detail, restauriert. Inzwischen sei das Hotel aufgrund der Lage und Ruhe gut ausgelastet, Buchungen gebe es aber nur auf Voranmeldung. Und heute sei Ruhetag, deshalb sei sie vor der Türe gesessen. Zu meiner Überraschung forderte sie mich zu einer

Hausbesichtigung auf. Am Ende zeigte sie mir den umgebauten Hühnerstall: es war eine kleine Jakobskapelle.

Mir gefiel das alles so sehr, dass mir der Gedanke kam, diesen Ort als Unterkunft für eine Zweitagesfahrt zu wählen, wenn wir im Jahr 2008 unsere schon traditionelle Hochzeitstagsgeschenkfahrt für die Schwiegereltern in die Schweiz machen würden. Ich könnte Teile meines Jakobsweges zeigen, wir könnten St. Gallen und Einsiedeln besichtigen, hier übernachten, und am nächsten Tag noch nach Brunnen weiterfahren, um noch mehr Schweizer Berge zu sehen.

Für alle Fälle hatte ich mir eine Visitenkarte geben lassen.

Kurz bevor wieder Zweifel über die Richtigkeit meines Weges aufkamen, tauchte ein Haus auf. Es war der im Internet beschriebene Gasthof. Sicherheitshalber fragte ich die Bedienung, ob der daneben liegende Weg wirklich zum Haggenegg-Pass führt.

Sekunden später fuhr ich weiter, aber nur wenige Meter, denn der Anstieg war sehr steil. Aufgrund der Hitze, der schon zurückgelegten Tagesstrecke und der noch zu fahrenden unbekannten Weglänge entschloss ich mich abzusteigen und zu schieben. Nach wenigen Metern kam ein wenig Frust auf, weil mich ein Rennradler (ohne Gepäck) bergauf überholte.

Es ging viele Kurven bergauf und ein Ende des Anstieges war nicht auszumachen. Nach oben gesehen, hatte ich immer das Gefühl, gleich am Ende zu sein. Aber nach der nächsten Kurve ging es wie bisher weiter.

Im Schatten eines Baumes stoppte ich zu einer Trink- und Esspause. Eine Wanderin kam mit einem Hund bergab und ich vermutete, dass ich vielleicht schon bald den höchsten Punkt erreicht hätte. Aber nach den nächsten Kurven kam nur ein Bauernhof mit einem Brunnen an der Straße. Nach dem Wasserauffüllen fragte ich einen arbeitenden Mann, wie weit es noch sei. Etwa noch einmal so weit wie von unten bis hierher, und dann durch ein Gatter über einen Bergweg weiter rauf. Puh... Nach der für einen Bruchteil von Sekunden aufkommenden Enttäuschung merkte ich, wie ich inzwischen ruhiger und gelassener geworden war. Irgendwann ist jede Steigung zu Ende, ich schaffe alles, wer soll mich bremsen, ich bin doch ein Pilger, und – Jakobus lässt mich nicht im Stich! Mit solchen Gedanken ging es auf einmal leichter weiter.

Das angekündigte Viehgatter war im Vorwärtssehen nicht zu erkennen, erst als ich wieder einmal einen staunenden Blick über die Landschaft warf. Beinahe wäre ich zu weit gegangen. Der Weg ab dem Gatter war sehr urig:

er bestand aus Steinen, Felsbrocken und Wurzeln. Also musste weiter geschoben werden – durch jede Menge Kuhfladen, die Kühe irgendwann im Stau an der Begrenzung hinterlassen hatten. Es gab kein Ausweichen, keine Auswahl zwischen Kuhfladen oder dem Wasserlauf über den Weg: nach wenigen Schritten waren die Schuhe und die Reifen dreckig bis unappetitlich. Die zu überwindende Schmutzstrecke war aber nicht sehr lang, dann ging der Weg raus aus dem Waldstück und führte ins sonnige Freie. Der steinige Weg war trocken, die Hitze groß und bald war der Schmutz getrocknet, und ging nach und nach verloren.

Ab einer Berghütte war der Weg mit großen Betonplatten gepflastert und wieder gut befahrbar, denn ich hatte inzwischen eine wellige Hochebene erreicht. Am anderen Ende tauchten eine Wirtschaft und danach eine Kapelle auf. Ich hatte den Haggenegg-Pass (1.414 m) erreicht, die höchste Erhebung des Jakobsweges auf Schweizer Gebiet! Stolz kam auf und, hatte ich nicht recht, dass irgendwann jede Steigung ein Ende hat?

Ein wundervolles Panorama! Ich blieb lange stehen und staunte, weil ich noch nie so eine Bergwelt live gesehen hatte. Mit vielen Fotos wurde das Gesehene dokumentiert, auch deswegen, weil ich sah, wie steil und kurvig die Straße hinunter führte. Deshalb legte ich beim Weiterfahren öfter einen Stopp ein. Ich prüfte immer wieder die Temperatur der Bremsbeläge, der Felgen und der Mäntel. Im Schneckentempo fuhr ich hinab und manche Pause war nicht nur wegen der Technik notwendig, damit sie abkühlte, sondern auch für die Hände. Verursacht durch das dauernde Halten der Bremshebel wurde mit zunehmender Abfahrtsdauer das Gefühl in Händen und Fingern unangenehmer. Als ich fast unten im Ort Schwyz war, hatte ich in der rechten Hand und den Unterarmmuskeln einen leichten Krampf. Ich war froh, als ich endlich im Tal war und alles heil überstanden hatte.

Wie schon früher beschrieben, sind dann Wegweiser da, wenn sowieso alles klar ist. Hier in Schwyz fand ich zunächst keinen Wegweiser nach Brunnen. Meine Frage nach dem richtigen Weg wurde mir in einem Blumengeschäft von einer recht hübschen jungen Frau sehr höflich auf schwyzerisch beantwortet.

Obwohl der heutige Weg recht anstrengend gewesen war, stellte sich auf der Fahrt nach Brunnen statt einer Erschöpfung irgendwie eine Euphorie ein. Die Ursache dürfte der fast schnurgerade Weg, das leichte Gefälle und die Aussicht auf das Erreichen des Tageszieles gewesen sein.

Beim Anblick der Ortstafel von Brunnen wich die Freude aber dem bereits bekannten Gefühl der Spannung und Unsicherheit, wo ich denn heute unterkommen würde.
Die Straße führte direkt an den Schiffsanleger, in der Schweiz Quai genannt. Zur Orientierung und in der Hoffnung, das Touristenbüro per Zufall zu entdecken, fuhr ich jeweils ein paar Meter in die beiden Seitenstraßen. Am Quai zurück stoppte ich, suchte die Telefonnummer der TI im Pilgerführer und rief an. Bei dem Gespräch kam lustigerweise heraus, dass ich bei meiner Fahrt in den Ort bereits an der TI vorbeigefahren war.

Nach wenigen Metern war ich dann in der TI und eine der Damen sah mich beim Eintreten erwartungsvoll an. Wie sich herausstellte, war sie meine Telefonpartnerin gewesen. Ich gab mich als den Jakobspilger zu erkennen, der ein Quartier für eine Nacht suche. Sofort hatte sie den Hörer wieder am Ohr, rief irgendwo an und fragte nach einem freien Zimmer. Die Antwort war total positiv: bei den älteren Herrschaften sei ein Zimmer frei, und das werde ausschließlich an Jakobspilger vermietet!

Mit einem Stadtplan ausgestattet, in dem meine Unterkunft gekennzeichnet war, startete ich meine Suche. Da der Ort Brunnen, der Gründungsort der Schweiz[12], nicht sehr groß ist, war das Haus bald entdeckt.
Dann fiel mir allerdings fast das Herz in die Hose, als ich von dem Mann hörte, der mir geöffnet hatte, dass kein Bett mehr frei sei. Erst vor wenigen Minuten sei das freie Zimmer vergeben worden. Ich fragte nach, ob er es der Dame vom Touristenbüro zugesagt habe. Sein Ja verbesserte schlagartig meine Stimmung. Ich sei der Pilger, wegen dem die Dame angerufen hatte, erklärte ich ihm. Damit hellte sich auch sein Gesicht auf und er zeigte mir das Zimmer, das gleich hinter der Haustür lag, sowie WC und die Duschmöglichkeit. Als wir dann noch die Frühstückszeit abgesprochen hatten, erhielt ich Haus- und Zimmerschlüssel und er ging nach oben – ich war allein.
Das Gefühl, so schnell und unkompliziert ein Zimmer gefunden zu haben, demnächst duschen zu können und das Frühstück für morgen schon gesichert zu haben, war einfach fantastisch. Dabei kam auch die Erinnerung an meinen Weltschmerz an dem Morgen in Lindau auf. Nun war ich stolz

---

[12] Schwyz ist die Hauptstadt des gleichnamigen Kantons, der mit den Kantonen Uri und Unterwalden im Jahr 1291 einen Zusammenschluss besiegelte, aus dem die Schweiz in der heutigen Form als Eidgenossenschaft hervorgegangen ist.
Nahe der Schiffsanlegestelle in Brunnen steht die Bundeskapelle, die an den Bund der drei Urkantone von 1315 erinnert.

auf mich, was ich bisher geleistet, und dankbar, dass ich alles mit Gottes Hilfe und Jakobus' Unterstützung erreicht hatte. Wie hatte Heinz gesagt? Jakobus beflügelt, er lässt dich nie im Stich!

Es war ein schöner Tag gewesen mit sehr warmen Temperaturen, so dass ich zum x-ten Mal nassgeschwitzt war, bis ich endlich mein Rad abgeladen und alle Utensilien im Zimmer hatte. Aber die Aussicht auf das baldige Duschen entschädigte für alles Gewesene.

Die Dusche selbst war in einem Raum schräg gegenüber untergebracht. Dabei hatte das warme Wasser praktischerweise keinen weiten Weg, denn die Heizung war direkt neben der Duschkabine. Der Raum war der Heizkeller, Wasch- und Abstellraum zugleich und total sauber. Ich fühlte mich sauwohl und glücklich.

Meine durchgeschwitzten Radlerklamotten hängte ich so auf, dass sie trotz geschlossener Rollläden, aber durch die geöffneten Fenster genügend Luft bekommen und dadurch trocknen sollten. Damit hatte auch schon das Einrichten des Zimmers und das vorbereitende Herrichten für die Abfahrt am nächsten Tag begonnen. Dass ich vorher den Fernseher eingeschaltet hatte, der dann nebenbei lief, ist jetzt im Nachhinein betrachtet eine Schande. Wollte ich nicht von allem abschalten? Außer den versprochenen täglichen Anrufen bei meiner Angelika...

Nach einer kurzen Pause bestieg ich frisch gewaschen und angezogen mein Fahrrad, um meine Vorräte aufzufüllen und eine Essmöglichkeit zu finden. Dabei hatte ich noch Glück, denn im Hinterkopf waren die bei uns inzwischen üblichen Geschäftsöffnungszeiten gespeichert. Ich unterstellte sie auch in der Schweiz. Als ich bei meiner gemütlichen Fahrt ein größeres Geschäft fand und dort stoppte, wunderte ich mich, dass bereits die vor dem Laden befindlichen Angebotscontainer aufgeräumt wurden. Ein Blick auf die Öffnungszeiten und der Vergleich mit der aktuellen Uhrzeit erklärten die Arbeiten. Aber die verbleibenden 5 Minuten reichten für den Kauf von 3 Litern Saft und das Ergänzen des fehlenden Obstes.

Während des Verstauens auf dem Rad kam die Vorfreude über das bevorstehende Essen auf. Ich war auf meiner Suche nach Ergänzung meiner Vorräte – nach dem Duschen ab sofort erste Priorität – an einer Wirtschaft vorbeigekommen, die auch einen kleinen Hof mit Sitzplätzen im Freien hatte. Aus diesem Hof heraus hatte ich herrliche Schweizer Musik gehört und nun wollte ich mir diese Lokalität näher ansehen.

Da ich diese Schweizer Klänge liebe, der Biergarten zur Hälfte gefüllt war, was auf eine gute Küche schließen ließ, und der Blick auf die aushängende Speisekarte akzeptable Preise verriet, musste ich hier einkehren. Es waren 2 junge Burschen, zwischen 16 und 20 Jahre alt, die auf ihren Schweizer Örglis, diatonische Knopfharmonikas, für die Musik sorgten. Mein ohnehin schon vorhandenes Glücksgefühl wurde durch diese Live-Musik noch gesteigert. Als es dann noch Bier vom Fass gab, dazu eine reichliche Wurstplatte, musste ich meiner Angelika über alles begeistert berichten.

Der Heimweg war umständlich, weil es zu viel zu sehen und zu fotografieren gab an diesem schönen Abend: ein See, ein großer Park zwischen See und Hafen, Sportboote, Berge in der Sonne und im Dunst. Und als das alles erfasst war, fuhr ich zum Volksfest und spazierte durch das Getöse. Dabei hatte ich mich allerdings etwas von meiner Unterkunft entfernt, die ich aber auch ohne Stadtplan und trotz fast vollständiger Dunkelheit nach ein paar Umwegen fand.

Der fünfte Tag

Brunnen – Brienz

Ich hatte gut geschlafen und bald alles nach neuerlichen Erkenntnissen gepackt, welche Artikel am Tagesende mit einem Handgriff erfasst werden konnten, was zur Bettzeit zusammengehörte und was dann tagsüber schnell griffbereit sein sollte.
Die Vorfreude auf das Frühstück war groß und ich stieg schüchtern, aber doch erwartungsvoll um 7:15 Uhr die Treppe hoch, wie es am Vortag mit dem Hausherrn abgesprochen war. Die Flurtür war geöffnet und ein Blick in die Küche möglich, so dass mich die Hausfrau sofort sehen konnte.
Es war eine sehr freundliche und elegant aussehende alte Dame, die mich ins Wohnzimmer führte. Ich war überwältigt über das, was ich sah: alles sehr aufgeräumt und modern eingerichtet, und in der Ecke ein festlich gedeckter Tisch. Edles Geschirr und Besteck und ein Essensangebot – toll: Bananen- und Nektarinenstückchen, 4 verschiedene Käse- und 2 Schinkensorten, 3erlei Teesorten, 4erlei Brotarten und 1 Glas Orangensaft! Und dann dieser Ausblick in den Garten, auf einige Berge, und die Sonne schien wieder – ich war total glücklich!

Um 8 Uhr brach ich auf Richtung Hafen, weil ich vom Vorabend wusste, wann das erste Schiff nach Treib abfahren würde. Ich wollte auf meiner Pilgerfahrt immer so früh wie möglich los, weil ich die bevorstehende Strecke zwar theoretisch kannte, aber nicht wusste, wie weit ich am Tag kommen würde. Zu Hause über den Karten und den Reiseführern hatte ich mir ausgedacht, dass täglich 100 km zu schaffen sein sollten. Solche Strecken waren in der Vergangenheit schon oft gefahren worden (nach Andechs und zurück, nach Füssen, nach Eichstätt und Neuburg, nach Saal, nach Munzingen und wieder zurück nach Nördlingen) und stellten kein wirkliches Problem dar bzw. nach Ende der Fahrzeit war ich immer wieder schnell fit. Der Unterschied zu dieser Pilgerfahrt war aber die tägliche Weiterfahrt und die Gesamtlänge der Strecke. Dennoch wollte ich nur dann auf Hilfsmittel wie Zug- oder Schiffsfahrt zurückgreifen, wenn es körperlich oder aus Zeitgründen sein musste, oder es keine Alternative gab. Dieser Fall – keine Alternative – war hier gegeben. Wenn ich den Fuß-Pilgerweg möglichst genau nachfahren wollte, dann musste ich hier mit dem Schiff über den Vierwaldstätter See rüber nach Treib.

Drüben angekommen war gleich klar, dass der einzige Weg die Straße war. Die Talstation der Zahnradbahn sah ich zwar, aber eine Benutzung kam mir nie in den Sinn. Vielmehr kamen mir die auf dem Schiff mitfahrenden Wanderer als „faule Säcke" vor, weil alle zu der Talstation gingen. Bei der ersten Serpentine dachte ich mir immer noch nichts, weil der Weg nach Emmetten aufgrund des Höhenunterschiedes zwangsläufig über Serpentinen nach oben führen müsse.

Nicht lange dauerte es, dass ich bereute, die Straße genommen zu haben. Der Anstieg war trotz des noch frühen Tages bereits schweißtreibend und ich war längst vom Rad abgestiegen und schob. Es gab lange keinen Schatten, so dass ich die Sonne bald als lästig empfand, aber der Ausblick auf die Berge und den See – wunderschön! Trotz allem, das Schwitzen und Schieben so früh am Tag, das enttäuschte mich schon sehr. Da half auch später der Schatten nicht, den die vielen Bäume spendeten.

So gegen 10 Uhr, nach der dritten Trinkpause, bemerkte ich, dass ich bald einen Ort erreichen würde. Doch statt dem erwarteten Emmetten stand auf dem Ortsschild Seelisberg. Kaum war dieser Schock – ein nicht erwarteter Ort bzw. ich konnte mich nicht mehr an den Namen erinnern – vorbei, folgte der zweite Hammer: ich kam an der Bergstation der Zahnradbahn vorbei und erkannte den Zugführer vom See unten wieder. Ich Trottel, die letzten fast 2 Stunden Schieben und Schwitzen hätte ich mir sparen können! Das war mir schnell klar, nur warum ich die Zahnradbahn nicht mit einkalkuliert hatte, das erkannte ich erst viel später, erst nach Ende der Pilgerreise. Ich hatte geglaubt, ich könne mir Straßenkarten sparen und ausschließlich nach den Reiseführern fahren. Außerdem folgt auf Lesen nicht zwangsläufig das Verstehen! Ähnlich erging es mir später in Frankreich – ohne Karte fehlt mir einfach der Überblick, wo ich bin und was im Umfeld meiner Route liegt. Das galt schon bei Radtouren in der Heimat, in der man sich auskennen sollte und erst recht in der Ferne. Die Notwendigkeit eines Überblickes war mir immer schon wichtig, auch im Beruf. Ich plante und arbeitete immer vom Groben ins Detail, von oben nach unten. Warum ich diese Denkart und damit den Kauf von Straßenkarten für die Pilgerfahrt außer Acht gelassen hatte – keine Ahnung, war aber eine Lehre für die Zukunft. Es wird keine Reise mehr ohne Straßenkarte geben, auch im Auto - trotz Navigationsgerät! Wenn ich also nicht so geizig gewesen wäre, mir eine Schweizkarte zu kaufen, dann hätte ich daraus ersehen können, dass die Straße von Treib nach Seelisberg schweißtreibend sein dürfte und ich wäre mit der Zahnradbahn gefahren. Aber wenn und dann...

Die Straße stieg in Seelisberg nur wenig, aber sie stieg und ich schob weiter. Am Ortsende lag eine Wirtschaft, deren Terrasse von einer Bedienung grade für den Tagesbetrieb hergerichtet wurde. Etwas erschöpft von der Hitze ging ich rüber zu der Frau und bat um Auffüllung meiner Wasserflasche. Sie erfüllte meinen Wunsch zwar, aber etwas widerwillig, wie man ihrer Mimik ablesen konnte. Beim Tischdecken auf der Terrasse hatte sie noch freundlich mit Gästen gescherzt, beim Wasserabfüllen zeigten die Lachfalten aber eindeutig nach unten. Ob mein Abschiedsgruß nach meinem Dank beantwortet wurde, bin ich mir nicht sicher. Möglicherweise hatte ich wegen des Straßenlärmes nichts gehört.

Da der Ort mehr oder weniger an einer steilen Felswand endete, führte die Straße direkt am Fels vorbei. Links fiel der Berg steil bergab und ich hatte freie Sicht auf einen See. Es war der Urner See, ein Teil des Vierwaldstädter Sees. Irgendwo auf dem abfallenden Gelände mit seinen Wiesen war die Rütliwiese – ich war im Kanton Uri und damit mittendrin in der tiefsten Schweiz!

Die Straße wurde immer breiter, die Kurven – keine Serpentinen - waren normal, und es ging fast nur noch bergab. Bald war der Frust über das morgendliche Schwitzen vergessen und ich genoss die schnelle Abfahrt. Das baute mich so auf, dass ich viele Radler, die nach und nach auf der Straße dieselbe Richtung fuhren, überholte. Irgendwann bemerkte ich, dass längst kein Gefälle mehr da war, ich aber weiterhin ein flottes Tempo drauf hatte.

Bei Buochs fragte ich sicherheitshalber einen Radler nach der richtigen Strecke nach Stans, weil der Radweg, den ich inzwischen befuhr, für mich in eine andere Richtung führte. Aber alles hatte seine Richtigkeit. Bald war der Radweg wieder neben der Autobahn. Autobahn - sollte doch ein schnelles Vorwärtskommen bedeuten, oder? Aber da standen ja die Autos in meiner Gegenrichtung in 3 Spuren! Die Insassen werden sicher schwitzen und ich habe herrlichen Fahrtwind bei schönstem Sonnenschein, dachte ich und genoss das Panorama.

Der Radweg führte auf angenehme Art durch Siedlungshäuser am Stadtkern vorbei zu einem Bahnübergang, bei dem ich wegen geschlossener Schranke stoppen musste. Bei dieser Haltpause entdeckte ich ein Einkaufszentrum und sofort war die Weiterfahrt vergessen. Ich spürte plötzlich Hunger und wie mir das Wasser im Mund zusammenlief.

Im Supermarkt machte ich bei der Suche nach etwas Essbarem eine neue Entdeckung: Trinkjoghurt. Damit, 2 Gebäckstücken und 1 kg Bananen ging ich wieder zum Rad und machte eine Genusspause – oh war der Joghurt gut... Beim Bummel durch die Regalgänge war ich auch an den Joghurts vorbei gekommen und hatte mich daran erinnert, dass ich seit langer Zeit abends zu Hause einen Fruchtjoghurt als Betthupferl genieße, und plötzlich ging mir der Geschmack durch den Kopf und fehlte mir auf der Zunge. Und wie hatte Angelika in Brunnen gesagt? Genieße alles und lass es dir gut gehen! Meine liebe Frau...

Die Pause war zeitlich nicht lange, aber scheinbar so erholsam gewesen, dass ich, voller Tatendrang, bei der Weiterfahrt irgendwo die Abzweigung Richtung Flüeli übersehen haben musste. Ich wunderte mich bei der Fahrt auf dem Radweg raus aus Stans, dass die Berge in der Fahrtrichtung immer weniger wurden, anstatt zuzunehmen.

Bei einem Campingplatz fuhr ich rein und traf an der Gartenlaube einige ältere Herren bei Bier und Zigarre, wie sie mit der Bedienung scherzten. Als sie mich näher kommen sahen, wurden sie ruhig und gafften mich bei meiner Frage nach dem Weg nur an. Die junge Bedienung antwortete mir, dass die Herrschaften mich vermutlich kaum verstehen würden. Sie erklärte mir, dass mein Gefühl schon richtig gewesen sei und ich mich verfahren hatte.

Beim erneuten Erreichen von Stans, diesmal von der anderen Seite, von Westen her, war der eindeutige Wegweiser nicht zu übersehen.

Die Straße in Richtung Flüeli verlief langsam steigend fast geradeaus, war ohne Probleme fahrbar, aber die Hitze war sehr groß und kein Schatten weit und breit.
Ganz in Gedanken und das Landschaftsbestaunen hinein nahm ich Glockengeläute wahr. Es war 13 Uhr und die Klänge kamen von der am Ende einer Ortschaft, fast auf den Wiesen stehenden Kirche. Laut Karte war es St. Jakob... Ein Zufall oder eine Zwischenmeldung vom Hl. Jakobus?

Im nächsten Ort war die Ausschilderung nach Flüeli vorhanden, aber nur für mich langsam Vorwärtskommenden erfassbar. Ein Autofahrer wäre wahrscheinlich an dem unscheinbaren Wegweiser vorbeigefahren. Die Straße wurde schmäler. Es mehrten sich die Anstiege und im Schatten des einzigen Baumes zwischen all den Wiesen machte ich die dringend notwendige Trinkpause. Dabei entdeckte ich im Dunst der seitlich vor mir liegenden Berge ein Kirchlein und ein Hotel. Wie sich wenige Minuten später herausstellte, war es das Kirchlein von Flüeli und das Hotel Paxmontana. Die Häuser des Ortes selbst konnte man noch nicht sehen, weil erst eine größere Steigung überwunden werden musste.
Bald stand ich schon in der Ortsmitte vor der Informationstafel und orientierte mich, wo denn nun was sei. Aufgrund der Hitze, der schon fortgeschrittenen Zeit und dem angepeilten Ziel Brienz entschloss ich mich nach dem Studium der Gebietskarte, die beiden Ranftkapellen[13] nicht zu besuchen. Als möglichen Nachholtermin dachte ich an die Hochzeitstagsfahrt mit meinen Schwiegereltern im Mai 2008. Dann ging ich zu dem gegenüberliegenden Brunnen und füllte meine Trinkvorräte auf.

Ein Auto fiel mir bei dem dauernden Kommen und Fahren auf. Es hatte ein Mindelheimer Kennzeichen und parkte gerade ein. Ich beobachtete die aussteigenden Personen, was sie unternehmen würden. Als sie nach geraumer Zeit immer noch weiter am Auto standen, ergriff ich die Initiative und ging langsam auf sie zu. Ich begrüßte sie als Landsleute und freute mich über Menschen aus der Heimat. Als sie hörten, dass ich aus Friedberg mit dem Fahrrad komme und bis Santiago weiterfahren will, waren auch sie sehr erstaunt. Das Ehepaar wohnte kurz hinter der Augsburger Landkreisgrenze und war für 2 Tage hierher gereist. Grund: die Frau war schon mehrmals mit dem Landvolk von Ottobeuren bis Flüeli-Ranft gewallfahrtet und wollte nun diese Landschaft einmal ihrem Mann zeigen. Und in 4 Wochen sei sie wieder hier, dann mit dem Landvolk zu Fuß aus Ottobeuren.

---

[13] Ranft bedeutet Rand, kann aber auch abgelegenes Gebiet bedeuten

Wir hatten eine nette Unterhaltung, die mit folgender Absprache endete: das Ehepaar zündet hier in der Bruder-Klaus-Kapelle für mich eine Kerze an und ich tue dasselbe für sie in der Jakobs-Kathedrale in Santiago[14].

Mit einem Schmunzeln im Gesicht und dem Klang von schwäbischen Stimmen im Ohr radelte ich weiter. Es ging fast nur bergab nach Sachseln. Hier würde ich bei der Pfarrei den Pilgerstempel erhalten, weil Flüeli zu dieser Pfarrei gehört, hatte mir die Mindelheimerin erklärt.

Ich fuhr langsam um das Kirchengelände herum, um irgendwo eine Menschenseele nach dem Pfarrhaus fragen zu können. Aber niemand war zu sehen. Das Pfarrhaus fand ich etwas versteckt hinter und unterhalb der Kirche liegend.

Als ich mein Rad grade abstellen wollte, kam ein Radler und stieg ab. Er fragte, was ich hier tue. Ich erklärte ihm, mit dem Finger auf meine Jakobsmuschel an der Radtasche zeigend, dass ich auf der Pilgerfahrt nach Santiago sei und mir den Pilgerstempel gebe lassen wollte. Da stellte sich der Herr als Messner vor, der jetzt gerade zur Kirche komme, um die Vorbereitungen für die in Kürze stattfindende Hochzeit abzuschließen. Ich solle ihm doch folgen.

Über Treppen und durch den Friedhof hindurch erreichten wir die Sakristei von außen. Wenige Augenblicke später hatte ich meinen Pilgerstempel und – für mich als Pilger etwas besonderes, ein kleines Papier mit einem Bruder-Klaus-Stempel, mit dem die Reliquie berührt worden war. Ich bedankte mich sehr herzlich und war total glücklich: zuerst treffe ich Menschen aus der Heimat, dann finde ich sofort die Kirche, wie von allein taucht der Messner auf, ich habe den Pilgerstempel für diesen Tag und dann noch ein Bruder-Klaus-Bild.

Voll beschwingt und glückselig fuhr ich weiter, hatte ich doch nur noch ca. 20 km bis zu meinem Tagesziel Brienz. Doch nach einem solch kräftigen Hoch kann es nur wieder nach unten gehen. So wurde ich von der grausamen Realität wieder eingeholt, als ich den vom Messner beschriebenen neuen Radweg erreichte. Schon von weitem hatte ich gesehen, dass da vorne über den Wiesen ein steiler Weg quer den Berghang hinaufführt. Dass das aber mein Radweg sein sollte, kam mir zu diesem Zeitpunkt nicht in den Sinn.

Maximal 200 m konnte ich die Steigung hochfahren, dann musste ich absteigen. Nach der ersten Kurve wurde der Anstieg kurzfristig wieder flacher und damit fahrbar. Aber dann – absteigen, es ging recht steil

---

[14] Leider habe ich das versäumt, aber ich hole es bei meinem nächsten Santiago-Besuch ganz sicher nach.

bergauf; etwa vergleichbar mit der Umfahrung von Derching, nur um einiges länger und ohne Schatten. Ohne Gepäck, ohne die heute schon geleisteten Anstrengungen und ohne die Hitze wäre ein Hinauffahren möglich gewesen.

Mehrmals musste ich zum Trinken und zur Erholung anhalten, mehrmals kamen auch Radler von oben mit Gekreische heruntergerauscht, mehrmals fragte ich mich, ob der Weg nie aufhöre. Demotivierend wirkte auch, als mich 2 Rennradler überholten.

Als ich aber merkte, dass auch noch ein Mountainbiker kam, erwachte ein zorniger Ehrgeiz in mir und ich stieg trotz Steigung aufs Rad. Und siehe da, nach wenigen Metern war nicht nur der Scheitelpunkt, sondern waren auch die beiden Rennradler wieder erreicht. Es waren 2 ältere Herren, die nun am Wegrand standen, schnauften und sich ihren Schweiß von der Stirn wischten. Vielleicht war auch bei ihnen der Ehrgeiz geweckt worden, als sie mich schieben sahen. Vielleicht dachten sie, so schwach wie der Schiebende sind wir in unserem Alter nicht...

Wie auch immer, es ging einige Meter bergab und schon war die Anstrengung wieder vergessen. Der teilweise geteerte Weg führte rechts am Lungener See entlang und erst in Obsee wieder zur Straße. Auf dem Weg von den Häusern am Ende des Sees zur Straße erkannte ich, dass diese Straße in Serpentinen zum Brünigpass[15] führt. Pass – oh Graus, schon wieder hinauf, und nun am Rand einer belebten Straße! Ich sah die Autos wie Lemminge hinauffahren und mir ekelte bei dem Gedanken an den einzuatmenden Gestank. Aber, Jakobus hilft immer, hatte Heinz gesagt, und schon sah ich die beiden Radler stoppen, die eben noch den Brünigpass heruntergekommen waren. Ich ging auf sie zu und war überrascht, dass es sich aufgrund der vielen Falten im Gesicht um Leute handeln müsse, die noch älter als ich und immer noch mit dem Rad aktiv unterwegs waren. Ich fragte nach, wie anstrengend die Fahrt zum Pass sei. Der Herr antwortete gönnerhaft, ich solle mir das nicht antun. Besser wäre mit der Bahn bis zur Passhöhe zu fahren, dort auszusteigen und dann weiterzuradeln. Der nächste Bahnhof sei im Ort, an dessen Ende wir eben ständen. Das war eine überraschende Information, die ich mit Begeisterung aufnahm.

Langsam fuhr ich in den Ort hinein, konnte weder Gleise, noch eine Tafel zum Bahnhof sehen. Kurzerhand fragte ich die junge Frau, die mir auf dem Gehsteig entgegen kam, wo es denn zum Bahnhof ginge. Die Antwort „ja" machte mich sprachlos und ich war verwirrt. Dieser Zustand änderte

---

[15] Wenn auch ich noch nie von ihm gehört hatte, so war der Brünigpass als Transitweg durch die Alpen schon den Römern bekannt.

sich bereits wenige Sekunden später, denn hinter dem nächsten Haus gab es eine Seitenstraße mit dem ersehnten Wegweiser. Die Freude hielt nur kurz an, als ich erkennen musste, dass der Weg zum Bahnhof so steil war, wie vorher der neue Radweg. Aber ich stieg nicht ab, sondern quälte mich hinauf. Schließlich konnte es nicht weit zum Bahnhof sein, und wenn ich schon mit dem Zug fahren wollte, dann musste bis dahin noch etwas geleistet werden.

Der Bahnhof war von unten nicht zu sehen, aber bald erreicht. Aus Erfahrung wusste ich, dass eine Erholung erst nach der Klärung des nächsten Schrittes erlaubt ist. Diese Auffassung bestätigte sich beim Studium des Fahrplans. Der nächste Zug sollte schon in 15 Minuten kommen und ich hatte keine Ahnung, wie schnell ich nun eine Fahrkarte erhalten könnte und ob die Fahrradmitnahme etwas kosten würde. Zum Glück stand auf dem Weg zum Bahnhofsgebäude ein Fahrkartenautomat und bald hatte ich meinen Berechtigungsschein. Weiter unklar war das mit dem Fahrrad.

Deshalb ging ich ins Gebäude zum Schalter, um dort nachzufragen. Die einzige Person, eine Dame, hinter dem Tresen telefonierte mit dem Rücken zu mir. Ich ging wieder raus zu den Gleisen und nach wenigen Minuten wieder rein, um einen neuen Frageversuch zu starten. Verärgert sah ich, dass jetzt die Dame mit einer Kundin beschäftigt war, die ich vorhin nicht im Schalterraum gesehen hatte. Das Gespräch war sehr ausführlich und langsam... Mir riss der Geduldsfaden und ich bat um Nachsicht für die Gesprächsunterbrechung, weil mein Zug komme und ich wissen müsse, ob ich eine Fahrkarte für das Rad brauche; am Automat könne ich nichts erkennen. (Bei uns im Allgäu ist schließlich bisher die Fahrradmitnahme kostenfrei[16].) Die Antwort war sehr pampig: was solle der Automat noch alles können? Natürlich bräuchte ich eine Karte, ein Rad koste so viel wie ein Mensch – peng! Schnell löste ich eine 2. Karte und schon fuhr der Zug ein.

Den aussteigenden Schaffner bat ich um Verständnis, dass mein Ladevorgang, einmal das Rad und dann die Taschen, etwas länger dauern könne. Seine Antwort baute stark auf: ich solle mir die Zeit nehmen, die ich bräuchte. Der Zug fahre ab, wenn ich im Zug sei. Toll!

Im Zug schnaufte ich erst mal tief durch und dann fiel mir ein, dass ich dieses Weiterkommen unbedingt fotografieren müsse. Nach wenigen Minuten Fahrt wurde das Tempo immer langsamer. Was ist jetzt los, dachte

---

[16] Dies galt leider nur bis zum Jahr 2008!

ich. Geht jetzt die Lok kaputt, wo ich mich entschlossen habe Zug zu fahren? Mitten in die Verwirrung hinein hörte ich ein kurzes hartes Geräusch und das Tempo erhöhte sich wieder. Ein Blick zurück auf die Gleise klärte auf: seit wenigen Metern wurde zusätzlich mit Zahnradantrieb gefahren. Um das Einklinken des Zahnrades ohne Defekt zu ermöglichen, musste der Zug fast bis zum Stillstand kommen. Mir fiel ein Stein vom Herzen.

Nach dem Aussteigen ging es nur wenige Meter bergauf. Aber die Straße zu überqueren, war eine Geduldssache, denn der Straßenverkehr war, wie unten beobachtet, unwahrscheinlich dicht. Als ich es endlich zur anderen Straßenseite geschafft hatte, ging es auf der breiten Straße ohne Radweg nur noch bergab, lange bergab. Irgendwann merkte ich beim Bremsen, dass nicht nur in den Händen und den Unterarmen ein schmerzhaftes Gefühl vorhanden war, sondern auch im Nackenbereich. Am Ende der Bergabfahrt versuchte ich meine Sitzposition so zu ändern, dass der Nackenschmerz wieder nachließ. Sehr erfolgreich war ich aber nicht.

Als ich in der Ferne Wasser vor mir sah, wusste ich, dass ich den Brienzer See erreicht hatte. Nun galt es wieder eine Unterkunft zu finden.
Fast in der Ortsmitte von Brienz lag auch das verkehrstechnische Zentrum: der Bahnhof, der Busbahnhof, die Schiffanlegestelle, die Touristeninformation, Parkplätze und gegenüber die Brienz Rothorn Bahn zum Brienzer Rothorn. Überrascht war ich von der Menschenmenge in diesem Bereich. Ich befürchtete Schlimmes, doch wer nicht wagt, der nicht gewinnt. Nach diesem Motto stellte ich mein Rad so ab, dass ich es aus der TI sehen konnte, nahm meine Fronttasche und ging in die TI rein.

Es herrschte sehr lebhafter Kundenverkehr, alle Serviceleute waren belegt und mehrere Kunden warteten. Ich suchte mir die kleinste Schlange aus und war bald der Zweite in der Reihe, weil es dem Mann vor mir zu lange gedauert hatte.
Das Gespräch in englischer Sprache zwischen der TI-Dame und den Pakistanis (dachte ich aufgrund der Hautfarbe) zog sich hin. Die beiden Männer wollten für ihre 10 Personen große Gruppe eine gemeinsame Unterkunft. Nach mindestens 15 Minuten Wartezeit räumten sie endlich das Feld, weil sie eine Adresse erhalten hatten, die weit weg vom Brienzer See lag.

Meine Nackenschmerzen waren längst weg, stellte ich fest, aber nicht meine Atemprobleme. Ich bin es seit Jahren gewöhnt, mit geschlossenem

Mund durch die Nase atmend zu joggen oder zu radeln. Wenn aber die Anstrengung zu groß wird, dann verändert die austretende Luftmenge irgendetwas im Kopf. Es fühlt sich so an, als würden sich die Ohren beim Einatmen schließen und beim Ausatmen wieder öffnen, was ja nicht sein kann, oder…?

Und entsprechend komisch klang meine Frage nach einer Unterkunft im Kopf. Die nette junge Frau zog Falten auf der Stirn und meinte, es sei alles ausgebucht. Grund sei der hohe Besucheransturm wegen der großen Flugshow ‚Red Bull Air Race', die jährlich um diese Zeit stattfindet. Aber sie blätterte ihre Angebotslisten durch und telefonierte mehrmals. Bei einer Adresse hatte sie Glück, denn da sei das Zimmer eines Familienmitgliedes mit 3 Betten frei. Ob mich das stören würde, im schlimmsten Fall mit 2 fremden Personen das Zimmer teilen zu müssen? Natürlich nicht, sagte ich und dachte ganz anders. Hauptsache war, dass ich ein Bett bekam.

Mit einem Ortsplan, in dem die Adresse gekennzeichnet war, in der Hand startete ich die Suche per Fahrrad. Dazu musste ich eine größere Strecke zurück und bergauf fahren. Ich fuhr sehr langsam, um die Hausnummern zu sehen, aber auch, um nicht schon wieder zu schwitzen.

Die Adresse lag anders als im Ortsplan gekennzeichnet und war eine Art Hotel, bei dem ich keinen Eingang und natürlich keinen Menschen sah.

Als ich fast frustriert wendete und wieder fahren wollte, rief mich eine Frau aus dem Nachbargrundstück hoch über mir liegend an. Sie fragte, ob ich eine Unterkunft suche. Ich bejahte und verwies darauf, dass mich die TI hierher geschickt hatte. Dann sei ich bei ihr richtig, sagte sie. Ich solle das Grundstück verlassen und zur nächsten Haustür weiter oben kommen. Verdutzt folgte ich der Empfehlung und wunderte mich, dass mich ein alter VW-Bus mit irischem Kennzeichen schnitt, weil er auf den Parkplatz fuhr, den ich eben ansteuern wollte. Wie sich wenige Minuten später herausstellte, waren das Iren, die hier schon öfter Urlaub machten. Von der Frau aber, die mich von oben angerufen hatte, war keine Spur zu sehen.

Ich fühlte mich merkwürdig berührt, seit ich in Brienz angekommen war. Erst die Menschenmenge, dann alles ausgebucht, dann ein Zimmer mit 3 Betten, dann eine nicht korrekte Adresse und am gedachten Ziel war die Frau nicht mehr zu sehen.

Trotz des unwohlen Gefühls betrat ich das Grundstück, und traf hinter der Hausecke zwei Frauen, die mir entgegen kamen. Eine war die „Anruferin" und die andere, die Ältere und Gehbehinderte war die Hausherrin.

Die Anruferin fragte die Hausherrin, ob sie mit der Vermietung einverstanden sei. Als ich das hörte, erschrak ich und meine merkwürdigen Gefühle bekamen Nachschub. Die ältere Frau musterte mich und sagte im Abdrehen soviel wie in Ordnung. Ich solle hier mein Rad abstellen, alles Weitere mache die Anruferin.

Die führte mich ins Haus und dann war ich platt. Schon die Haustür war eine halbe Sensation, denn sie war sehr dick, schwer und doch ganz leicht zu bewegen. Der Flur war ein Foyer, das nahtlos in einen riesigen Wohnraum überging. Das Mobiliar war wuchtig und bestimmt nicht preisgünstig gewesen.

Ich wurde die seitlich liegende Freitreppe hinaufgeführt. Eine wieder unwahrscheinlich massive Tür öffnete den Blick in einen eigenen Wohnbereich, der direkt unter dem Dach lag: ein großzügiger Salon mit schweren Teppichen, ein sehr großes Bad – fast so groß wie unser Wohnzimmer - mit Dusche und WC und mehrere Zimmertüren waren zu sehen. Eine der Türen wurde geöffnet und das war es, das mir zugewiesene Zimmer. Mit den 3 Betten, einem Schrank, einem großen Dachflächenfenster und einem Waschbecken war es im Verhältnis zu dem eben verlassenen Salon geradezu klein. Die Zimmertür war mindestens doppelt so stark wie zu Hause. Dies sei das Zimmer eines Sohnes, der b. a. w. wegen eines schweren Unfalles im Krankenhaus liege und stehe damit frei. Sie selbst sei eine der Schwiegertöchter des Hauses. Mit dem Hinweis, dass das Frühstück um 8 Uhr bereit stehen werde, wurden mir Zimmer- und Hausschlüssel übergeben und schon war ich alleine.

So groß das Bad war, so war es doch ein Etagenbad und für eine Familie in Ordnung. Aber scheinbar waren alle Zimmer vermietet, und damit war die Lösung die Zweitbeste. Ich konnte noch nicht ahnen und dafür fehlte die Fantasie, dass mir die absolute Alternative noch bevorstand. Aber davon später in den Erinnerungen der jeweiligen Tage.

Der erste Duschversuch ging schief, weil das Bad belegt war. Nachdem ich endlich geduscht hatte und umgezogen war, wurde das übliche Aufgabenprogramm gestartet: Fahrkleidung zum Trocknen aufhängen, leere Getränkeflaschen auffüllen und Führung des Tagebuches.

Danach ging ich zum Fahrrad und wollte in den Ort zum Essen, Besichtigen und Telefonieren fahren. Aber an der Haustür wurde ich von der Anruferin abgefangen. Sie saß mit ihrer Schwiegermutter und dem irischen Paar auf einer großen Bank in der Pergola. Sie wollten Näheres von mir wissen, woher ich komme, wohin ich wolle, wie es mir so ergangen sei usw. Es entwickelte sich ein netter Smalltalk in Deutsch, Schweizerdeutsch und Englisch. Die Irin übersetzte alles ihrem Mann, der nicht deutsch sprach.

Langsam bummelnd fuhr ich in den Ort hinab und studierte die Speisekarten und Preise. Obwohl ich tagsüber mehrmals von einer Pizza geträumt und davon auch beim Smalltalk erzählt hatte, entschied ich mich am Ortsende nach der äußeren Sichtung aller Angebote für den Wurstsalat.

Das Lokal lag fast gegenüber der TI und hatte Tische im Freien auf dem großen Gehsteig. Zwar war der Gestank der vorbei fahrenden Autos unangenehm, aber es herrschte deutlich weniger Verkehr als bei meiner Ankunft. Und von der Menschenmenge war auch nichts mehr zu sehen. Ich bestellte den Wurstsalat, der ruhig so groß wie möglich ausfallen dürfe und ein großes Bier für einen durstigen Pilger, worüber die Bedienung lachte.

Ich fühlte mich stolz und glücklich und musste dieses Gefühl meiner Angelika mitteilen. Das Telefonat dauerte sehr lange, weil mir die Kosten zu diesem Zeitpunkt noch egal und nicht bekannt waren. Später, zu Hause, beim Studieren der Telefonrechnungen haben wir alle viel gelernt, besonders dass in der Schweiz die Wichti-Gebühren fast dreimal so hoch sind wie bei uns in Deutschland. Nach dem Essen schob ich mein Rad langsam die Promenade am See entlang, genoss die Berge, die abnehmende Sonne und die Ruhe, die überall einkehrte.

Als es fast dunkel war, fuhr ich zu meinem Luxushaus zurück. Ich war sehr gespannt, ob ich noch allein im Zimmer sein würde. Und – ich hatte Glück gehabt, denn es fand sich kein weiterer Unterkunftssuchender mehr ein. Damit konnte ich allein schlafen, nächtliche Geräusche von mir geben ohne zu stören (schnarchen usw.) und das Teilen des Bades würde nicht noch schwieriger sein.

Der sechste Tag

Brienz – Fribourg

Ich hatte gut geschlafen und war um 8 Uhr abfahrbereit, doch vorher wollte ich noch frühstücken. Insgeheim hoffte ich, dass bei dem bisher teuersten Preis und der luxuriösesten Unterkunft auch das Essen toll sein müsste. Aber der „Zahn" war ganz schnell gezogen.

Der Frühstücksraum war ein Teil des riesigen Wohnraumes im EG und optisch nur durch eine kleine Teilwand getrennt. Er war damit von der Treppe, die ich herunter kommen musste, nicht einsehbar. Gedeckt war ein langer Tisch mit 8 Tellern und Tassen, 2 Packungen Orangensaft, 2 Körben mit Brotscheiben, 1 Butterdose, 2 Marmeladegläser und 1 Honigglas mit Löffeln, und einer Holzkiste – enttäuschend! Die Iren und ein fremdes Pärchen saßen bereits beim Frühstücken und unterhielten sich mit der ebenfalls am Tisch sitzenden Hausfrau. Die Schwiegertochter begrüßte mich, wies mir einen Platz zu und brachte mir kurz darauf ein kleines Kännchen Wasser. Dann wusste ich, was in der Holzkiste, dem für mich einzigen Komfort auf dem Tisch, war: Teebeutel verschiedener Sorten. Es gab keine Scheibe Wurst oder Schinken, kein Ei und dann den Orangensaft aus der Packung. Das war sehr wenig für teure 55 sfrs! Das fremde Pärchen war mit Motorrädern unterwegs, und macht größere Touren mindestens einmal im Monat. Ihre weiteste Reise führte bisher nach Schottland. Vom Jakobsweg hatten sie auch schon mal gehört.

Mein spartanisch empfundenes Frühstück war bald beendet und dann folgte die nächste Enttäuschung: Die Hausfrau gab mir auf die gegebenen 60 Schweizer Franken keine 5 sfrs auf die vereinbarten 55 zurück. Das ärgert mich noch heute beim Schreiben meiner Jakobserinnerungen, fast ein halbes Jahr später.

Zur Weiterfahrt hatte ich mich für die nördliche Route am See entschieden. Nachdem aussichtsmäßig sowohl die Süd- wie die Nordroute empfohlen wurden, erhoffte ich mir auf der Nordseite am Morgen die wärmende Sonne von einem wolkenlosen Himmel.

Als ich an einem schönen Aussichtsplatz kurz hinter Brienz vorbei kam, stoppte ich, rief meine Cousine Gabi an und gratulierte ihr zum Geburtstag. Sie war sehr überrascht zu hören, dass ich auf dem Jakobsweg und z. Zt. in der Schweiz sei. Zuerst wollte sie es mir nicht glauben, weil ich oft scherze. Dann erinnerte sie sich aber, dass ich vor einem Jahr schon mal über meinen Plan, eine Pilgerfahrt zu unternehmen, geredet hatte. Nie hätte sie gedacht, dass ich den Plan tatsächlich realisieren werde. Bisher sei für riskante und außergewöhnliche Unternehmungen immer nur ihr Bruder Christian zuständig gewesen. Nun müsse sie sich auch noch um mich Sorgen machen.

Die Nord-Fahrtroute war richtig gewählt und gut zu fahren. Der Verkehr nahm kurz vor Interlaken deutlich zu und bald hatte ich die Übersicht verloren, wo es denn zum Thuner See gehe. Ich hatte trotz aller Aufmerksamkeit keinen Wegweiser gefunden und musste fragen. Fast lag ich richtig und war auch bald aus Interlaken heraus und auf dem Weg nach Thun.

Beim Annähern an eine Kreuzung sah ich, wie eine Mountainbikerin auf meine Straße einbog und ebenfalls in Richtung Thun fuhr. Der Abstand betrug etwa 100 Meter. Ich merkte, wenn ich mein Tempo ein klein wenig reduzierte, dann blieb der Abstand gleich. Die Frau (ohne Gepäck) hatte ein angenehmes, über lange Strecken haltbares Tempo, auch als es leicht bergauf ging. Bergab allerdings holte ich auf. Der Grund dürfte wohl mein höheres Gewicht und mein sehr leicht laufendes Jakobsrad gewesen sein. Irgendwann spürte die Frau, dass jemand hinter ihr herfuhr, was ich am öfter nach hinten drehenden Kopf bemerkte. Sie schien nervös zu sein. Zwar war es angenehm einen Quasipartner beim Fahren zu haben, aber ich wollte nicht, dass die Radlerin ein komisches Gefühl haben sollte. Schließlich konnte sie ja unmögliches von mir denken. Also entschloss ich mich, zu ihr aufzuschließen.

Ich stellte mich als Jakobspilger vor und sei von ihrem Tempo sehr angetan, weshalb ich mich an sie angehängt hatte. Sie brauche sich also nicht zu fürchten. Ihrem Gesichtsausdruck war anzumerken, dass sie erleichtert reagierte. Sie stamme aus Thun und sei auf ihrem sonntäglichen Rundkurs um den Thuner See. Wir haben uns kilometerweit nett übers Radeln unterhalten. Sehr interessiert war sie an meiner Pilgerfahrt.

In Thun angekommen führte sie mich auf Schleichwegen ins Zentrum und zeigte mir das einzige, am Sonntag für einige Stunden geöffnete Geschäft, damit ich mich wieder mit Getränken, Obst und Gebäck eindecken konnte.

Nach dem Einkauf fuhr ich nicht gleich weiter, sondern machte erstmal eine ausgiebige Ess- und Trinkpause. Dazu motiviert hatte mich die herrliche Musik, die von der riesigen Leierkastenorgel erklang, die gegenüber auf einem großen freien Platz stand. Solche Orgeln mit dieser Musik standen in meiner Kindheit immer zur Dultzeit auf dem Spitalplatz vor der Heilig-Geist-Kirche in Neuburg. Vor dem geistigen Auge zogen manche Kindheitsbilder mit Kinder- und Kettenkarussell vorbei.

Als voraussichtliches Tagesziel hatte ich aufgrund der im Pilgerführer angegebenen Wegezeit die Stadt Fribourg angepeilt. Den Weg raus aus Thun hatte mir meine Mountainbikerin beschrieben, die Skizze im Pilgerführer war auch klar und letztlich hatte ich die richtige Strecke auch gefunden.

Das Verkehrsaufkommen war auf dieser Straße recht gering und ich konnte die leicht hügelige Landschaft voll genießen. Im Laufe der Fahrt nahmen die Steigungen zu, genauso wie die Hitze. Nur die Getränkevorräte, die schrumpften rasch. Mehrmals musste ich das Rad schieben. Nach dem längeren gemeinsamen Radeln mit der Mountainbikerin kam in mir wieder das Gefühl der Einsamkeit auf, das ich schon abgelegt glaubte.

Einmal ging es rauschend bergab und anschließend voll in der Sonne steil bergauf. Peinlich war mir, als ich schiebend auf einmal von 3 Leuten, vermutlich Vater, Sohn und Tochter, einer vierköpfigen Familie ganz langsam mit ihren Mountainbikes überholt wurde. Als ich aber sah, dass die Mutter hinter mir bleibend auch abgestiegen war, beruhigte mich das.

Mein Ehrgeiz wurde aber schnell wach, als sie plötzlich an mir vorbei fuhr. Das konnte ich mir nicht bieten lassen. Ich ließ der Frau ein paar Meter Vorsprung, stieg dann zornig auf mein Rad und strampelte los, obwohl die Steigung unvermindert anhielt und kein Ende absehbar war. Immer den Blick auf den Lenker mit Tempo und Pulsschlag gerichtet, bekam ich erst spät mit, dass die Steigung flacher wurde, ein Ort in Sicht kam und die 3 Familienausreißer am Straßenrand auf die Frau warteten. Nun hatte ich also wieder die Spitze übernommen und wollte sie nicht mehr hergeben, denn die Straße führte nun lange leicht bergab.

Laut Wegweiser waren es nur noch 10 km bis Fribourg. Es war einfach toll, so richtig Zoff zu geben. Schieben und Schwitzen waren schon wieder vergessen.

Als ich Fribourg erreichte, stellte ich fest, dass meine sehr feuchten Funktionsoberteile wieder trocken waren. Nur der dunkle Ring um den Bauch herum zeigte, dass ich noch nass war. An dieser Stelle war ich ja vierfach bekleidet: Unterhose, Unterhemd, Hose und Hemd, aber alles aus Funktionsmaterial.

In eine fremde Stadt einzufahren war für mich immer spannend. Entsprechend langsam und immer nach Hinweisschildern schauend ging es hinein. So auch in Fribourg. Ganz nebenbei beeindruckte mich die Lage der Stadt auf einem Felsplateau, und tief untenliegend, in mehreren Schleifen durch den Ort führend, der Fluss Saane. Die Lage von Fribourg erinnerte mich an die Stadt Luxemburg.

Am Dom war meine Übertragungsmöglichkeit der Karte in die Realität zu Ende und ich sprach eine junge Frau an, ob sie deutsch spreche. Ich suche die TI. Natürlich spreche sie deutsch, sagte sie und zeigte mir den Weg in Richtung Bahnhof. Nie hätte ich vermutet, dass die vor mir liegende ansteigende Straße zum Bahnhof führen würde.

Der Bahnhof war bald erreicht und die Adresse der TI gefunden. Nur, sie war geschlossen, weil Sonntag war. Sehr gästeunfreundlich, dachte ich und überlegte, ob sie denn bei uns in Friedberg, in Augsburg oder Neuburg geöffnet hätten? Immerhin war an der Eingangstür ein Hinweis angebracht, auf dem im Falle einer Nichtöffnung zu einer Ersatzadresse verwiesen wurde. Also suchte ich erneut und fand die Adresse nicht. Hatte ich mir die Hausnummer und die Straße richtig gemerkt? Zurück zur TI fahren und den Hinweis noch einmal genau lesen half weiter. Die Verbindung zwischen Lesen und Verstehen gelang also erst jetzt beim zweiten Versuch. Ich fand tatsächlich den beschriebenen Tabakshop, klein, unscheinbar und von außen schmuddelig wirkend, und - GESCHLOSSEN. Puh, was tun?

Heiß war es, ich stand vor dem Bahnhof. Geht hier ein Zug zurück nach Friedberg? Viel Betrieb an dem Busbahnhof und keine Unterkunft...

Was sofort getan werden konnte, war das Aufsuchen eines Schattenplatzes am Bahnhofsgebäude und den Durst löschen. Dabei kam wieder das Heinz-Zitat „Jakobus lässt dich nicht im Stich" in den Kopf und ich wurde ruhiger. Klar, eine Alternative musste her und die fand ich im Pilgerführer: die Jugendherberge.

Ich rief einerseits erwartungsvoll - hier könnte ich Unterkunft bekommen - und andererseits ängstlich - ich bin seit Jahren kein Mitglied mehr und in Deutschland kommen nur Mitglieder bzw. Mitreisende von Mitgliedern unter - über mein Wichti die Jugendherberge an. Eine ganz andere Enttäuschung stellte sich ein und war doch gleich wieder weg: es meldete sich ein Anrufbeantworter und, dass noch genügend Plätze frei seien. Allerdings sei die Jugendherberge erst wieder ab 17 Uhr geöffnet.

Mir blieben knapp 1,5 Stunden, die JH[17] zu finden. In Ruhe studierte ich Pilgerführer und Stadtplan am Busbahnhof. Die JH schien einfach zu finden zu sein.

Langsam schob ich mein Jakobsrad über den Busbahnhof auf die andere Straßenseite. Dort erkannte ich, dass ich am Ende einer Fußgängerzone war. Das fand ich ganz toll und schob weiter gemütlich und entspannt bis zum anderen Ende. Hier, bei diesem Platz müsse ich links abbiegen und dann die nächste Straße wieder links. Und dann sollte ich vor einem großen Gebäude stehen, in dem die JH untergebracht sei. Stimmte alles, sogar Komfort war geboten: vor dem Eingang der JH war ein Minipark mit 2 Bänken. Aus unserer frühen JH-Zeit wusste ich, dass sicher auch hier wie überall die alte Müllerweisheit galt, wer zuerst kommt, mahlt zuerst. Ich wollte schließlich

---

[17] JH = Jugendherberge

der Erste sein, der bei Öffnung nach einem Bett fragt, denn dann war die Wahrscheinlichkeit unterzukommen am höchsten. Dem Ansagetext vertraute ich nur teilweise, denn ich konnte mir nicht vorstellen, dass der Text täglich neu besprochen wurde. Das tue ich zu Hause ja auch nicht. Folglich suchte ich mir den optimalen Banksitzplatz im Schatten und in kürzester Entfernung zur Eingangstür.

Außer mir war niemand zu sehen. Fast wäre ich im Sitzen eingeschlafen, als ich Gesellschaft bekam. Zuerst waren es 2 Mädchen, dann ein Pärchen, dann kam eine Gruppe von 5 Leuten, und schließlich ein zweites Pärchen. Das war die Höhe! Alle hatten einen Platz gesucht, der weiter weg war von der Eingangstür, nur das letzte Pärchen nicht. Das setzte sich frech direkt gegenüber der Eingangstür auf den Rand der Beetrabatte.

Natürlich waren sie auch bei der Öffnung die ersten an der Anmeldung. Aber sie waren wohl schon Gäste und gleich wieder verschwunden. Die Frau an der Anmeldung war sehr freundlich und sprach (auch) deutsch mit dem netten Schweizer Akzent. Meine Nichtmitgliedschaft sei kein Problem, nur eine Kostenfrage und ein Bett hätte sie auch frei. Und wenn ich nichts dagegen hätte, dann erhielte ich als Pilger ein Zweibettzimmer für mich allein. Auch Abendessen und Frühstück seien kein Problem.

Trotz des bisher höchsten Preises – Brienz wurde übertroffen - stieg meine Stimmung steil an. Ich war wieder glücklich und sehr zufrieden, mein Weltschmerz während des Tages vergessen!

Bis ich den Anmeldezettel ausgefüllt hatte, wurden die anderen Wartenden bedient und waren bald verschwunden. Das alte Gebäude und die JH waren frisch renoviert und mein Zimmer, der Dusch- und auch der Toilettenraum modern ausgestattet. Bis ich mich häuslich eingerichtet hatte und zum Duschen ging, waren schon viele Gäste eingetroffen, auch kleinere Kinder.

Weil es in meinem Raum recht kühl war, setzte ich mich zum Schreiben des Tagebuches an einen der Tische im Innenhof. Dort war es angenehm warm und schattig. Eine Frau sprach mich an, ob ich mit ihrer und der Familie ihrer Freundin gemeinsam zu Abend essen wolle. Sie hätte von der Anmeldefrau gehört, dass auch ich ein Abendessen gebucht hatte. Ich war überrascht und sagte gerne zu. War es doch wieder eine Möglichkeit, die Einsamkeit zu vergessen.

Die beiden Damen und einige der Kinder deckten die beiden Tische, einen für die Kinder und einen für uns 3 Erwachsene. Für den Transport der schwereren Schüsseln aus der Küche zu den Tischen brauchte man aber Erwachsene und selbstverständlich war ich bereit mitzuhelfen. Sehr überrascht war ich, als ich die Köchin in der Küche sah: es war die Frau von der Anmeldung. Sie erklärte mir, dass sie das Mädchen für alles sei. Es gebe nur einen Hausmeister für das ganze Gebäude und eine Putzfrau für die JH. Sie selbst wohne in Bern und komme morgens um 7:30 Uhr zum Herrichten des Frühstücks und bleibe dann bis ungefähr 11 Uhr. Am Nachmittag komme sie wieder von 16:30 Uhr bis 22 Uhr. Dann fahre sie wieder heim nach Bern.

Sie hatte einen Riesentopf Reis und Geschnetzeltes asiatisch gekocht, dazu 2 sehr große Schlüsseln mit grünem und Tomatensalat zubereitet. Die beiden Frauen mit ihren 5 Kindern waren heute in Schwarzenburg aufgebrochen, das etwa 20 km entfernt liegt und von mir heute am frühen Nachmittag durchfahren wurde. Geplant hatten sie eine Woche Wanderurlaub, aber eines der Kinder kränkelte, so dass heute ihr Start- und Schlusstag sei. Dass ich auf einer Pilgerfahrt sei, fanden sie sehr interessant. Auch der größere Junge mischte sich immer wieder in die Unterhaltung ein. Er war es auch, der sich um einen jungen Spatzen kümmerte, den die anderen Kinder gefunden hatten. Ihn aber zu füttern wollte einfach nicht gelingen.

Die Unterhaltung und der Abend mit den beiden Frauen endeten für mich sehr unbefriedigend. Sie wollten mir weismachen, dass ich mich sehr schwer tun werde, wenn ich ohne Französisch- und Spanischkenntnisse weiterfahren würde. Durch diese Worte kochte mein Einsamkeitsgefühl wieder auf.

Der siebte Tag

Fribourg – Rolle

Der Schlaf war aufgrund des am Abend von den beiden Damen gesetzten Stachels nicht besonders gut. Dazu kamen auch die Geräusche, die vom nahen Bahnhofsgelände herüber drangen. In der Phase des langen Wachseins bis zum zeitlich sinnvollen Aufstehen überlegte ich hin und her, was am besten zu tun sei. Die Sprachprobleme sollten ja schon ab dem Genfer See auftreten, also gab ein Weiterfahren bis Genf und dann heimfahren oder –fliegen kaum Sinn.

Da fiel mir ein, dass oben am Eingang ein Internetterminal steht. Dort wollte ich bei Airberlin nachsehen, ob es von Genf bis München eine Flugverbindung gibt. Wenn ja, dann könnte ich mein Flugticket Santiago-München umtauschen. Wenn nicht, dann war das bereits ausgegebene Fluggeld eben verloren und ich würde mit dem Zug zurückfahren, bereits hier von Fribourg. Also schickte ich meinen Entschluss als SMS an Angelika und ging hoch zum Internetterminal, um die Flugpläne zu sichten.

Die Entscheidung für die Zugfahrt war gleich gefallen, weil München nur aus Zürich angeflogen wird. Also musste ich nach dem Frühstück zum Zug gehen.

Wieder im Zimmer angekommen, läutete mein Wichti. Angelika war dran, welch eine Freude! Anders wie in Lindau, wo sie bei Regen ein besser werdendes Wetter prognostizierte und mir die Weiterfahrt empfahl, bekam ich jetzt eine Gardinenpredigt! Ich wurde wegen meines Planes ganz nett zusammengestaucht. Das war ein Schock, aber ich fügte mich, denn ihre Argumente, dass ich schon so weit gekommen sei und dass sie von vielen Leuten grüßen solle, die von mir sicher enttäuscht sein würden, wenn ich einfach abbreche, überzeugten mich. Unter anderem berichtete sie von einem Gespräch mit ihrer Chefin, die gesagt hatte, dass sie mit mir gefahren wäre, wenn sie von meiner Pilgerfahrt früher erfahren hätte. Und alle Kolleginnen, bis hinauf zur Chefin, hätten mich doch in die Gebete eingeschlossen. Sie interessierten sich täglich, wie es mir gehe und wo ich inzwischen sei. Oh Gott, das war eine Belastung, aber auch eine Herausforderung! Einerseits..., aber andererseits wollte ich nicht als Feigling dastehen. Also hatte meine Angelika recht und - ich würde weiterfahren.

Etwas verunsichert, aber leicht aufgerichtet ging ich frühstücken. Na ja, das Frühstück war eben jugendherbergsmäßig, aber reichlich.

Mit einem Tipp der netten JH-Frau, wie der Weg zum Genfer See weiterführt, machte ich mich auf die Fahrt, nachdem ich das Rad wieder aus dem sichersten Raum der JH, dem Keller hoch geholt hatte. Dabei spürte ich erstmals, dass mein rechtes Handgelenk schmerzte, als ich das beladene Rad heben musste. Dieser Schmerz hat sich irgendwann in den nächsten Tagen verloren und tauchte während der Pilgerfahrt nie wieder auf.

Der Weg aus Fribourg heraus war vielleicht der JH-Frau klar, mich stellte er in der Praxis aber vor Probleme. Wie schon beschrieben, hatte ich wegen Geiz keine Karten gekauft und nur den Pilgerführer als Fahrhilfe. Also entschloss ich mich, dem ersten Wegweiser „Lausanne" zu folgen.

Die Straße war recht gut und weitgehend eben, aber sehr belebt. Nach längerer Fahrt kam ich an einen sehr großen Kreisverkehr und ich musste mich entscheiden, nach Payerne, Bern oder Moudon zu fahren. Und Lausanne, wo stand Lausanne? Die nun zu befahrenden Straßen sahen aber alle autobahnmäßig aus. Der Ortsname Moudon wiederum kam mir vom Pilgerführer her bekannt vor. Über diesen Ort zu fahren, müsste richtig sein.

Also bog ich mangels anderer Orientierungsmöglichkeit auf die Route nach Moudon ein. Bald merkte ich, dass ich auf der Bundesstraße 1 fuhr. Der Verkehr allerdings wurde kaum dichter. Die Straße war spitze, fast immer schnurgrade, die Steigungen sehr gering, dafür aber anhaltend, und Sonne pur – kein Schatten.

Nach einigen dringend notwendigen Trink- und Verschnaufstopps wurde der Ort Moudon erreicht, in den ich einbog, um was Essbares einzukaufen und eine Pause zu machen. Eine alte Weisheit bestätigte sich wieder, die sagt, kaufe nie mit hungrigem Magen ein. Denn die Menge, die ich kaufte, brachte ich nur mit Mühe auf dem Rad unter. Die große Saftpackung musste ich zwischen Rahmen und Bremsseil stecken. Dennoch funktionierte die Rückbremse. Sicherheitshalber fuhr ich ganz langsam Richtung Kirche, weil ich dort eine Bank zu finden hoffte, auf der ich in Ruhe essen könnte. Die Situation, die ich vorfand, war aber etwas skurril. Zwischen Kirche und dem Flussbett des Le Broye war eine Miniparkanlage für das große Kriegerdenkmal mit 2 Bänken. Entsprechend ruhig waren die Lage und auch meine Pause. Frisch gestärkt und erwartungsvoll fuhr ich weiter Richtung Lausanne.

Wo genau begann Lausanne? Fast unbemerkt erhöhte sich das Verkehrsaufkommen, plötzlich war ein Radweg da, der genauso schnell wieder endete, weil die Straße enger wurde. Die Anzahl der Ampeln erhöhte sich und der Blick galt zusätzlich immer den Hinweisen zu einer Touristeninfo bzw. dem See.

Meine Fahrtrichtung musste grundsätzlich ok sein, denn es ging seit geraumer Zeit immer bergab und der See lag unten. Aber wo? Als ich bei einem großen alten Gebäude mit Park ankam, fragte ich einen Passanten nach dem weiteren Weg zum See. Auch hier bestätigte sich eine Erfahrung: kurz nachdem der Geduldsfaden gerissen ist und man reagiert hat, ergibt sich die Entscheidung von alleine. So auch hier. Ich musste noch 200 m weiterfahren, einmal links abbiegen und dann geradeaus, und dann käme ich zur großen Badeanstalt, die direkt am See liege, lautete die Auskunft.

Was ich fand, war keine Badeanstalt, sondern ein einziger riesiger endloser Badepark mit Liegeflächen und Büschen satt, getrennt durch viele breite Wege. Sehr viele Leute lagen auf den Wiesen oder trieben Sport. Auf den Wegen waren deutlich mehr Radler als Fußgänger unterwegs.

Es war ein wunderbares Gefühl, den See erreicht zu haben. Hatte ich doch die größte Fahrstrecke des Tages zurückgelegt und das Finden einer Unterkunft war nur noch eine Frage der Zeit. Deshalb fuhr ich auch sehr gemütlich weiter und betrachtete alles ausführlich. Je weiter ich Lausanne hinter mir ließ, desto mehr nahmen die Bäume zu, die Liegeflächen wurden deutlich weniger, die Wege wurden immer enger und führten teilweise fast direkt am Wasser entlang. Es gab einige Stellen, da ging es nur noch im kleinsten Gang voran und es war mehr ein Balancieren als Fahren.

Bei Morges war dann leider endgültig Schluss mit dem Fahren im Park. Der Weg führte zurück auf die Straße mit Radweg. Das Fahren machte zu diesem Zeitpunkt richtig Spaß. Die Straße war total eben, immer wieder gab es links einen Blick auf den See und rechts stieg das Gelände langsam an. Diese Hanglagen waren fast ausschließlich mit Weinstöcken bepflanzt. Ab jetzt wollte ich meine Konzentration auf ein Nachtquartier richten. Insgeheim hatte ich auf Schilder „Bett frei" oder „Zimmer frei" gehofft, wie es in unseren Ausflugsgebieten der Fall ist.

Der Vorteil von kleineren Orten im Vergleich zu Fribourg oder Lausanne ist, dass ein Hinweis auf die TI wegen des geringeren Schilderwaldes fast nicht übersehen werden kann. So war es auch bei der Einfahrt in den Ort Rolle. Nur wenige Meter nach dem TI-Schild war die TI selbst nicht zu übersehen.

Wegen des Sprachproblems betrat ich angespannt den Raum. Die junge hübsche Frau musste mir das Deutsch angesehen haben oder war ihre Muttersprache deutsch? Jedenfalls fragte sie auf Deutsch nach meinem Wunsch. Das Übernachtungsangebot hatte sie gleich zur Hand, denn es war sehr knapp. Bei einer Adresse rief sie an und erhielt eine Zusage, aber erst ab 17 Uhr. Damit hatte ich Zeit, mir den Ort und besonders die Lage am See in aller Ruhe anzusehen.

Im daneben liegenden Park, nahe dem bekannten Chateau nahm ich gemütlich auf einer Bank Platz, machte Trink- und Esspause, begann mit der Aktualisierung des Tagebuches und telefonierte lange mit Angelika. Dass mir meine Kinder Mails geschickt hatten, bemerkte ich erst beim

Öffnen des Wichtis. Sie waren von Angelika informiert worden, dass ich schon wieder mit dem Aufhören geliebäugelt hatte und schickten deshalb Aufmunterungs- und Motivationsmails: toll, wie weit du bist, dazu wären sie bestimmt nicht in der Lage; vorwärts, Frankreich freut sich auf Dich; wenn es jemand bis Santiago mit dem Rad schafft, dann du – so lauteten die Botschaften, und ich war ganz stolz auf meine Kinder und auf mich.

An der Reaktion mancher Spaziergänger bemerkte ich, dass sie mich aufgrund der Jakobsmuscheln als Pilger erkannten und vorsichtig musterten.

Kurz nach 17 Uhr war ich bei der genannten Adresse, klingelte, aber niemand öffnete. Meine Freude erhielt einen kleinen Dämpfer. Es werde doch hoffentlich klappen!

Ich ging rüber zur TI und hakte nach, ob das Angebot denn noch Gültigkeit habe, denn auf mein Klingeln gab es keine Reaktion. Zwar hatte inzwischen das Personal gewechselt, aber eine andere Frau, die bei meinem ersten Besuch im Hintergrund gearbeitet hatte, wusste Bescheid und rief bei der Adresse an. Sie hatte sofort Kontakt. Ihr wurde erklärt, dass kein Klingeln gehört worden sei. Nun würde die Hausfrau aber besonders auf Geräusche achten.

Zurück zu dem Haus gehend, das ein Teil einer längeren Häuserzeile war, sah ich eine Frau aus dem Haus auf die Straße treten. Beide erkannten wir in dem Anderen den angekündigten Gesprächspartner.

Die ältere Dame, elegant angezogen mit einem langen schwarzen Kleid und einer perfekten blonden Frisur wie frisch vom Friseur, begrüßte mich herzlich in Deutsch mit nettem Schweizer Klang, und bat mich mit dem Rad ins Haus. Der Eingang war durch das seitlich liegende Versicherungsbüro recht eng, genügte aber, weil es Platz für eine große Abstellnische und ein Treppenhaus bot. Schon wieder Treppe…, wie in Lindau…, und wieder alles hoch schleppen, kam mir blitzschnell in den Sinn. Tatsächlich führte mich die Hausdame noch eine weitere Treppe hinauf, in das 2. OG und öffnete eine Wohnungstür.

Was ich da sah, war ein Traum! Im Treppenhaus hätte mir die Ausstattung – ein Wandteppich über 2 Geschosse! - schon Hinweise geben können, was mich erwartete. Meine Unterkunft, meine Wohnung war ein einziges antikes Schmuckstück. Sie war so schön, dass ich sie mit einigen Fotos als Besonderheit meines Jakobsweges festhalten musste. Alle Räume waren zueinander offen, nur durch Teilmauern oder Säulen getrennt.

Ich hatte ein breites Himmelbett, das Schlafzimmer hatte neben dem großen Doppelbett 2 alte und massive Schränke. 3 Stufen tiefer lag der Nassbereich. In einer Nische gab es versteckt das moderne WC, daneben ein Waschbecken mit 2 Messingwasserhähnen wie aus einem Museum und eine moderne Badewanne mit Duschkabine. Ich hatte Platz ohne Ende. Einzig mager war der Essplatz mit einem kleinen runden Tisch und 2 dazu passenden alten Stühlen. Allerdings standen ein Wasserkocher, eine kleine Auswahl an Teebeuteln und 2 Tassen zur Verfügung. Diese meine Wohnung war aber nur ein Teil des 2. OG. Den zur Straße gerichteten Teil konnte ich nur durch eine Glastüre betrachten. Und dort wie hier bei mir war alles wie aus einem Museum, sogar der nicht ebene und an den Ecken leicht abfallende Boden mit alten dunklen Brettern passte hervorragend zu dem Ambiente. Alle Details, kleine wie große, die Bilder, Rahmen, Vasen, Kleiderhaken – alles fügte sich harmonisch in den Gesamteindruck ein. Vom Fenster des Schlafzimmers ging der Blick in den ruhigen Hinterhof, aber auch in die Nachbargrundstücke.

Nach dem Raufschleppen der Radtaschen folgte die tägliche Dusche. Da auch die Radkleidung etwas roch, musste ich erstmals waschen. Ich hatte zuvor die Idee, die Wäsche einfach in die Dusche zu legen und mich draufzustellen. Durch mein Duschwasser würde sie dann bereits eingeweicht und das könnte meinen Arbeitsaufwand etwas reduzieren. So tat ich es auch, beschränkte mich aber auf Hemd und Unterhemd. Einerseits gab es kaum Trocknungsfläche und andererseits fehlt mir die Erfahrung, wie schnell die Kleidung an der Luft trocknen würde. Ein Maschinentrockner wie bei Dany in Wattwil stand jedenfalls nicht zur Verfügung.

Danach ging ich einkaufen. Ich hatte einen Riesenhunger. Und? Natürlich kaufte ich wieder zuviel ein: eine 300g-Wurstpackung, 1 Glas Gurken, 1 belegtes und leeres Baguette, 4 große Tomaten, eine Packung Käse und 2 große Dosen Bier. Angelika hatte mir wiederholt am Telefon gesagt, dass ich mir was leisten solle. Von Überfressen war aber nicht die Rede – sie ging von ihrer Vernunft, aber nicht von meinem Hunger aus.

Als ich zurück zu meiner antiken Unterkunft kam und zum 2. OG hochsteigen wollte, sah mich meine Hausdame. Sie lud mich ein, mein Abendmahl (!) auf der Terrasse einzunehmen. Sehr erfreut nahm ich das Angebot an. Dadurch war ich in der frischen Luft, konnte besser meine Neugier den Garten betreffend stillen und musste nicht am kleinen Esstisch im Schlafzimmer Platz nehmen.

Wenige Minuten später saß ich auf der Terrasse, die durch die ausladenden Äste zweier Bäume natürlich überdacht war, breitete mein „Menü" auf dem antiken Tisch aus und bald kam auch die Hausdame dazu. Sie balancierte vorsichtig einen Teller Suppe, sehr dünn wie mir schien, eine halbe Semmel, ein Glas Rotwein und stellte das neben meinem „Assi"tablett (aufgerissene Papiertüten und Packungen) ab. Spontan war mir meine Essensaufmachung peinlich, dann aber dachte ich mir, ich sei ja ein hungriger Pilger und könne mich nicht lange zieren. Andererseits könnte ich vielleicht mit höflichen Umgangsformen punkten. Aber die Hausdame hatte für mich volles Verständnis, freute sich darüber, einen Pilger beherbergen zu dürfen und bestaunte meinen Hunger.

Nicht lange dauerte es, bis ich merkte, dass meine Augen größer als mein Magen gewesen waren. Es war unmöglich, alles Eingekaufte zu essen. Das, was ich nicht mehr schaffte, nahm ich mir vor, morgen zum Frühstück zu essen. Die Unterhaltung mit der Hausfrau war sehr nett und gepflegt, und dauerte weit über das Essen hinaus.

Es war schon sehr dämmrig, als ich mich in mein Schmuckkästchen zurückzog. Dort erschrak ich über die Pfützen und Bäche, die sich unter meinen Hemden gebildet hatten und zur Wand führten. Das Ausdrücken mit Händen ist eben nicht vergleichbar mit der Leistung einer Schleuder. Nach dem Aufputzen stellte ich aber mit Freude fest, dass die obere Hälfte der Hemden bereits trocken war, wogegen sich unten noch alles sehr nass anfühlte. Ob alles bis morgen Früh auch trocken sein würde? Wenn nicht, dann müsste ich eben erstmals auf die Ersatzkleidung zurückgreifen.

Zufrieden über mein Tageswerk schlief ich ein.

Der achte Tag:
von der Schweiz nach Frankreich

Rolle – Seyssel

Die Gefühle am Morgen kannte ich bereits. Im Rückblick war ich zufrieden, aber nach vorne gerichtet lag etwas Druck auf dem Magen, was wohl der Tag bringen werde, und eine gewisse Zähigkeit in den Knochen.

Nach dem „Heimatgefühl" eines Abends begann am Morgen wieder ein Abschied. Entsprechend war der Frühstücksappetit. Einerseits musste gefrühstückt werden, weil es Sitte ist, weil Reste vom Abend verzehrt werden mussten und weil für die kommende Fahrt Kraft benötigt werden würde. Andererseits konnte ich fast nichts essen. Vielleicht war es der Fribourger Stachel im Hinterkopf, dass es immer schwieriger werden würde, mich mangels französischer Sprachkenntnisse zu verständigen.

Die vom Vorabend gebliebenen Reste waren zuviel und der Durst zu groß. Ich konnte vom übrig gebliebenen Käse keinen Bissen hinunter bringen. Er wanderte mit schlechtem Gewissen in den Abfalleimer. Das war das einzige Mal, dass ich auf dem Jakobsweg ein Lebensmittel entsorgte. Zu diesem Zeitpunkt ahnte ich noch nicht, dass es noch Tage geben würde, an denen ich mangels Frühstücksangebot starten musste.

Verspätet gegenüber meinem Plan war ich endlich mit dem Packen fertig, brach auf und hatte trotzdem keine Chance, einen Stempel für meinen Pilgerpass zu erhalten, weil außer der Bäckerei noch alles, auch die TI, geschlossen war. Es ging die Hauptstraße entlang Richtung Genf, aber auf dem Radweg, und das fast immer eben. Es war eine flotte Fahrt.

Irgendwann fiel mir auf, dass vor den Orten die Straßenkreuzung alle aus einem Kreisverkehr bestanden. Ich konnte nie einen Stau beobachten. Mir fiel auch auf, dass in der Schweiz nicht gehupt wurde, oder war ich ein korrekt radelnder Verkehrsteilnehmer? Die weitere festgestellte Besonderheit war die, dass die Autofahrer vor jedem Zebrastreifen stoppten. Selbst das Heranfahren an den Zebrastreifen war defensiv und die Autos blieben oft weit davor stehen. Als ich diese Beobachtung später einem Schweizer Jakobspilger schilderte, bekam ich die Aufklärung: in der Schweiz ist es eine der teuersten Strafen, den Zebrastreifen zu überfahren, wenn zu erkennen ist, dass er gleich benutzt wird.

Als ich ein Schild zu einer Kirche am See sah, stoppte ich meine Fahrt und bog in das parkähnliche Grundstück ein. Ich hatte plötzlich das Bedürfnis, eine Kirche zu besichtigen und dort zu beten. Beim Öffnen der Kirchentür erschrak ich, weil ich in einen gerade stattfindenden Gottesdienst hineinplatzte. Beinahe wäre ich auf meinen Geistesblitz zur Kircheneinkehr stolz gewesen, wenn nicht der Priester Sekunden später den Segen erteilt hätte. Das bedeutete, der Gottesdienst war bereits zu Ende.
Ich blieb trotzdem in der Kirche und hoffte auf eine Gelegenheit, den Pfarrer zu treffen, um ihn um einen Pilgerstempel zu bitten. Anstelle dessen war nur noch eine alte Frau, die Messnerin, in der Kirche. Ich fragte sie mehr mit dem Finger auf den Pilgerpass zeigend, ob ich einen Stempel bekommen könnte. Auch wenn sie mir französisch antwortete, so verstand ich doch, was sie meinte, weil das Verstehen der Sprache besser klappte als

die Aussprache. Also ging ich aus der Kirche hinüber zum Pfarrhaus und läutete.

Eine Frau machte auf und ich fragte auf Deutsch, ob ich bei ihr den Stempel bekomme, wie es die Messnerin angekündigt hatte. Ich war total überrascht, als mir die Frau in bestem Deutsch nett und freundlich antwortete. Sie sei die Pfarrsekretärin, komme ursprünglich aus Deutschland und wenn hier ein Pilger auftauche, dann könne das nur ein Deutscher sein. Durch diese Überraschung stieg meine Stimmung und blieb für die nächste Zeit oben. Die Wege des Herrn sind wunderbar...

Während der Weiterfahrt wurde mir irgendwann ein Geräusch bewusst. Es kam von der Kette. Sie lief nicht mehr geräuschlos, sondern klang metallisch. Optisch konnte ich keine Besonderheit feststellen. Dennoch, eine Kette, die zu hören ist, hat wohl keine ausreichende Schmierung mehr. Nur wo bekam ich ein Kettenöl her? Die geistige Kontrolle meiner technischen Hilfsmittel hatte schnell ergeben, dass ich die Spraydose zu Hause vergessen hatte. Ich sah sie vor meinem geistigen Auge auf dem Tisch im Keller stehen. Ich konnte mich nicht erinnern, dass ich sie eingesteckt hatte. Außerdem hatte ich mein Gepäck schon mehrmals vollständig aus den Radtaschen entnommen und dabei war sie mir nicht in die Hände gekommen. Also blieb nur nach einem Radgeschäft Ausschau zu halten.

Ich konnte mich erinnern, dass ich schon öfter an solchen Läden vorbeigekommen war und rechnete damit, dass es nur eine Frage der Zeit sein dürfte, bis der nächste Laden auftauchen würde. Aber daraus wurde nichts. Meine Gedanken saugten sich so an dem Bedarf eines Kettenöls fest, dass jeder Blick durch die Orte nur einem Radgeschäft galt. Als Ausweg fiel mir ein, dass mir auch bei einer Autowerkstätte geholfen werden könnte. Doch auch das Auftauchen der zweitbesten Lösung dauerte.

Bei der ersten Möglichkeit sah ich keinen Menschen, fuhr deshalb weiter und hoffte, dass ich nicht dafür bestraft werde, die Gelegenheit ausgelassen zu haben. Erfahrungsgemäß sollte man immer bei der ersten Gelegenheit zuschlagen, denn wer weiß schon, ob und wann die zweite kommt. Auch sollte sie noch vor Genf kommen, weil hier die Besiedelung laufend zunehmen, nach Genf, auf der französischen Seite, vermutlich dünner sein würde. Und dann kam sie Gott sei Dank doch, die Gelegenheit.

Meine Frage nach einem Öl verstand aber der Mechaniker nicht, auch nicht nach dreimaliger Wiederholung mit eindeutigen Gesten. Ein

Rennradler, der den Luftdruck seiner Räder an der daneben liegenden Tankstelle prüfte, half weiter. Er verstand und sprach deutsch, hatte meine Frage gehört und übersetzte sie. Kurz darauf sprühte es nur so um meine Kette herum. Der Mechaniker war sehr großzügig und wollte gar nicht mehr aufhören. Eine Bezahlung wollte er auch nicht haben. Also bedankte ich mich sehr herzlich bei beiden Helfern und fuhr weiter. Immer wieder kontrollierte ich das Kettengeräusch und genoss die wieder eingekehrte Laufruhe.

Der Straßenverkehr wurde immer dichter und die nach langer Fahrt am Rande von Weinbergen zunehmenden Häuser kündigten eine größere Ortschaft an. Das Ortsschild hatte ich aber irgendwie übersehen. Sofort waren meine Gedanken bei der mitgeführten Verpflegung, die ergänzt werden musste.

Als ich das Schild einer Boulangerie sah, stoppte ich und ging hinein. Beim Bezahlen sprach ich den jungen Mann an der Kasse an, weil er ein Bayern-München-Trikot trug. Ich sagte ihm auf Englisch, dass ich aus der Nähe von München komme. Seine Mimik hellte sich schlagartig auf, er begann begeistert zu erzählen, rief den anderen im Raum zu, dass ich aus München komme und „Bayern Munchen for ever". Er war so Feuer und Flamme, dass er mir auf meinen Einkauf etwas Rabatt gewährte. Auch ich war sehr begeistert über diese Situation. Die Wege des Herrn sind wunderbar...

Ein Schild „Lac Leman" änderte meine Gedanken. Ich fuhr in die angezeigte Richtung und landete weg von der Straße in einem Park. Sekunden später war ich wieder am See, den ich seit Rolle nicht mehr gesehen hatte. In der Ferne sah ich auch schon den Jet d'Eau[18], die riesige Wasserfontäne, das Wahrzeichen von Genf. Demnach hatte ich nun Genf erreicht. Gemütlich fuhr ich die breite Promenade weiter, links der See und dahinter die südlichen Berge, und rechts jede Menge Blumenrabatten.

Ich fuhr weiter, bis der Jet d'Eau auf meiner Höhe lag. Dort suchte ich mir eine Bank im Schatten, um eine Pause einzulegen und einen Brief an

---

[18] Aus einer technischen Notwendigkeit am Ende des 19. Jahrhunderts wurde die höchste Fontäne Europas.
Der erforderliche Wasserdruck in den Rohrleitungen zu den Handwerkern war damals nach Feierabend zu hoch. Das Problem wurde einfach mit einer Ventilöffnung beseitigt. Dadurch konnte das Wasser nach oben entweichen. Bald war die Fontäne eine lokale Attraktion. Heute wird der Wasserstrahl von zwei Pumpen erzeugt, die pro Sekunde einen halben Kubikmeter Wasser in eine Höhe von 140 m schießen.

meine Angelika zu schreiben. Ich hatte zu Hause Kuverts vorbereitet, um damit Unterlagen zurückzuschicken, die ich für die Weiterfahrt nicht mehr benötige. In dem Glücksgefühl, das mich in dieser Pause am Genfer See erfüllte, wurde aus dem Brief ein kleiner Liebesbrief an meine Angelika.

Bald begann wieder die Realität – es ging weiter. Mit gebremster Freude und vorsichtiger Neugier suchte ich nach einer Post. Ich sah, wie junge Damen Passanten befragten und nahm mir vor, meinerseits Fragen zu stellen.

Zwar hatte ich es gehofft, war aber dann doch überrascht, als mir die junge Frau auf Deutsch antwortete, wo ich das Postamt finden könne. Scheinbar war mein Auftreten so interessant, dass auch die anderen drei Interviewerinnen in unsere Nähe kamen und in Deutsch sprachen. In meiner Begeisterung, solche Hilfe zu erfahren, hatte ich nicht bemerkt, dass das Postamt nur wenige Schritte entfernt lag. Nur, bei der Menge von Menschen – war da mein Rad auch sicher? Ich konnte es zwar absperren, wenn ich es allein ließ, aber unmöglich das ganze Gepäck mit mir schleppen. Also war ich sehr mutig und fragte die Damen, ob sie vielleicht ein Auge auf mein Rad haben könnten, während ich im Postamt sei. Alle versprachen, für die Dauer ihrer Interviews in der Nähe zu bleiben und auf mein Rad zu achten.

Eine weitere neue Erfahrung machte ich dann im Postamt. Es herrschte nicht wie bei uns ein Kundenandrang, vielmehr glaubte ich in einer Geisterhalle eines Harry Potter-Filmes zu sein. Wenn man bedient werden will, muss man dazu an einem Gerät eine Nummer ziehen, die dann an einem der Schalter angezeigt wird. Dort kann man seine Geschäfte erledigen. Nur, das hatte ich nicht erkannt, ging einfach rein und schaute, an welchem der diskret gebauten Schalter nichts los war. Die Dame hinter dem Tresen, die ich ansprach, klärte mich über die hier geltenden Regeln auf, sagte aber auch, dass ich gleich bei ihr bleiben könne.

Höflich bedankte ich mich bei ihr und dann draußen auch bei den Interview-Damen für ihre freundliche Unterstützung. Ich schob mein Rad weiter durch die Fußgängerzone in die gedachte Richtung Frankreich, denn Genf war nicht mein geplantes Tagesziel.

Beim Überqueren der Rhone kamen mir aber Zweifel, ob der Weg richtig sei. Ich konnte keinen der Ortsnamen auf den Wegweisern bei den Kreuzungen und Kreisverkehren entdecken, die ich erhofft hatte. Scheinbar war ich immer noch zu hektisch und unüberlegt, wenn es darum ging, den Weg zu suchen.

Mir war der kleine Stadtplan im Schweizer Jakobswegführer zu klein und die Übersicht auf der einzigen Karte zu groß, so dass mir nicht klar war, wie ich aus der Stadt an die französische Grenze kommen würde. Mindestens achtmal fragte ich nach dem Weg, und hatte dabei auch widersprüchliche Hinweise erhalten.

Die einzige Karte, die ich gekauft hatte, war die über die Rhone und die französischen Alpen. Der Grund für den Kauf war, dass der französische Jakobswegführer den Pilgerweg und die Straßen im Unterschied zum schweizerischen Führer in der gleichen Farbe gedruckt hatte. Damit war eine Unterscheidung, ob fahrbar oder nicht, schlecht möglich. Ich hatte mir die Orte des Pilgerführers auf der Karte so markiert, dass ich den fahrbaren Weg finden würde. Ergänzend dazu hatte ich mir eine Excel-Tabelle mit den Orten und den zu fahrenden Straßennummern erstellt. Die ersten Orte nach Genf, die ich notiert hatte, kannte keiner der Befragten. Also orientierte ich mich auf die großen Orte um und dann klappte die Wegfindung.

Nicht weit weg vom Postamt begann der Aufstieg des Tages. Es ging nur noch bergauf, mal mehr, mal weniger, aber immer fahrbar. Das Schwitzen nahm zu wie die Bewölkung durch die immer näher kommenden Berge, denn bisher hatte nur strahlender Sonnenschein geherrscht.

Völlig unscheinbar und total getarnt, so schien mir, tauchte an der belebten Straße und inmitten von Geschäften liegend der Grenzübergang Schweiz – Frankreich auf. Ich radelte weiter und sah mich um, ob mich ein Zöllner sehen würde. Das war aber erst beim Übergang nach Frankreich der Fall. Ein Grenzer sah mich, grinste etwas, winkte mich durch und drehte sich ab – ich war in Frankreich, das sich laut SMS von Simone auf mich freute!

Bald war das Ortsende erreicht und die Straße war sehr breit, fast wie eine Autobahn. Da ich ein entsprechendes Schild nicht gesehen hatte, nahm ich mir vor, weiterzufahren, solange es gehen werde und mich keiner daran hindere. Das kleinste zu sehende Fahrzeug war ich.

So plötzlich wie der Ort zu Ende war, war ich auch vor den Bergen und entsprechend nahm die Steigung zu. Ein Ende der langen ansteigenden Straße glaubte ich am Horizont zu erkennen. Dort aber angekommen, war nur eine Kurve und weiter ging's bergauf. Die aufgelockerten Wolken waren nur ein kleiner vorübergehender Schutz vor der Sonne.

Als ein Piktogramm auftauchte, das einen schönen Aussichtspunkt ankündigte, wusste ich, dass ich laut Karte nun bald den Punkt erreichen würde, an dem ich diese Straße verlassen müsste. Was zunächst nur nach einer kurzen Abfahrt in das nächste Dorf Copponex aussah, stellte sich bald als Dauerabfahrt über fast 15 km heraus. Weit und breit war ich allein, keine 5 Autos begegneten mir auf dieser Strecke und es machte unheimlich Spaß, mit hohem Tempo voran zu kommen. Damit kam ich meinem angepeilten Tagesziel Seyssel an der Rhone schnell näher.

Ganz langsam wurde mir klar, dass in Frankreich sämtliche Straßen eine Nummer haben, die auch in den Karten gedruckt sind. Die Nummer an jedem Kilometerstein ist sehr hilfreich bei der Orientierung, wenn es kilometerlang ohne Orte durch die Gegend geht. Bei uns in Deutschland sind nur die Autobahnen und Bundesstraßen entsprechend gekennzeichnet. Wer von uns hätte denn vor der Planung der Neutrasse gewusst, dass die Straße von Friedberg nach Mühlhausen die AIC25 ist? Das erfuhr ich erst durch die jahrelange Berichterstattung in der Presse. Im Vergleich zu Frankreich haben wir (nicht nur) auf diesem Gebiet starken Nachholbedarf...

Am Ziel angekommen wurde wie immer das Tempo herausgenommen und ganz langsam in den Ort eingefahren. Es war eine schnelle Orientierung gefragt, wo was lag. So auch in Seyssel.
Der Ort war nicht groß, hatte aber zwei Brücken über die Rhone. Auf der Westseite fand ich das im Führer beschriebene Hotel. Aber wie sah es aus? Es musste schon länger geschlossen sein, denn auf der Terrasse wuchsen nicht nur Gräser durch den Belag, sondern schon die ersten Ruten von kleinen Büschen. Die Fenster waren zu und teilweise zerstört. Verwirrt stand ich da und wusste nicht weiter. Laut Pilgerführer gab es nur das Hotel, einen Campingplatz – ich konnte aber keine Zelte sehen – und einen Gîte d'étape[19], der allerdings im Juli und August geschlossen ist.
Beim Blick zurück über die Rhone fiel mir wieder das gelbe Gebäude auf, an dem ich vor wenigen Minuten vorbeigefahren war. Dort fuhr ich hin, denn es sah nach Hotel aus, das jedoch nicht im Pilgerführer stand.

Beim Betreten sah ich vier Gäste im Restaurant sitzen. Sofort kam ein junger Ober auf mich zu. Es verstand meine auf Französisch gestellte Frage nach einem Bett, bat mich aber in englischer Sprache um etwas Geduld. Um 16 Uhr könne er mir Näheres sagen, aber seine Mimik verriet, dass alles gut

---

[19] Wanderherberge, die privat – komfortablere Ausstattung, z. T. auch mit Essensangebot - oder von Kommunen – einfachere Art, Selbstversorgung erforderlich - betrieben wird.

gehen könnte. Ich fragte, ob ich bis dahin an der Bartheke Platz nehme und etwas trinken könne. Ich sei in den letzten 6 Stunden fast 100 km gefahren, etwas erschöpft und dankbar für ein kaltes Getränk.

Als erstes trank ich ein großes Glas kaltes Wasser, dem dann ein frisches Bier vom Fass folgte. Nebenbei begann ich mein Tagebuch zu aktualisieren. Mitten in das Denken und Schreiben vertieft sprach mich jemand an. Es war ein anderer Mann, der meinen Wunsch auf eine Übernachtung bestätigt haben wollte. Er sei der Chef des Hauses und nach Überprüfung seines Belegungsplanes übergab er mir einen Schlüssel: ich könne hier übernachten und würde morgen ein Frühstück erhalten. Bald hatte ich das Gepäck ins Zimmer – wo? im 2. OG natürlich! - geschleppt und das Rad sicher untergebracht.

Die tägliche Dusche war diesmal eine Volldusche: ich stellte mich, ohne Schuhe natürlich, voll angezogen unter die Brause. Diese Vorgehensweise betrachtete ich als Steigerung und Beschleunigung der Waschaktion gegenüber Rolle, weil nun auch Hose, Unterhose und Socken zu erfrischen seien. Die beiden Flecken auf der Hose und dem Funktionsunterhemd, deren Ursache mir unklar war, behandelte ich mit der Bürste des Reinigungsmittels.

Nach getaner Arbeit machte ich einen kleinen Spaziergang durch die Gassen, um mir den Ort näher anzusehen. An der einzigen Eisdiele wurde ich schwach und kaufte mir eine Tüte Eis.
Ich setzte meine Besichtigungstour in Richtung Rhone fort, überquerte den Fluss und suchte mir ein Plätzchen am langen befestigten Ufer aus. Gegenüber lag mein Hotel und am einzigen geöffneten Fenster konnte ich mein Zimmer erkennen; auch daran, dass meine Socken zum Trocknen heraushingen. Ich war glücklich und zufrieden, und telefonierte lange mit Angelika.

Zurück im Zimmer wollte ich auf der Karte die weitere Route studieren und das voraussichtliche Ziel des nächsten Tages ermitteln. Aber meine Lesehilfe – wo war meine Lesehilfe? Ich suchte überall, wendete alles, auch die Bettdecke mehrmals und bald sah mein Zimmer aus wie nach einer Schlacht. Mir war klar, dass ich ohne meine Lesehilfe keine Details lesen kann. Damit wäre mein Pilgerweg hier zu Ende. Aber ich wollte noch nicht aufgeben. Wann hatte ich sie zuletzt gesehen?
Da fiel mir ein, dass mir beim Sitzen auf den Steinstufen an der Rhone während des Telefonierens das schmale Etui mit der Lesehilfe aus der

Tasche heraus gleiten wollte. Ich hatte es wieder zurückgesteckt, aber in keiner der vielen Hosentaschen war es nun. Damit war klar, dass ich die Brille auf dem Weg von diesem Sitzplatz zum Hotel verloren haben musste. Schnell schaute ich durchs Fenster hinüber, ob trotz der Entfernung von ca. 100 Metern etwas zu erkennen sei, oder ob sich Menschen in diesem Bereich aufhielten. Beides war nicht der Fall und nun hieß es schnell handeln.

Ich ging denselben Weg eilig zu der Stelle zurück, wo ich vorhin telefoniert hatte. Mein Blick war immer auf den Boden vor mir gerichtet, in der Hoffnung, das silberne Etui zu sehen. Je weiter ich kam, desto komischer wurde mir im Magen. Außerdem spazierten nun Leute auf den Steintreppen in die fragliche Richtung. Hatten die meine Brille gefunden, oder war das ovale Ding eventuell in den Fluss gerollt, weil ich ganz nah am Wasser gesessen war? Als dieser Gedanke aufkam, schien das Ende der Pilgerfahrt unausweichlich gekommen zu sein. Aber wie Heinz sagte, „Jakobus lässt dich nicht im Stich", so kam es. Die Spaziergänger hatten ihre Richtung geändert und gingen vom Fluss weg. Weiter vorne sah ich einen kleinen Schatten, der nicht zu den Steinstufen gehörte. Bangen Schrittes ging ich schnell näher und – es war mein Etui. Gott sei Dank! Diese Beinahepanne war mir ab sofort eine Lehre. Da ich kein backup, keinen Ersatz für die Lesehilfe hatte, musste ich sie nun wie einen Augapfel hüten. Zusätzlich zur ohnehin üblichen Startprüfung bei der Abfahrt auf Vollständigkeit der wichtigsten Dinge kontrollierte ich nun jeden Tag mehrmals während der rollenden Fahrt, ob meine vier Dinge auf einen Blick erkennbar und damit auch vorhanden waren: mein Geldbeutel, das silberne Etui, das Wichti und der Fotoapparat.

Sehr glücklich ging ich wieder zurück zum Hotel und studierte die Speisekarte. Sollte ich irgendwo eine Pizza oder hier im Hotel essen? Ich entschloss mich für Letzteres.
Das Abendessen mit Entrecoat, Nachspeise, zwei Bieren und einem Pastis war hervorragend, der Preis allerdings etwas französisch, den ich aber aus bekannten Glücksgründen gerade noch akzeptieren konnte.

Der neunte Tag

Seyssel - Faramans

Ich hatte wunderbar geschlafen und auch die gewaschene Kleidung war total trocken. Nur die Flecken auf der Hose und dem Funktionsunterhemd gefielen mir nicht, konnten aber akzeptiert werden. Hatte ich nicht sorgfältig genug gebürstet?

Was fehlt zu einem guten Tagesstart? Ein Frühstück und darauf freute ich mich sehr, auch wenn es extra zu bezahlen war. Die Höhe der Quartierkosten incl. Frühstück hätte meinen Bargeldvorrat stark reduziert. Und da ich nicht wusste, was noch auf mich zukommen würde, bezahlte ich meine Rechnung mit der Kreditkarte, das einzige Mal auf meinem Jakobsweg.

Während des Frühstücks und beim Beladen des Fahrrades sah ich so viele Leute, dass ich den Eindruck hatte, das Hotel musste ausgebucht gewesen sein, denn so viele Zimmer hatte es nicht. Vielleicht war das auch der Grund, warum ich gestern nicht sofort eine Zusage erhalten hatte. Jetzt beim Beladen freute ich mich noch einmal richtig über das Glück, das ich gestern erfahren hatte: meine Brille wieder gefunden, und trotz geringem Angebot doch eine Unterkunft gefunden und ein sehr gutes Essen genossen zu haben, und - in Frankreich trotz mangelnder französischer Sprachkenntnisse nicht untergegangen zu sein!

Mutig und gut gelaunt stieg ich bei strahlendem Sonnenschein und bereits 23° C im Schatten auf mein Rad und fuhr los.

Der Weg führte östlich der Rhone im Schatten der Berge nach Süden flussabwärts, wodurch wieder eine flotte Fahrt möglich war. Zum ersten Mal stoppte ich in Ruffieux, nur eine knappe Stunde nach meiner Abfahrt. Ich dachte mir, jetzt nach 9 Uhr könnte ich guten Gewissens meinen Anruf erledigen, denn das Geburtstagskind sollte schon aufgestanden sein. Ich rief bei Christian an, aber es meldete sich nur die Mailbox. Ich rief ein zweites Mal an und wieder war die Mailbox dran. Kopfschüttelnd und etwas enttäuscht fuhr ich weiter. Bei meiner Trinkpause in La Balme versuchte ich es erneut und hatte wieder Pech.

Kurz nach La Balme gab es einen Hinweis auf einen Radweg. Ich folgte ihm und war nur Augenblicke danach auf einem breiten geteerten Weg auf dem Damm über der Rhone. Der Weg war wunderbar und ich darauf mutterseelenallein, dazu die absolute Ruhe und daneben der Fluss – es war traumhaft und ich genoss meine Pilgerfahrt in vollen Zügen. Mein Weltschmerz des Alleinseins war vergessen.

Irgendwann bemerkte ich, dass mir trotz des kühlenden Fahrtwindes die Arme brannten. Da die Hitze inzwischen stark zugenommen hatte und ich vermeiden wollte, dass mich trotz Eincremens vielleicht ein Sonnenbrand aus der Pilgerspur werfen würde, krempelte ich erstmals die Ärmel herunter. Diese Prozedur wiederholte sich in den nächsten Tagen, bis ich dann in Spanien überhaupt nur noch langärmelig fuhr. Später, zu Hause konnte ich feststellen, dass ich an Armen, Händen und Gesicht eine tiefe Bräune hatte, an der linken Wade allerdings einen Sonnenbrand. Dass ich auch hier ein Sonnenschutzmittel hätte auftragen müssen, war mir nie in den Sinn gekommen...

Bereits im 11:55 Uhr kam ich in St-Genix-sur-Guiers an und machte frühzeitig meine große Pause mit frisch gekauftem belegten Baguette und 2 Getränkepackungen mitten im geschäftigen Treiben auf dem Dorfplatz.
Die Straße nach Les Abrets schien laut Karte kein Problem zu sein. In der Praxis aber war sie eng und kurvig. Am Rand lagen gefährliche Splitreste und es gab viele kleine Steigungen, auf die kein Gefälle folgte. Es war Mittagszeit mit Sonnenschein pur und ich war voll gegessen. Mir fiel das Fahren immer schwerer.

Als ich endlich in Les Abrets ankam, war ich sehr erschöpft und doch gab es einen Lichtblick. In der Ortsmitte mit einem Platz und Bäumen war eine Bar, deren Tische im Schatten der Bäume standen. Ich fuhr hin und stellte beim Absteigen fest, dass ich klatschnass war. Ziemlich außer Atem betrat ich die Bar und bestellte gleich zwei kalte Colas. Ich hatte unheimliches Bedürfnis nach diesem Geschmack und wurde auch nicht enttäuscht. Leider waren beide Gläser zu schnell „verdunstet". Das dritte bestellte Glas, allerdings mit Wasser, musste ich nicht bezahlen, worüber ich dankbar und sehr stolz war, auch wenn ich den Grund bis heute nicht kenne. Der Mann hinter der Theke sagte etwas, aber ich hatte ihn nicht verstanden.
Die Pause dauerte nicht lange, denn meine geplante Tagesstrecke war erst zur Hälfte zurückgelegt. Einigermaßen erholt brach ich wieder auf und genoss es, dass die Straße eben weiterging. Aber bald nach dem Ortsende war die Freude schnell weg, denn es ging wieder bergauf. Dazu kam neben der unglaublichen Hitze, dass ich inzwischen auf einer Hauptstraße fuhr und der Verkehr entsprechend zugenommen hatte.

Es dauerte nicht lange und ich war wieder so k.o., wie bei der Einfahrt nach Les Abrets. Der Anstieg in der Hitze baute meine Kräfte und meinen Mut stark ab. Die unmöglichsten Gedanken kamen auf, dann machte ich sie mir bewusst, um von der Anstrengung abzulenken. Auch Gebete halfen sehr und so war es wieder der Hl. Jakob, der mir einen Fingerzeig gab.

Ein Schild kündigte in wenigen Metern ein Rasthaus an. In den Weg dorthin bog ich ein und bestellte völlig außer Atem ein Glas Limonade. So nass wie ich war, wollte ich mich nicht an einen Tisch auf der Terrasse setzen, die ziemlich voll belegt war. Ich setzte mich mit meinem Glas in den Schatten einer Hecke und genoss die Kühle des Getränkes. Mehrmals musste ich den Schweiß von der Stirn wischen, damit er mir nicht in die Augen lief, denn sonst wäre ein Lesen der Karte nicht mehr möglich gewesen. Die Augen brannten trotz Sonnenbrille und Schatten spendendem Helmspoiler sowieso schon. Aus der Karte konnte ich erkennen, dass in Kürze meine Abzweigung kommen müsste, die mich vom Massif de la Chartreuse, hinter dem Grenoble liegt, wieder wegführte. Das machte Mut und kurz darauf brach ich wieder auf.

Die Abzweigung kam tatsächlich nach wenigen Metern und der Weg führte auf gleichem Niveau durch eine abwechslungsreiche Landschaft geradewegs nach Paladru. Ich hatte mich auf diese Strecke gefreut, denn sie sollte weitgehend eben sein und vielleicht gäbe es die Möglichkeit, bei der Hitze im See baden zu können, so meine Hoffnung.

Als aber dann der Lac du Paladru auftauchte und ich trotz aller Aufmerksamkeit keine Stelle fand, bei der ich schnell ins Wasser hüpfen konnte, dafür aber ein riesiges Strandbad auftauchte, da war die Lust auf ein Bad plötzlich weg. Ohnehin glaubte ich, dass die Hitze abgenommen hatte. Vermutlich war das nicht der Fall, denn die eigentliche Ursache des enormen Schwitzens dürften die Anstiege und die mangelnde Kraft wegen eines übervollen Magens gewesen sein.

Irgendwann fiel mir auf, dass das Radeln mich nicht mehr anstrengte. Im Gegenteil, es machte richtig Spaß. Scheinbar hatte ich mich wieder erholt und die aufgenommene Nahrung und die Getränke waren endlich als Kraft angekommen.

Die Strecke war nach einer einzigen Steigung, bei der mir das Hinauffahren regelrecht Freude bereitete und von der ich auf ein unter mir liegendes Zigeunerlager hinab sehen konnte, nur noch eben. Alle Hügel waren weg. Es tat sich eine totale Ebene auf und die Straße führte voll nach Westen. Wie in Ostfriesland konnte man in der Ferne „heute die Autos sehen, die morgen an mir vorbei fahren würden". Die Hitze muss dennoch groß gewesen sein oder lag es an der mangelnden Teerqualität, denn es gab zunehmend weiche Teerflecken auf der Straße.

In einem Dorf, das ich durchqueren musste, fand eine Beerdigung statt. Neugierig bremste ich ab und fuhr in die Nebenstraße ein, um die Beerdigungsgäste zu betrachten. Sie waren ausschließlich auffallend hell bekleidet. Also befand ich mich nun wirklich weit im Süden, in dem nicht Schwarz, sondern Weiß die Trauerfarbe ist.

Nach dem Dorf entdeckte ich in der Ferne einen anderen Radler. An der Dicke, die knapp über der Straße zu erkennen war, musste er Radtaschen haben. Damit konnte es kein Einheimischer, sondern nur ein Pilger oder zumindest ein Urlauber sein. Ich forcierte mein Tempo, weil ich in ihm einen möglichen Quartierkonkurrenten sah. Denn es konnte ja der Fall sein, dass genau noch ein Bett frei wäre und dann hätte der Zuspätkommende Pech gehabt. Also musste ich ihn möglichst vor La Côte-Saint-André, meinem geplanten Tagesziel überholen, damit ich vor ihm in der TI war.

Tatsächlich hatte ich den Radler kurz vor dem Ortsschild eingeholt und überholt. Die TI lag am großen Platz mitten im Ort und war deshalb leicht zu finden. Schnell hatte ich mein Rad gesichert und betrat in aller Ruhe die TI. Beim Eintreten bemerkte ich, dass der überholte Radler gar nicht hielt, sondern abbog und in eine andere Richtung weiterfuhr.

Die junge Frau verstand meinen französisch geäußerten Wunsch auf ein Bett für eine Nacht zwar, aber ich nicht ihre Antwort. Also einigten wir uns auf Englisch als gemeinsame Sprache. Nach ihren Unterlagen sei zwar ein Quartier möglich, jedoch für mich als Pilger, der noch einen weiten Weg bis Santiago vor sich hat, müsse die Unterkunft günstiger sein, war ihr Vorschlag. Ich fand den Gedanken sehr gut und sie telefonierte. Währenddessen bemerkte ich, wie mir der Schweiß aus allen Poren trat.

Nach Beendigung des Telefonates sagte die Frau, dass alles geklappt hätte. Allerdings müsste ich noch weitere 9 km fahren. Mir blieb fast die Spucke weg, denn ich war schon über 100 Kilometer geradelt und das 6 Stunden lang. Sie holte eine Karte und zeigte mir den Ort. Doch mein Entsetzen wich schnell, denn ich erkannte, dass dieser Ort ohnehin auf meiner Strecke lag. Ob ich die 9 km heute oder morgen fahren würde, war schließlich egal. Allein die Aussicht auf ein reserviertes Quartier war die Weiterfahrt schon wert. Als sie mir sagte, dass meine Unterkunft auf einem Campingplatz sein würde, war ich verdutzt. Ich auf einem Campingplatz und ohne Zelt? Wie sollte das gehen? Ihre Antwort machte mich fast sprachlos, denn auf mich warte ein Wohnwagen! Auch die Lage des

Campingplatzes sei sehr schön, am Rande eines Weihers mit vielen hohen Bäumen. Und für das Abendessen gäbe es am Ortsanfang von Faramans ein Gasthaus. Alle Informationen waren eine tolle Überraschung und ich freute mich darauf.

Mit einem Zettel, auf dem Anschrift und Telefonnummer standen, ausgerüstet und nach meinem Dank für die sehr freundliche Unterstützung fuhr ich entspannt weiter, aber nur bis zum Ortsausgang. Dort sah ich einen Supermarkt und sofort fielen mir meine aufgrund der großen Hitze stark reduzierten Getränkevorräte ein. Wie mittags in St-Genix erlebte eine Packung kein Aufladen aufs Fahrrad, so schnell war sie leer getrunken. Mit der zweiten, aber 2 Liter großen Flasche, eingeklemmt zwischen Rahmen und Bremsseil, ging es weiter. Die Gefühle waren fast so angenehm wie beim morgendlichen Start, nur war ich etwas erschöpfter.

Noch vor der Ortstafel von Faramans sah ich die Einfahrt zum Campingplatz. Die Schranke war geöffnet und so fuhr ich auf den Kiosk zu, um dort weiterzufragen. Die Frau mittleren Alters war die Chefin von allem. Sie hatte schon auf mich gewartet und mich gleich an der Jakobsmuschel als den angekündigten Übernachter erkannt. Sie zeigte mir den Wohnwagen, der separat am Rand einer Wiese stand. Überrascht bemerkte ich, dass ihn außen eine Jakobsmuschel schmückte. Später fand ich ein Tagebuch vor, aus dessen Eintragungen eindeutig zu ersehen war, dass er ausschließlich von Jakobspilgern benutzt wurde. Die letzte Widmung stammte vom Vortag und von einem Vater, der mit seiner Tochter nach Santiago unterwegs war.

Dass das Gebäude mit Duschen, WC's und Waschgelegenheit nur wenige Meter entfernt und damit meinem Quartier näher lag als für die Mehrheit der Wohnwagen, fand ich sehr komfortabel. Im Detail gesehen waren die Duschen und WC's eine Zumutung, nicht nach meinem Geschmack und vor allem nach dem Komfort in Seyssel ein deutlicher Abstieg. Aber wichtig war mir die Unterkunft.

Es folgte das schon bekannte Tagesendritual: duschen, Hemden waschen und Flecken entfernen, Tagebuch schreiben und Studium der einzigen Straßenkarte zur Vorbereitung des morgigen Tages. Die Flecken gingen einfach nicht raus und die Ursache war mir einfach nicht klar. Letztlich war es mir egal, denn ich war auf dem Pilgerweg und nicht auf dem Weg zur Sonntagsmesse. Die nassen Klamotten konnten prima in der

Spätnachmittagssonne aufgehängt werden und würden sicher bald trocken sein. Danach interessierten mich aber das Dorf und der Gasthof.

Ich fuhr los, nachdem ich mich bei der Campingfrau nach einer Frühstücksmöglichkeit erkundigt hatte, die es aber nicht gab außer der Besorgung von Croissants.

Bei dem Gasthaus stellte ich fest, dass es sich um eine Pizzeria handelte, die aber erst ab 18 Uhr geöffnet hatte. Na ja, bis dahin würde ich schon noch durchhalten und fuhr rauf in den Ort, um ihn zu besichtigen. Aber da war nichts Sehenswertes, also ging's wieder zurück, um den Weiher zu besichtigen. Er lag, wenn auch über einen Umweg zu erreichen, gleich hinter dem Campingplatz und war von allerlei Wasservögeln belagert.

Zurück in meinem Campingwagen legte ich mich ein wenig hin, um wenigstens zu ruhen. Dazu musste ich allerdings das durchgelegene Doppelbett, das für mich nur in der diagonalen Richtung ausreichte, auf eine gleichmäßige Höhe bringen. Dafür waren genügend Decken und Kissen vorhanden.

Als der Gedanke aufkam, wann die Wäsche zuletzt gewaschen worden sei, grauste mir plötzlich. Auch missfiel mir, dass der Wohnwagen nicht versperrt werden konnte. Aber dann dachte ich dran, dass ich Pilger und damit für alles dankbar sein sollte, das mir weiter hilft. Schließlich dankt ein Pilger, wogegen ein Gast fordert und bestimmt. Ich konnte mich tatsächlich etwas entspannen, doch der Gedanke ans Essen wurde immer intensiver.

Um 18 Uhr brach ich zur Pizzeria auf, um möglichst einer der ersten Kunden zu sein. Damit würde die Wartezeit geringer ausfallen und ich wäre wieder früher am Campingwagen zurück. Die gewaschenen Hemden waren bereits trocken.

Als ich bei der Pizzeria um die Ecke bog, sah ich am Parkplatz nur 3 Autos. Von dort ging ein Tor zum eigentlichen „Biergarten", aus dem mir der typische Pizzageruch entgegenkam. Oh war das ein Genuss! Und dann sah ich, warum es außen so duftete: die Küchentheke und der Backofen waren in einem Raum des Hauses untergebracht, der nur eine halbhohe Mauer zum Garten besaß. Ich ging an dieser Theke vorbei und machte dem Pizzabäcker mit eindeutigen Gesten klar, welch ein herrlicher Geruch in der Luft lag. Der Dank war ein Lächeln und Worte, die ich nicht verstand.

Ich wurde sofort bedient, als ich an einem Tisch Platz nahm. Ich bestellte eine Pizza Carbonara grande und ein Bier. Die Bedienung kam kurz danach noch einmal zurück und fragte, ob ich tatsächlich „grande" wolle. Der Bäcker zeigte mir von seiner Theke aus die Teller für „grande" und „normal". Ich blieb aufgrund meines Hungers bei „grande". Eine Flasche Wasser und eine Schale mit Oliven wurden als Tischgedeck serviert – toll, hatte ich doch einen großen Durst. Dann kam das Bier. Die Größe mit 0,25 Liter war enttäuschend, aber ich hatte ja das Wasser.

Es dauerte nicht lange, dann kam die Pizza. Und in welcher Größe! Das war Wahnsinn, denn so groß hatte der grande-Teller von weitem nicht ausgesehen! Aber nichtsdestotrotz, mein Hunger war riesig und die Gier auf Pizza seit Tagen gewachsen. Der Geschmack war wunderbar und ich träumte mit offenen Augen. Irgendwann musste ich feststellen, dass die Hungergefühle größer waren als das Fassungsvermögen des Magens. Etwa ein halber Handteller Pizza blieb übrig und war einfach nicht zu schaffen.

Voll des Lobes für den Pizza-Bäcker verließ ich den Garten und fuhr heim zum Wohnwagen. Der Zugang zum Campingplatz war nun mit der Schranke versperrt, damit kein Fahrzeug rein und rauskam. Ich legte mich total „gevöllt" aufs Bett und wünschte, ich hätte einen Ouzo...

Der zehnte Tag

Faramans – Montfaucon-en-Velay

Mit dem vollen Magen war kein vernünftiger und erquickender Schlaf möglich gewesen. Ich wachte öfter auf und hatte immer Durst.

Das Morgengrauen erlebte ich im Dösen. Plötzlich war ich hellwach. Da war ein Geräusch, das mir bekannt vorkam und das ich nicht wahrhaben wollte. Es wiederholte und vermehrte sich. Es war eindeutig als Regen, der auf ein Blechdach niedergeht, zu identifizieren. Es regnete und das nach einem solch schönen und heißen Vortag. Ich hatte abends schon die zunehmende Verschleierung des Himmels bemerkt, ihr aber keine Beachtung geschenkt. Was soll ich machen? Warten, dableiben oder trotz Regen weiterfahren? Die Gedanken gingen durch die Überraschung kreuz und quer. Erst nachdem ich mich aufgerappelt hatte, um nachzusehen, wie der Himmel aussah, da fehlte mir etwas: das eben noch vernommene Regentropfengeräusch auf Blech. Der Holzboden vor dem Campingwagen war tatsächlich etwas nass, aber am Himmel keine Wolke – seltsam! Wie auch immer, ich atmete auf.

Nach der Katzenwäsche und dem morgendlichen Geschäft in dem etwas unappetitlichen Toilettenbau holte ich meine zwei Croissants am Empfang ab. Zusammen mit mehreren Schlucken luftwarmem Eistee war das mein Frühstück. Nach dem Auffüllen aller Gebinde mit Wasser brach ich auf. Ich wollte so nahe wie möglich an Le Puy-en-Velay herankommen. Dort würde ich dann die 1000-Kilometer-Marke überschreiten, die ich bereits seit zu Hause geradelt war.

Meine Reiseroute lehnte sich streng an den Orten der Fußpilger an. Doch aufgrund der Wegweiser bzw. der fehlenden war es auf diesem Streckenabschnitt bald so weit, dass ich mich verfuhr.

Laut Karte war ich aber immer noch richtig auf Kurs, als ich endlich in Roussillon ankam. Es war eine größere Stadt und auf dem langen Weg hinein fand ich nur einen Supermarkt, einen türkischen Markt. Erst als ich umkehrte, weil ich nichts Besseres fand, ging ich dort hinein, um ein Baguette, natürlich belegt, und Getränke zu kaufen. Von Wasser hatte ich zunächst mal genug. Ich sehnte mich wieder nach dem Geschmack von Apfel- und Orangensaft.

Der französische Pilgerführer empfiehlt, die Rhone weiter oben, bei St.Alban-du-Rhone zu überqueren. Das schien mir auf dem Weg nach Annonay ein Umweg zu sein. Deshalb entschied ich mich für die Rhone-Überquerung bei Serrières. Und von dort, glaubte ich, sei der Weg nach Mountfaucon-en-Velay, meinem erhofften heutigen Etappenziel, einfacher, weil eben, gegenüber der serpentinenreichen Straße über Bourg-Argental.

Aber jetzt galt es erst einmal rasten und das türkische Baguette essen. Das tat ich im Schatten der Rhonebrücke von Serrières. Bange biss ich in das Baguette, weil ich befürchtete, die Wurst, die der junge Mann in Scheiben abgeschnitten hatte, sei eine Wurst aus Hammelfleisch. Aber es schmeckte nach Schinken, wenn auch etwas eigenwillig.

Meine gewählte Route nach Annonay streifte die Stadt Serrières nur, dann ging es gleich steil bergauf. Der Anstieg dauerte lange und ich war ziemlich erschöpft, als endlich das Ende mit einem Kreisverkehr kam. Ich suchte den Wegweiser nach Annonay, sah ihn aber nur in Verbindung mit dem Zeichen für „Autobahn". Auf der Karte war aber keine Autobahn eingezeichnet. Die anderen angezeigten Orte führten alle von meinem Ziel weg. Was blieb mir also anderes übrig, als die Autobahn zu nehmen? Es gab auf dem Standstreifen genügend Platz für einen Radler, ich störte den Autoverkehr nicht und kam flott voran.

Als das Ende dieses Autobahnabschnittes zu sehen war, hupte erstmals ein Fahrer. Warum? Warum jetzt erst? Mein relativ schlechtes Gewissen war schnell wieder weg, als ich über den Kreisverkehr auf die Straße Richtung Annonay einbog.

Jetzt musste ich die Straße finden, die wieder aus Annonay hinaus in das gedachte Tal führte. Einmal fragen war notwendig, um festzustellen, dass ich fast auf dem richtigen Weg war, denn ich hatte ein grünes Schild mit „Le Puy" gesehen.

Zunächst wunderte ich mich nicht, dass es leicht bergauf ging. Kein Wunder, war ich doch ein größeres Stück runter in die Stadt gefahren. Als es aber nach mehreren Kilometern immer noch bergauf ging, wurde ich misstrauisch. Die Straßennummer war richtig, aber wieso stieg es weiter an? Auf einmal war alles klar und ich bemerkte meinen Irrtum: das Wasser des neben mir fließenden Baches lief gegen mich und nicht mit mir. Welch eine Enttäuschung! Das bedeutete, dass der von mir als Alternative gewählte Weg letztendlich genauso Steigungen enthalten musste, wie der vom Pilgerführer empfohlene Weg. Zu dem aufsteigenden Frust über die Fehlinterpretation der Karte gesellte sich noch, dass mich drei Mountainbiker recht zügig überholten. Davon war ein Fahrer weiblich! Aber ich konnte nicht mithalten. Ich hatte Gepäck und die drei nicht.

Die einzigen Vorteile der Straße waren für mich die Ruhe, weil kaum Autos fuhren, und die herrliche Landschaft. Es war eine langsame Fahrt und die Augen hingen sehr oft am Tacho, um das Weiterkommen zu beobachten. Es ging langsam bergan, die Hitze nahm weiter zu und mein Durst wurde immer größer, aber nicht auf meine Vorräte, sondern auf etwas Frisches.

Im zweiten Dorf, das endlich auf der Strecke kam, hielt ich Ausschau nach einem Markt, den ich auch kurz vor dem Ortsende fand. Aber er hatte seit wenigen Minuten Mittagspause. Die Gier nach Kühlem war so groß, dass ich umkehrte und zu der Bäckerei fuhr, bei der ich vor wenigen Minuten noch gesehen hatte, dass Kunden ein und aus gingen.

Ein Blick durch das Schaufenster ließ außer Backwaren kein anderes Angebot erkennen. Dennoch betrat ich den Laden und fragte recht schüchtern nach Trinkbarem. Ich hatte wieder Glück: die Verkäuferin holte aus einer für mich nicht einsehbaren Ecke eine Dose Orangenlimo. Ich nahm noch eine zweite dazu und verließ das Geschäft. Die wenigen Schritte bis zum Rad überlebte nur die zweite Dose, die ich dann mit Bedacht schluckweise genoss. Die erste war der Gier zum Opfer gefallen.

Mit dem zunächst angenehmen Limogeschmack im Mund ging es weiter durch das fast menschenleere Tal nach oben. Nicht lange dauerte es, bis mir der Mund wie verklebt vorkam. Die Ursache dürfte wohl der Zucker in der Limo und deren Zusätze gewesen sein. Nach ein paar Schlucken Wasser griff ich auf meine Kaugummivorräte zurück.

Langsam machte sich über die nicht abnehmende Bergfahrt Frust breit, denn es kamen auch noch Serpentinen. Die waren so steil, dass ich das Rad schob. Auf diesem Abschnitt war der Schatten der Bäume in der Hitze eine wahre Wohltat.

Es war eine lange Zeit, in der über alles Mögliche nachgedacht, aber auch gebetet wurde. Ich war ja Pilger. Die Stimmung stieg, als ich an eine Kreuzung kam und etwas oberhalb im Schatten einer Baumgruppe die drei Mountainbiker sitzen sah, die mich kurz nach Annonay überholt hatten. Sie waren also noch nicht weiter oder war ich nun so weit wie sie? Welche Betrachtungsart war die Richtige? Ich entschied mich für die zweite, denn die setzte wieder Energie frei!

Ich sah auf der Karte, dass mein Tagesziel nicht mehr weit weg war und nahm mir deshalb mutig vor, mich von diesen Radlern kein zweites Mal überholen zu lassen. Ich habe sie auch nie wieder gesehen. Welches aber war mein Tagesziel: Mountfaucon oder Tence? Ich bat Jakobus um Entscheidungshilfe und er führte mich nach Mountfaucon.

Bei der entspannt langsamen Einfahrt in den Zielort Mountfaucon-en-Velay hielt ich Ausschau nach einer TI oder einem Unterkunftshinweis, und wo ich einkaufen und etwas essen konnte.

Gegenüber einer Straßenkreuzung sah ich zwei Pilger auf einer Mauer sitzen, die grade Pause machten. Sehr schnell stand ich mit meinem Rad bei ihnen. Es hatte also 10 Tage gedauert und etwa 950 km hatte ich fahren müssen, bis ich die ersten Pilger traf. Entsprechend euphorisch war meine Begrüßung. Die beiden Männer waren zu Fuß unterwegs und auch zufällige Pilgerbekanntschaften. Einer kam aus Österreich und pilgerte ab seinem Heimatort, hatte nur einen Arm und war der Ruhigere von beiden. Der Andere kam aus Heidelberg und hatte eine Stimme, mit der man Ferngespräche ohne Telefon hätte führen können. Beide wollten bis Ende August in Santiago sein, denn ihre Rückflüge seien schon gebucht. Seit 13 Uhr saßen sie hier und wollten bis 15 Uhr warten, weil dann der Supermarkt wieder öffnete. Nach dem Einkauf wollten sie noch eine Stunde laufen. Sie zeigten mir auch, dass ich an der TI vorbeigefahren war, ohne sie zu bemerken.

Als ich die TI betrat, sah ich 3 junge Frauen. Sie verständigten sich mit Blicken, dann kam eine auf mich zu und fragte mich auf Deutsch nach meinem Wunsch. Ich war total verdattert, denn woher wussten sie, dass ich ein Deutscher war? Das habe man mir angesehen! Sie stellte mir die beiden Gîte d'étapes des Ortes vor: die eine wird von der Kommune betrieben und ist für Selbstversorger. Die andere wird privat betrieben. Auf Wunsch kann Frühstück und Abendessen gebucht werden. Ich entschied mich für das private Komplettangebot. Sehr erfreut war ich, dass mir während der Wartezeit der telefonischen Klärung eine kostenlose Trinkschokolade angeboten wurde. Dann konnte mir die junge Frau bestätigen, dass für mich ein Bett frei sei. Begeistert bedankte ich mich und machte mich auf den Weg.

Fast glaubte ich, mich verfahren zu haben, als ich endlich das Schild „Le Jardin Mirandou" entdeckte. Vorsichtig schob ich über den Kiesweg zum Eingang, wo eine jung wirkende Frau auf mich zukam. Ich wollte grade fragen, ob ich hier richtig sei, als sie mich auf Deutsch begrüßte. Sie heiße Madeleine und dies sei meine Heimat für die kommende Nacht. Der Frust über meinen Irrtum und die Anstrengung über die heutigen 100 km und fast 1500 Höhenmeter waren vergessen und meine Begeisterung grenzenlos. So weit von Deutschland weg und ich konnte mich auf Deutsch verständigen!

Madeleine lebte hier seit Jahren mit ihrer sechsköpfigen Familie. Vor ihrer Ehe habe sie in München Deutsch studiert und freue sich über jeden deutschen Gast, weil er ihr helfe, ihre Liebe zur deutschen Sprache an ihre Kinder weiterzugeben. Ihr ältester Sohn lerne inzwischen Deutsch.

Ich sah am Eingang jede Menge Rucksäcke liegen und hörte in der Ferne Kinderstimmen. Sie erklärte mir, dass bis heute eine große Kindergruppe zu Gast gewesen sei. Die Gruppe spiele noch im Garten, sei abreisebereit, werde jeden Augenblick abgeholt und dann gehöre mir das Haus mehr oder weniger allein. Für ein paar Minuten ging sie dann weg und kam mit einem Kuchenstück zur Begrüßung zurück. Die anderen Kuchenstücke, sagte sie, bekämen die Gästekinder zum Abschied.

Es war ein herrliches offenes und transparentes Haus. Alt war nur das Gemäuer und wirkte mit den neuen Keramikböden, den Holzdecken, dem Strukturputz und den großen Fensterflächen sehr harmonisch.

Mein Zimmer befand sich im Obergeschoß und hätte Platz für 2 weitere Personen geboten. Über das eine Fenster konnte ich die Kinder im Garten spielen sehen, das andere gab einen Blick auf die Terrasse und den Hang frei, auf dem eine Bahnlinie verläuft. Diese werde nicht mehr regelmäßig, sondern nur zu Museumsfahrten in den Urlaubsmonaten benutzt. Für die 4

Schlafräume im OG gab es je zwei Duschen und WC's. Alles war peinlich sauber und in keiner Weise mit dem Campingplatz in Faramans vergleichbar.

Aufgrund der Schwitzerei des Tages hatte ich das dringende Bedürfnis, meine Wäsche wieder zu erfrischen. Wie in Seyssel gab es eine Volldusche mit anschließender Kleiderwäsche. Dabei entdeckte ich das Geheimnis der Flecken auf der Hose und dem Funktionsunterhemd: es waren Rostflecken und stammten von der Metallschlaufe des Gürtels, die aufgrund des Schweißes zu rosten begonnen hatte. Als ich das begriff, musste ich lachen. War es doch ein vermutlich dauerhafter Beweis meines Schwitzens. Als später die Socken trocken waren, wunderte ich mich über die Zweifarbigkeit. Seit meinem Aufbruch in Wulfertshausen hatte ich immer dieselbe Kleidung an, auch die Socken. Und der obere Teil, der inzwischen heller als der Fußteil aussah, war wohl auch ein Opfer des Schweißes geworden. Damit war klar, dass Schweiß auch als Färbemittel verwendet werden kann, oder?

Inzwischen waren die Gästekinder und ihre Rucksäcke verschwunden. Nach der Tagebucharbeit und frisch geduscht fuhr ich rauf in den Ort, um meine Vorräte, Obst und Getränke, wieder aufzufüllen. Vorher schaute ich aber bei der Kirche vorbei, neben der der kommunale Gîte gewesen wäre. Drei Frauen begannen gerade mit dem Rosenkranz, aber ich konnte nicht bleiben. Ein junger Mann, den ich beim Betreten der Kirche entdeckt hatte, war mir nicht geheuer. Ich war misstrauisch und ging wieder raus zu meinem Rad. Die beiden Pilger, die ich bei meiner Ankunft getroffen hatte, konnte ich nicht mehr finden. Demnach waren sie weitergewandert.

Zurück bei meinem Gîte setzte ich mich in einen der Liegestühle, die im überdachten Eingangsbereich standen und genoss den Ausblick und die Ruhe. Gegenüber den Liegestühlen war der freie Arbeitsplatz für Madeleine. Hier bereitete sie ihre Gartenarbeit auf. Sie sammelte, trocknete und veredelte Blumen und Gemüse selber.

Die Frage nach einem Eis riss mich in die Wirklichkeit zurück. Es entwickelte sich eine nette Unterhaltung mit Madeleine über Beruf, Kinder, Familie, Deutschland, Pilgerfahrt usw. Natürlich war ich einverstanden, dass sie mir das Abendessen erst nach dem Yogakurs servieren werde, der immer am Donnerstagabend stattfände und zu dem sie bis zu 10 Frauen erwartete. Als Übungszimmer diente der große Raum, durch den ich gehen musste, um mein Zimmer zu erreichen.

Aufgrund dieser Information entschloss ich mich, die Zeit bis zum Abendessen in meinem Zimmer zu verbringen, auch wenn der Ausblick vom Liegestuhl aus noch so schön war. Schließlich hatte ich den morgigen Tag vorzubereiten.

Gegen 19:30 Uhr hörte ich ein leises „Ulli". Das war das Signal, dass es endlich was zu Essen geben sollte. Madeleine führte mich auf die Terrasse, wo sie vornehm gedeckt hatte. Nach meiner gestrigen Pizzavöllerei ging es heute sehr zivilisiert zu. Man merkte eben wie zu Hause die Handschrift einer Frau. So war auch ihre Kochkunst. Es gab ein 3-Gänge-Menü mit Melone/Nudeln/Radieschen-Vorspeise, aus der Pfanne Butterbohnen mit Fisch, dazu einen Teller mit Scheiben von selbstgemachter Wurst und Käse; als Nachspeise gab es einen Mango/Bananen-Pudding. Das alles mit Baguette und einem großen Bier – ich war in Frankreich und genoss alles wie „Gott in Frankreich". Die Köchin Madeleine erhielt ein dickes Lob für die Verwöhnung fern der Heimat.

Während meines Essens kamen zwei ihrer Kinder und Madeleine stellte mich vor. Den Namen Ulli fanden sie lustig und blödelten singend und tanzend herum.

Zufrieden und dankbar für den heutigen Tag ging ich ins Bett.

Der elfte Tag

Montfaucon-en-Velay – Montbonnet

Es hatte lange gedauert, bis ich eingeschlafen war. Aber am Morgen fühlte ich mich wieder frisch und schaumgebremst unternehmungslustig. Die gewaschene Kleidung war total trocken, so dass ich wieder mit der ersten Garnitur fahren konnte.

Hungrig auf ein Frühstück war ich auch. Ich erwartete die gleiche Qualität der Verwöhnung wie beim Abendessen und – wurde nicht enttäuscht: Milch und ein kleines Stück Kuchen, Orange und Orangensaft, Früchtejoghurt, Butter und einen kleinen Becher Marmelade, 6 Madeleines[20], Zwieback, Baguette und Toastbrot. Ich konnte fast nichts auslassen, mit der Folge, dass der Start über den kleinen Anstieg hinauf recht anstrengend war.

Der Abschied von dieser wunderbaren Betreuung und Unterkunft fiel mir recht schwer, aber er musste sein, wenn ich nach Santiago wollte. Dass

---

[20] Französisches Kleingebäck aus Rührteig

das meine Spitzenunterkunft während meiner Pilgerfahrt sein würde, habe ich zu diesem Zeitpunkt nicht geahnt, geschweige denn, gedacht.

Gegen die Empfehlung von Madeleine hatte ich mich entschlossen, über Yssingeaux nach Le Puy zu fahren, weil mir die Straße auf der Karte besser gefiel und schnelleres Vorwärtskommen versprach. Das sollte sich bald als Fehler herausstellen, denn die Straße von Yssingeaux nach Le Puy war eine Autobahn. Damit wurde der Verdacht bestätigt, den ich beim Verlassen von Annonay hatte, als ich das grüne Schild mit Le Puy sah. Den Mut, noch einmal eine Autobahn zu fahren, brachte ich nicht auf. Also fuhr ich in die Stadt und hoffte auf einen „normalen" Wegweiser nach Le Puy. Aber keiner kam. Mir blieb nichts anderes übrig, als zu fragen.

Eine angesprochene Frau mit ihrer Tochter deutete mir, dass ich ihr folgen sollte, denn verstanden hatte ich ihre Worte nicht. Beide waren aus einem Supermarkt gekommen und zu Fuß mit Taschen in den Händen auf dem Heimweg. Mein Anliegen hatte ich in Englisch ausgesprochen, das die Tochter verstanden und ihrer Mutter übersetzt hatte. Nur Englisch sprechen traute sich die Tochter nicht, deswegen war die Rückinformation mehr Gestik als verstandene Sprache.
Ich schob brav mein Rad hinterher, auf einem Trampelpfad über eine Wiese, durch ein abbruchreifes Grundstück auf eine neue Straße in ein typisches Siedlungsgebiet. Da inzwischen der Himmel bedeckt war, hatte ich keine Orientierung mehr. Jetzt wäre es doch gut gewesen, wenn ich meinen Kompass mitgenommen hätte.
Die Frau zeigte die weitere Richtung, wo die Straße ziemlich steil bergauf ging. Dann zeichnete sie eine Skizze auf den Straßenstaub und sah mich fragend an, ob ich verstanden hätte. Die Erklärung zur Skizze bekam ich ein zweites Mal, dann bedankte ich mich und fuhr los, obwohl mir der weitere Weg immer noch nicht klar war.

Doch nach wenigen Metern war eine lebhaft befahrene Straße zu erkennen. Und tatsächlich gab es einen Wegweiser nach Queyrières. Dieser Ortsname war mir von der Karte her vertraut. Aber kaum war ich diese Straße ein paar hundert Meter gefahren, da gabelte sie sich und mit den angezeigten Ortsnamen konnte ich nichts anfangen. Auf der Skizze hatte die Frau empfohlen, die rechte Gabel zu nehmen.
Ich entschied mich aber für den linken Zweig, der weniger steil anstieg. Das war der nächste Irrtum. Denn bald ging es deutlich bergauf, die Straße wurde enger, es gab jede Menge Serpentinen, dann wurde es auch noch neblig, und links und rechts nichts wie Bäume. Außerdem fühlte ich

leichtes Frösteln, und ein Blick auf den Tachocomputer zeigte, dass die Temperatur inzwischen auf 13° C gefallen war. Aber jeder Weg führt irgendwo hin und der hl. Jakob verlässt dich nicht, dachte ich mir.

Nach längerer Fahrt tauchte ein Ort auf. Es war Queyrières. War ich froh, wieder Häuser, wenn auch recht ärmlich aussehend, und Menschen zu sehen. Dann tauchte ein Wegweiser mit St-Julien-Chapteuil auf. Dieser Name, der mir aus der Karte bekannt war, bedeutete, dass ich damit auf dem richtigen Weg nach Le Puy war. Die Stimmung stieg darüber genauso, wie über die Erkenntnis, dass es wieder deutlich bergab ging.

In St-Julien-Chapteuil musste ich auf die Hauptstraße einbiegen. Eigentlich nichts Besonderes, aber sie war breit und mit einem Standstreifen ausgebaut, den ich benutzte; außerdem ging es nur noch bergab. Es machte Riesenspaß, mit Tempo 30 und teilweise noch schneller ohne Anstrengung zu radeln, und es wurde wieder wärmer.

Die zu fahrende Strecke nach Le Puy kam mir endlos lange vor. Demnach war ich geistig weiter als der Körper. Dennoch war die Stadt bald erreicht. Langsam, auf Verkehrszeichen achtend bzw. Hinweise suchend, wurde die Stadt erobert. Kurz bevor ich das Zentrum erreicht hatte, sah ich zum ersten Mal die Felsnadel mit der riesigen Marienstatue. Ich stieg ab und schob weiter. Dass dies eine gute Entscheidung war, stellte sich schnell heraus. Wenn ich weitergeradelt wäre, hätte ich das Postamt gegenüber bestimmt nicht bemerkt. Aber gehend konnte mehr erfasst werden.

Das Postamt war mein erstes Ziel in der Stadt, weil ich wieder Unterlagen nach Hause schicken wollte, die nur bis Le Puy notwendig gewesen waren. Glücklicherweise war neben dem Postamt ein kleiner Park mit einer Bank, auf der ich eine kurze Pause machte und die heim zu schickenden Unterlagen zusammenstellte, inklusiv dem Liebesbrief an Angelika.
Die Briefaufgabe geschah zwangsläufig wortlos. Die Postbeamtin fiel mir als sehr positiv auf, denn sie betrachtete mein Kuvert, das durch den langen Transport etwas gelitten hatte. Sie holte einen Tesafilm und verklebte die Ecken sorgfältig. Darüber war ich sehr begeistert und ich bedankte mich recht herzlich.

Nicht lange musste ich mein Rad durch die Gassen schieben, dann fand ich eine Boulangerie mit einer großen Auswahl. Mit einem Baguette ausgestattet, suchte ich einen guten Platz, wo ich in Ruhe essen konnte und dazu noch einen guten Überblick über die Stadt hatte. Diese Stelle fand ich auch bald auf einem großen Parkplatz mit Bank und Infotafel. Von dort waren die Marienstatue und die Domtürme sehr gut zu sehen. Während des Essens hatte ich genügend Zeit zum Studium der Infotafel, um mir die Straßenzüge einzuprägen. Nach meiner Pause wollte ich in den berühmten Dom gehen und bei der berühmten Schwarzen Madonna beten.

Durch die Gassen schiebend fand ich auch zum Dom. Allerdings liegt er höher als die Stadt und die Straße hinauf ist schlecht gepflastert. Die Pflasterqualität liegt noch unter der von der Philippine-Welser-Straße in Augsburg. Das Hinaufschieben war sehr anstrengend. Erst oben angekommen erkannte ich, dass bis zum Portal noch jede Menge Stufen zurückzulegen waren. Jetzt kamen mir Zweifel, ob es richtig wäre, den Dom zu besuchen und das Rad mit dem Gepäck unbeaufsichtigt stehen zu lassen.

Ich entschied mich schweren Herzens auf den Dombesuch zu verzichten. Gebetet kann überall werden, dazu braucht es kein Gotteshaus. Außerdem könne ich den Besuch nächstes Jahr zusammen mit Angelika nachholen, fiel mir noch ein. Das war eine Idee, eine gute Idee!

Die miserable Straße vorsichtig hinunter schiebend sah ich an einem Platz eine TI. Dort erhielt ich ohne große Sprachkenntnisse den gewünschten Stadtplan. Beim Studium erkannte ich bald, dass ich mich ganz in der Nähe der Straße befand, die mich aus Le Puy hinausführen würde.

Das Spiel kannte ich schon: eine Stadt verlassen und dann geht es immer bergauf. So war es auch hier. Es ging bergauf, die Häuser wurden weniger, dafür die Gärten luxuriöser und dann zeigte sich eine urige, fast wilde Landschaft. Die Wolken rissen auf und gleichzeitig nahm der Wind zu; ich hatte Gegenwind. Der verstärkte sich noch und hatte freien Lauf gegen einen schon leicht erschöpften Radler, als ich eine Hochebene erreicht hatte.

Irgendwann wurde mir bewusst, dass ich im Nacken einen Schmerz spürte. Eine Veränderung der Sitzhaltung brachte etwas Besserung, aber die Stimmung bekam dadurch einen Abwärtstrend.

Ein Blick auf den Tacho ergab, dass ich bald eines meiner Tageslimite erreichen würde: entweder maximal 6 Stunden Fahrzeit oder 100 km Strecke. Bei einem kurzen Stopp suchte ich im neuen Radpilgerführer, den ich seit Le Puy benutzte und der mich bis Santiago begleiten sollte, nach den nächsten Quartiermöglichkeiten. Montbonnet war der nächste Ort, dessen Gîte d'étape eine größere Bettenanzahl aufwies, und der könne nicht mehr weit weg sein. Mit diesem Ziel vor Augen radelte es sich wieder etwas leichter, auch wenn der Wind ziemlichen Widerstand leistete und es immer wieder kleinere Steigungen gab.

Fast auf die Minute nach 6 Stunden Rollzeit traf ich in Montbonnet ein. Der Gîte d'étape lag gleich am Ortsbeginn und war nicht zu übersehen. Der Zugang war mit einem großen Blechtor verschlossen, was mich zunächst erschreckte. Dann aber sah ich, was die Schrift darauf bedeutete: es waren noch 3 Betten frei. *Das würde bedeuten, dass ich **erstmals** auf meiner Pilgerfahrt mit anderen Pilgern unter einem Dach übernachten würde!* Ich schien Glück zu haben, denn während des Lesens und Denkens wurde eine Tür im Tor geöffnet.

Eine französisch sprechende Frau begrüßte mich und deutete mir, dass ich eintreten solle. Sie redete fortwährend auf mich ein und ich verstand nichts. Ich folgte ihr einfach und sie führte mich zu einer weiter hinten liegenden Tür des ehemaligen Bauerngehöftes. Lustig fand ich, als ich sah, dass neben der Tür eine Reihe von Wanderstiefeln abgestellt war. Schnell war mir klar, dass der Duft der Füße und der Dreck der Schuhe in geschlossenen Räumen nicht willkommen waren.

Wir betraten einen großen Raum mit offenem Kamin, mit Sitzgruppe und einem riesigen Tisch, um den Bänke gestellt waren – den Aufenthaltsraum. Bis auf die Sitzgruppe erinnerte mich das alles an die Filme mit den Musketieren. Hinter dem Riesentisch war eine Küchenzeile zu sehen. Neben der Sitzgruppe ging es eine Treppe hinauf und mir wurde in einem der Räume ein Bett gezeigt, in dem ich übernachten könne. Die anderen 6 Betten waren schon belegt, teils mit Rucksäcken, teils saßen Leute darauf. Wie ich später erfuhr, war eines der Pärchen frisch verheiratet und auf seiner Hochzeitswanderung. Ich grüßte auf Französisch und richtete mich ein. Auf demselben Geschoss lagen 2 Toiletten und ein Duschraum, aber mit deutlich geringerer Qualität als am Vortag.

Nach dem Duschen aktualisierte ich mein Tagebuch unten im Autenthaltsraum, in dem 3 Leute saßen und sich auf Französisch unterhielten. Nach meinem Gruß fragte mich einer, ob ich, bedingt durch meine Aussprache, Deutscher sei. Jetzt ging ein Frage- und Antwortspiel hin und her, wie ich es auf meiner Pilgerreise noch nicht erlebt hatte. Ich war erstmals unter Pilgern und genoss die Unterhaltung. Immer mehr Leute, darunter auch mehrere Kinder, kamen aus den Zimmern dazu. So unterschiedlich Herkunft und Alter waren, so unterschiedlich waren auch ihre Motive: die meisten Franzosen, besonders die mit Kindern, waren in den Schulferien zum Wandern hier im Massif Central, die anderen und alle Ausländer waren Pilger auf dem Jakobsweg. Der beliebteste Startpunkt dafür ist Le Puy, das ich heute besucht hatte. Die Ausländer kamen aus Deutschland, der Schweiz und Österreich. Bei der Unterhaltung erfuhr ich auch, dass dieser Gîte von einer Familie geführt wird und die Frau, die mich begrüßt hatte, die Hausfrau sei. Sie werde hier um 17 Uhr mit dem Pilgerstempel erscheinen und die Essenswünsche der Gäste aufnehmen. Ich war schlagartig begeistert, denn damit würde sich mein Essensproblem lösen, hoffte ich. Und so kam es auch, denn ich konnte Abendessen und Frühstück buchen. Nach mir kamen noch mehr als die noch möglichen 2 Gäste, wie am Blechtor geschrieben. Wo die untergekommen waren, wurde mir aber bis zu meiner Abfahrt am nächsten Tag nicht klar.

Trotz aller Freude über das Treffen mit Anderen wurde das Unterhalten zunehmend schwieriger, weil es durcheinander ging und ich mich mangels französischer Sprache nicht in die Gespräche einbringen konnte. Also nutzte ich die Zeit bis zum Abendessen, um die Kapelle zu suchen und anzusehen, die lt. Radführer auf meinem Weg in den Ort gelegen haben musste, die ich aber wohl übersehen hatte.

Nach dem Spaziergang durch das halbe Dorf fand ich das Kirchlein etwas versteckt liegend und machte trotz der Kinder, die in der Kirche spielten, meine obligatorischen Erinnerungsfotos. Ich hätte die Kapelle beim Radeln sehen müssen, war aber wohl zu sehr abgelenkt von der Erwartung, was in den nächsten Minuten auf mich zukommen würde.

Um 19 Uhr kam das Verwalterpaar mit dem Essen, das alle Gäste bestellt hatten: riesige Schüsseln mit grünem Salat und Baguette als Vorspeise, als Hauptgang gab es gegrillte Koteletts mit Nudeln, Käse und Obst waren die Nachspeise. Als Getränk gab es Wasser aus Krügen für alle und Rotwein für die, die ihn bestellt hatten, so auch ich. Das Verwalterpaar verschwand wieder.

Dass das Abspülen und Säubern der Tische Gästeaufgabe war, wusste ich nicht. Ein Ehepaar und eine Frau mit ihren Kindern, die gemeinsam unterwegs waren, übernahmen freiwillig die zu erledigenden Arbeiten. Weiter angenehm überrascht war ich, wie die restlichen Gäste applaudierten, als alles schön sauber war.

Da ich mich nach dem Essen noch etwas bewegen wollte, schloss ich mich einer Gruppe an, die die Kapelle suchen und besichtigen wollte. Jetzt war es mein Vorteil, dass ich die Lage und den Weg dahin schon wusste. Dadurch wurde ich in die Gespräche integriert. Eine Frau der Gruppe, Ende

Dreißig, war aus Hannover und erst vor kurzem geschieden worden. Sie versuchte mit der Pilgerei Abstand von der Vergangenheit zu gewinnen und selbständig zu werden.

Die Kapelle war inzwischen verschlossen, als wir ankamen. Die Gruppe war enttäuscht, doch konnte ich ihnen Innenaufnahmen zeigen, die ich vor dem Essen in der Kirche geschossen hatte.

Die Unterhaltung im Gitê hörte erst mit Beginn der Dämmerung auf, als sich einer nach dem anderen in die Schlafräume zurückzog.

Die Situation war neu für mich: ich war beim Schlafen nicht mehr alleine. Wie würde das mit den Blähungen sein, was geschah mit meinem Gepäck, das neben meinem Bett stand, wie sicher war es, konnte ich den anderen im Raum vertrauen? Da fast alle alleine gekommen waren und sich erst hier kennen gelernt hatten, mussten sie eigentlich dasselbe wie ich denken, oder? Mir war aber nichts Außergewöhnliches im Verhalten, auf Sicherheit hin Bedachtes, aufgefallen. Ich nahm all mein Vertrauen, meinen Mut zusammen und dachte großzügig, wir waren fast alle auf dem Pilgerweg, also unter Gottes Schutz. Dennoch steckte ich das Wichtigste in meinen Schlafsack zu meinen Füßen: den Geldbeutel, den Fotoapparat und das Wichti. Dazu kam die Taschenlampe, damit ich gegebenenfalls auf die Toilette finden könnte, ohne die anderen mit Licht zu stören.

Der zwölfte Tag

Montbonnet – Aumont-Aubrac

In dieser Nacht musste ich erstmals seit der Schweiz wieder meinen Schlafsack benutzen. Dabei stellte ich wieder fest, dass er viel zu eng war. Ich riss ihn einfach ein Stück weiter auf, damit ich wenigstens einigermaßen wie in einem Bett schlafen konnte, denn eine Mumienschlafhaltung ist mir fremd.

Der Schlaf selber wurde einmal durch einen Toilettengang unterbrochen. Wie geplant, wurden die anderen Gäste nicht durch Licht gestört, dafür umso mehr durch die knarrenden Türgeräusche und das harte Schließen. Und wie nicht anders zu erwarten, bereitete auch die Verdauung Probleme durch die Blähungen. Die Geräusche der Anderen bekam ich gut mit, zumindest die am frühen, noch nächtlichen Morgen.

Ganz leise packten die ersten ihre Utensilien zusammen und verschwanden. Ich stand auch bald auf, weil ich befürchtete, dass das

Toilettenpapier ausgehen werde, wenn erst der große Run entstand. Diese Vermutung stellte sich später als richtig heraus. Das Waschen nach einer Nacht, in der ich geradeso nicht gefroren hatte, glich eher einer Katzenwäsche.

Auch unten im Aufenthaltsraum wurde kein Wort gesprochen. Es gab nur Geräusche durch Anziehen oder Packen. Erst allmählich kam Geschirrklappern durch das Frühstücken dazu. Die erforderlichen Lebensmittel dazu hatte das Verwalterehepaar schon in aller Herrgottsfrühe gebracht: mehrere Butterstücke, Orangensaft- und Milchpackungen, eine große Papiertasche voll Baguettestangen, 3 große Litergläser verschiedener Marmeladen, Kakaopulver, Kaffee- und Teepackungen. Jeder nahm sich, was er wollte und musste sein Essen und Trinken selber zubereiten. Und dann durfte jeder sein benutztes Geschirr abspülen und aufräumen. Geredet wurde sehr wenig und dennoch war die Stimmung merkwürdig, denn entweder waren alles Morgenmuffel, oder sie empfanden das Verlassenmüssen der Nachtheimat ebenso wehmütig wie ich.

Beim Packen meines Rades kam der Schweizer Emanuel, einer der gestern nach mir eingetroffenen Leute zu mir und verwickelte mich in ein Gespräch. Er fragte mich, woher ich komme, wohin ich fahre, was mein Motiv sei, wie es mir bisher ergangen sei usw. Er komme aus der Schweiz, sei selbständig und habe erst vor kurzem erfahren, dass er an einem größeren Prostataproblem leide. Inzwischen sei er 22 Tage unterwegs und stelle fest, dass er sich sehr wohl fühle und keine Prostataprobleme mehr habe. Ich erklärte ihm mein Jakobsmotiv und dass mein größtes Problem die Einsamkeit sei. Er redete so salbungsvoll wie ein tröstender Pfarrer, wodurch meine Stimmung total in den Keller stürzte. Ich solle mich meiner Tränen nicht schämen, denn sie heilen und der Jakobsweg werde mir mehr zurückgeben, als ich opfere. Wir wünschten uns gegenseitig alles Gute und Gottes Segen für den weiteren Lebensweg, weil wir uns kaum jemals wieder sehen würden.

Kaum hatte ich das Grundstück verlassen, brach mein Weltschmerz voll auf, den ich längst überwunden geglaubt hatte. Ich heulte beim Radeln kilometerlang wie ein Schlosshund und sah vor lauter Tränen kaum die herrliche Gegend und genoss auch nicht den Sonnenschein. Erst als es eine lange tolle Abfahrt gab – gestartet war ich auf Höhe 1118, hinunter ging es auf 680 -, wurde ich abgelenkt und mein Stimmungsbarometer stieg wieder an.

Es machte mir auch nichts aus, als ich erkennen musste, dass es ab der Brücke über den Allier bei Monistrol wieder bergauf ging. Zunächst ging's harmlos in einen Canyon hinein, aber nach einer Spitzkehre wurde es heftig. Der Anstieg war der Einstieg in den Aubrac, eine Mittelgebirgslandschaft im Massif Central.

Immer wenn ein Blick hinunter ins Tal möglich war, versuchte ich herauszufinden, ob der zweite Radfahrer – der Franzose hieß Dominique -, der in dem Gîte Montbonnet übernachtet hatte, zu sehen sei. Er wollte nicht mit mir fahren, es sei ihm zu früh, hatte er gesagt. Er lasse sich noch etwas Zeit.

Die Fahrt ging über mehrere kleinere und größere Anstiege rauf bis auf Höhe 1310. Die Sicht war rings herum herrlich klar, und über den Tälern hingen Wolken, die mit meiner Höhe abschlossen. Völlig einsam fuhr ich auf der Hochebene, alles bestaunend und genießend, und doch nachdenklich. Als dann die Straße zu verschwinden drohte, eine Kurve sichtbar war und die Straße danach bergab führte, lag etwas in der Luft. Das Nichteinordenbare wurde ein Geräusch, das blitzschnell auftauchte. Ein Auto, ein Sharan, kam mit Vollgas bergauf und mir am Anfang der Kurve entgegen, allerdings nicht auf seiner Seite, sondern voll auf mich zu. Zwischen meinem Erschrecken und der Reaktion des Fahrers, das Fahrzeug auf seine Spur zurückzuleiten, lagen nur Sekundenbruchteile. Ich fuhr, auch allein, wie immer gut rechts und hätte dennoch kaum eine Chance zum Ausweichen gehabt. Es ging alles viel zu schnell und **Gott sei Dank** gut aus. Im Moment des Niederschreibens dieser Erinnerung sehe ich noch genau die Situation des plötzlich auftauchenden Autos vor mir und habe dieselbe Gänsehaut wie damals. Ich war mir bei der Rekapitulation des Ereignisses keines schuldhaften Verhaltens bewusst, außer dass ich furchtbar erschrak und ein Ausweichen meinerseits kaum Wirkung gezeigt hätte. Mir kam wieder in den Sinn, dass ich meiner Angelika versprochen hatte, immer ordentlich zu fahren und keine Risiken einzugehen, damit eine gute und gesunde Heimkehr möglich sei.

Laut Pilgerradführer sollte mein Weg an der Chapelle St.Roch vorbeiführen. Das Besondere an ihr ist die Lage auf einer Höhe, in der es bis April Schnee geben kann. Deshalb wurde neben der Kapelle eine Schutzhütte gebaut.

Beides wollte ich mir näher ansehen. Als ich ankam, bemerkte ich 2 Fahrräder am Rand, sah aber keine Menschen. Als ich weiterging, hörte ich Stimmen und die Sprache war deutsch. Ich ging noch näher hin und sah ein Pärchen am Hang sitzen, das Brotzeit machte. „Es sei angenehm, so fern der Heimat deutsche Worte zu hören. Das gebe ein wenig Vertrautheit in der Einsamkeit zurück", sagte ich und ging zu ihnen hin. Sie waren ebenfalls überrascht, stammten aus Heidelberg, seien in Le Puy gestartet und wollten 14 Tage auf dem Jakobsweg fahren.

Während unserer Unterhaltung zogen langsam Wolkenschleier auf und die intensive Sonnenstrahlung nahm ab. Das war ein Zeichen zum Aufbruch, denn bis zu meinem erhofften Ziel Aumont-Aubrac waren noch ca. 30 km zu radeln. Ich schaute mir noch kurz die Schutzhütte an und dann ging's etwas erholt weiter. Die Wolkendecke verdichtete sich zunehmend und nahm eine einheitliche dunkle Farbe an. Das wäre bei uns in Bayern ein typisches Zeichen für baldigen Regen gewesen. Aber hier? Ich wollte kein Risiko eingehen und fuhr so flott, wie es der Gegenwind zuließ. Ein paar Mal tröpfelte es und ich bat Jakobus um Hilfe, dass der Regen doch noch etwas warten möge. Jakobus beflügelte mich und ich erreichte Aumont-Aubrac vor dem Einsetzen des Regens.

Am Ortsanfang sah ich das Schild La Ferme du Barry und wusste damit nichts anzufangen. Bis zur Ortsmitte hatte ich keine TI bzw. keinen Hinweis gefunden, also fragte ich.
Die TI lag in einer Nebenstraße und war geschlossen. Puh!! Geöffnet wieder ab 14 Uhr stand am Schaufenster. Also wartete ich.
Die junge Frau war recht mufflig, als sie mir den Zettel mit den Unterkunftsmöglichkeiten gab und zeigte mir, dass ich es bei der ersten Adresse versuchen sollte. Das war genau La Ferme[21] du Barry.

Inzwischen hatte der Regen zart eingesetzt. Der Weg zum erhofften Quartier war gleich gefunden und ich schob schnell hin, weil ich merkte, dass ein Pärchen kurz hinter mir denselben Weg genommen hatte. Ich wollte wegen des bereits erwähnten Sprichwortes – Wer zuerst kommt, mahlt zuerst – als Erster das Haus erreicht haben.
Nach dem Läuten öffnete ein stämmiger Herr mittleren Alters. Auf mein Sprüchlein hin winkte er ab, sagte etwas, was ich nicht verstand, drehte sich um und ging. Ich war total verdattert. Er hatte scheinbar keinen Platz mehr und draußen regnete es, oh Gott! Heiliger Jakobus, hilf mir schon wieder, war mein Stoßgebet.
Zwischenzeitlich hatte das Pärchen auch das Haus erreicht und läutete. Ich wunderte mich, denn die mussten doch mein Pech mitbekommen haben, dass alles voll war. Woher nahmen die den Mut, es trotzdem zu versuchen? Der Hausherr öffnete wieder und es entstand ein französisch geführtes

---

[21] Ein Bauernhof, der meistens auch einen Gîte betreibt, mit oder ohne Service.

Gespräch mit dem Paar. Dann drehte er sich zu mir und winkte, ich solle folgen.
Vor wenigen Sekunden war ich verdattert, jetzt glaubte ich zu träumen. Ich durfte tatsächlich mit dem Pärchen den Hof und dann einen rustikalen Raum, den Empfangs-, Koch- und Essraum in einem, betreten. Ich empfand es überall wunderbar warm, denn durch die anstrengende Fahrt der letzten Kilometer war ich sehr ins Schwitzen gekommen, inzwischen aber abgekühlt und nun leicht frierend.

Über eine Treppe zeigte er, der Hausherr uns einen Raum mit fünf Betten, zu dem ein Duschraum mit Waschbecken und WC gehörte. Ich wählte mir ein Bett aus und wartete mit dem Duschen, bis das Ehepaar fertig war. Das Ehepaar wollte mit mir ins Gespräch kommen, aber es klappte nicht, weil es nur französisch sprach.
Als ich dann endlich auf meinem Bett lag und das Tagebuch aktualisierte, goss es draußen in Strömen. Welch ein Glück hatte ich wieder einmal gehabt, Gott sei Dank! Angelika hatte mir am Wichti angekündigt, dass die Regenphase in diesem Gebiet laut Internet bis zu drei Tagen dauern könnte...

Die Tür zu unserem Schlafraum ging auf, ein ziemlich nasser Fußpilger kam herein und suchte sich eines der noch zwei freien Betten aus. Nun versuchten die beiden Franzosen mit ihm ins Gespräch zu kommen. Dabei verstand ich soviel, dass er Schweizer und ich Deutscher sei. Als er mich dann auf Deutsch ansprach, stieg meine Stimmung schlagartig. Es wäre schon schade gewesen, sich mit solch netten Leuten nicht unterhalten zu können, wie es die beiden Franzosen waren. Nun aber war Dani, der Schweizer, unser gegenseitiger Übersetzer. So erfuhr ich auch die Lösung darüber, warum ich zunächst abgelehnt wurde, dann aber doch übernachten konnte: Das Ehepaar war der Rest einer angemeldeten Fünfergruppe. Damit waren plötzlich drei Betten frei geworden.
Das französische Ehepaar wollte über das Wochenende im Aubrac wandern. Dani wollte zu Fuß und ich mit dem Rad nach Santiago. Alle drei waren sehr erstaunt, dass ich schon 12 Tage unterwegs und fast 1200 km geradelt war.

Die Gespräche waren so interessant, dass wir es beinahe nicht bemerkt hätten, dass der Regen nachgelassen hatte. Darauf hatten wir alle gewartet, denn jeder musste seine Vorräte auffüllen und so war Einkaufen angesagt.

Inzwischen hatte es aufgehört zu regnen. Dani und ich gingen gemeinsam los. Bei der Rückkehr buchten wir Abendessen und Frühstück, und erhielten unseren Pilgerstempel.

Ich war ganz begeistert, als ich von Dani erfuhr, dass es als Abendessen Aligot geben würde. Im Pilgerführer wird es als *das* Gericht der Gegend empfohlen, doch hatte ich mir keine Hoffnungen gemacht, es irgendwo zu bekommen.

Als wir dann alle vier zum Abendessen hinuntergingen, war der Essraum schon fast voll und wir mussten uns auf die Tische aufteilen. Ich war überrascht von der Menge der Übernachtungsgäste: 34. Dani und ich setzten uns zusammen an einen der vier Tische, an dem damit 5 Nationen vertreten waren: Frankreich, Irland, Schweiz, Belgien und Deutschland. Ich war der einzige Deutsche an diesem Abend im Raum.

Rotwein- und Wasserflaschen, sowie Baguettekörbe standen schon auf den Tischen. Als Vorspeise gab es einen sehr guten gemischten Salat. Die Hauptspeise begann mit einer Schau. Der Hausherr brachte einen Riesentopf mit einer kartoffelbreiähnlichen Masse und einen überdimensionalen Holzlöffel. Damit holte er Teigteile heraus und gab auf jeden Teller einen Schlag. Das war das Käse / Kartoffelgemisch. Dann kam das auf Serviertellern in Scheiben geschnittene Fleisch: es war Rinderzunge! Igitt!! Dennoch ließ ich mir eine Scheibe auflegen und dazu die Soße geben. Vorsichtig probierte ich den Soßengeschmack – hervorragend! Dann versuchte ich den Teig – wunderbar, sahnig, bestimmt eine Kalorienbombe. Nun war die Rinderzunge an der Reihe. Ich überlegte schon, seit ich sie erkannt hatte, wie ich es am geschicktesten anstellen könnte, dass ich das Fleisch nicht essen brauchte. Aber dann nahm ich all meinen Mut zusammen und versuchte ein kleines Stückchen. Ich war sehr überrascht, wie zart und gut die Zunge schmeckte. Da wäre ich doch beinahe ein Opfer der Feigheit und der Voreingenommenheit geworden! Gerne hätte ich noch eine zweite Scheibe genommen, aber die anderen 13 Leute am Tisch waren schneller und hatten die Servierteller schon geleert. Also blieb mir als Nachschlag nur Teig mit Soße, wie bei unseren Kindern Spätzle mit Soße. Als Dessert gab es einen Blechkuchen mit Rhabarber und Aprikosen, darauf Sahne. War das lecker!

In der lustigen Unterhaltung am Tisch machte das Multisprachtalent Dani den Vorschlag, den Abend mit einem Pastis ausklingen zu lassen. Wir Jüngeren fanden die Idee einen guten Abschluss des Tages und so machten

sich die Irin, die Walliserin, eine der Belgierinnen, Dani und ich auf den Weg.
Die Belgierin war sehr attraktiv und erst vor wenigen Monaten Mutter geworden. Sie wirkte auf die jungen Burschen in der Bar wie ein Leimband auf Fliegen. Halb betrunken wie sie waren, bedrängten sie unsere drei jungen Frauen recht heftig, so dass wir bald gemeinsam wieder zu unserer Unterkunft zurückgingen.

Der dreizehnte Tag

Aumont-Aubrac – Port d'Agres

Der Schlaf war besser als tags zuvor. Auch die Blähungen waren nicht so stark gewesen. Ich glaubte diese Wirkungen dem Pastis zuschreiben zu müssen.
Ich stand auf, als das Ehepaar mit der Morgentoilette fertig war. Die Erkenntnis von Montbonnet wurde erstmals und im Verlauf der weiteren Pilgerfahrt fortwährend bestätigt: die Fußwanderer waren stets die ersten, die noch nachts aufstanden und im Dunkeln aufbrachen. Trotz aller vorsichtigen Aktivitäten gaben sie damit für alle anderen das Signal: die Nacht geht zu Ende, der Tag beginnt bald und weiter geht's, ultreia.
Zum Frühstück gab es mehrere Körbe voll Orangen, die selbst zu pressen waren, Baguettes, Butterstücke und Marmeladeschälchen.
Deutlich früher als am Vortag konnte ich aufbrechen. Ich hatte mir vorgenommen, den Tag mit einem Gebet in der Kirche zu beginnen, denn bei der gestrigen Suche nach der TI war ich an der Kirche vorbeigekommen und hatte über der Eingangstür die Jakobsmuschel gesehen.

Der erste Schock des Tages traf mich, als ich das Rad reisefertig machte. Im Hof herrschte dichter Nebel und die Temperaturanzeige des Tachocomputers blieb bei 8° C stehen. Zum ersten Mal seit Lindau musste ich zum Radeln wieder eine Jacke anziehen. Die zweite Enttäuschung erfuhr ich dann an der Kirche, denn sie war noch verschlossen. Nach meinem Morgengebet fuhr ich los, wegen der geringen Sicht aber recht langsam.
Wenige Meter nach Verlassen des Ortes sah ich die ersten Wanderer, die aber mir entgegenkamen. Es war das französische Ehepaar aus unserem gemeinsamen Schlafraum. Sie waren also längst unterwegs, aber war die Richtung die richtige? Winkend und ein letztes Mal grüßend fuhr ich an ihnen vorbei und weiter – leicht bergauf.

Das war die erste Steigung, die mich bald entzückte, denn nach ca. 1 km fuhr ich aus dem Nebel in eine klare Luft mit Sonnenschein, ohne eine Wolke am Himmel. Unverändert blieb allerdings die Temperatur. Die Straße führte tendenziell immer hinauf, fuhr ich doch geradewegs in die Monts d'Aubrac hinein, eine seenreiche Hochebene aus Vulkangestein.

Bei der Beobachtung der Landschaft und des Straßenverlaufes sah ich auf einmal, dass weit vor mir auch ein Radler unterwegs war. Sein Tempo war schlecht einzuschätzen, denn immer wieder verschwand er geländebedingt und tauchte wieder auf. Und doch glaubte ich, dass sich der Abstand zwischen uns verringerte. Besonders an Steigungen hatte ich den Eindruck, dass ich näher kam. Das verstärkte meinen Ehrgeiz, ihn bald einzuholen. Was sich dann ereignen würde? Einfach abwarten.

Als ich dachte, nach der nächsten Kurve hast du ihn eingeholt, war er nicht mehr zu sehen. Ich überlegte, wo er abgebogen sein konnte. Es hatte doch keine Gelegenheit gegeben. Und dann wurde ich doppelt überrascht: hinter einem großen Werbeschild an der Straße stand der Radler und machte eine Trinkpause. Ich stoppte ebenfalls, um zu trinken und die Jacke auszuziehen, und ein Gespräch zu beginnen.

Da erkannte ich ihn: es war Dominique, der zweite Radler aus Montbonnet. Auch er war überrascht, mich zu sehen. Wieso konnte der gestern nach mir Gestartete weiter sein als ich? Er sei gestern bei dem Regen einfach weitergefahren, weil in Aumont-Aubrac kein Bett mehr aufzutreiben gewesen sei. Diese Information bestätigte mich in meinem Bestreben, frühzeitig wegzufahren und am frühen Nachmittag bereits nach einem Quartier zu suchen. Da er nicht deutsch und ich nicht französisch sprach, war Englisch die Sprache, mit der wir uns austauschten. Er sei auch auf dem Weg nach Santiago und reagierte positiv auf meine Frage, ob wir denn gemeinsam weiterfahren sollten.

Und so erreichten wir gemeinsam den höchsten Punkt der Straße über den Aubrac (1340 m) und dokumentierten das mit gegenseitigen Fotos.

Bei der gemeinsamen Fahrt merkte ich, dass er wirklich ein langsameres Tempo fuhr. Nach nicht einmal einer Stunde Fahrt trennten wir uns unabsichtlich. Ich fuhr voraus im Ort Aubrac ein und wollte nach dem Knick der Durchgangsstraße bei der Kirche ein Foto schießen, als Dominique nicht mehr zu sehen war. Auch als ich bis zum Knick zurückfuhr, konnte ich ihn nirgends sehen. Da kam der Gedanke auf, dass eine gemeinsame Fahrt nur mit Absprachen funktioniere und die fehlten mir. Ich wollte meine Zeit nicht mit Suchen vergeuden, sondern vorwärts kommen. Nach einem weiteren suchenden Blick in die Runde, in der ich Dominique auch jetzt nicht entdecken konnte, entschloss ich mich, allein weiterzufahren.

Eine Straße mit herrlichen Ausblicken und langem Gefälle, etwa 9 km lang, folgte bis nach St.Côme-d'Olt. Dort musste ich kräftig bremsen, so steil war die Einfahrt in den Ort hinein. Nach über 1000 m Höhenunterschied war ich nun im Tal des Lot angekommen. Ich wusste, dass die nächsten 170 km ein leichtes Spiel sein würden, denn es ging, und diesmal wirklich, immer neben dem Wasser flussabwärts.

Seit längerem hatte ich wieder das Bedürfnis nach einem frischen Geschmack. Immer nur Apfelsaftschorle oder Wasser trinken, dann Bonbons lutschen und Kaugummis zur Zahnpflege zu kauen, langweilt irgendwann. Als mein Weg in St.Côme-d'Olt zufällig an einem Supermarkt vorbei führte, stoppte ich, um Nachschub zu kaufen.

Beim Verstauen auf dem Rad hörte ich von hinten ein „Hallo". Es war Dominique, der gerade ankam. Er war in Aubrac beim Straßenknick geradeaus gefahren, weil er da Leute gesehen hatte, die er befragen wollte. Als er zurück auf die Hauptstraße kam, sah er mich nicht mehr und dies auch die ganze Zeit auf der Straße vor sich. Seltsam...

Kaum war ich abfahrbereit, da war Dominique schon wieder nicht mehr da. Ich fuhr ein paar Meter in den Ort hinein, sah ihn aber nicht, fuhr wieder auf die Hauptstraße zurück und dann weiter Richtung Westen. Kurz vor dem nächsten Ort drehte ich mich um und sah ihn in einigem Abstand winkend hinterherfahren. Ich bremste ab und wir fuhren gemeinsam weiter bis Estaing[22].

Dieser Ort liegt sehr malerisch im Flusstal, hat eine Burg, eine wunderschöne alte Brücke und gilt als einer der schönsten Orte Frankreichs. Während wir alles betrachteten und Fotos schossen, schlug Dominique vor, hier eine Mittagspause einzulegen und erst um 14 Uhr wieder weiterzufahren. Er wollte danach das Flusstal verlassen und hinauf nach Conques fahren, und dort eventuell übernachten. Mir aber reichte die Fotopause. Außerdem hatte ich bei der Hitze keine Lust, mich erneut Berge hinaufzuquälen, auch wenn ich dadurch das berühmte Conques nicht besichtigen konnte. So nahmen wir Abschied voneinander und wünschten uns eine gute weitere Fahrt.

---

[22] Heimatort des früheren französischen Staatspräsidenten Valerie Giscard D'Estaing

Es waren nur wenige Augenblicke, wo ich die Gemeinsamkeit vollkommen genießen konnte. Die meiste Zeit war es ein Suchen oder Kontakthalten zum Anderen und das hatte mir missfallen. Vielleicht war die fehlende gemeinsame Sprache ein Hindernis für mehr Kommunikation. Auch die andere Denkweise mit der Mittagspause und das langsamere Fahren entsprachen nicht meinen Vorstellungen.

Trotzdem empfand ich Undank gegenüber der Chance, nicht mehr allein gewesen zu sein. Auch wenn ich mich auf den nächsten Kilometern einsam fühlte, so glaubte ich doch, dass ich seit Montbonnet, seit dem Gespräch mit Emanuel, das Traurige der Einsamkeit überwunden hatte.

Die Fahrt am Fluss entlang war die Fahrt durch einen Canyon, so nah und steil waren die Felswände links und rechts. Auf der ganzen Fahrt von Estaing bis Entraygues hatte ich keine 10 Autos gesehen, obwohl das eine Hauptverbindungsstraße ist.

Auf der Nebenstraße ab Entraygues waren es nur 3 Autos, die ich gesehen hatte, davon eines zweimal. Es war ein Transportfahrzeug für geliehene Boote. In diesem Abschnitt ist der Flusslauf sehr gemächlich und entsprechend viele Boote waren zu sehen. Mehrmals pfiff und winkte ich, und bekam fast immer eine Antwort. Die Boote auf dem Wasser erinnerten mich an unsere seit vielen Jahren üblichen Bootsfahrten auf der Donau. Nur dieses Jahr würde es wohl nichts werden – mit mir, weil mir der Jakobsweg wichtiger war.

Irgendwann danach spürte ich erneut die Schmerzen im Nacken. Immer wieder musste ich die Sitzposition verändern. Auch mit bewusster Entspannung versuchte ich es, aber die Abstände bis zum nächsten Schmerz wurden immer geringer. Selbst die Trinkpausen und damit die vorübergehend stehende Körperhaltung halfen nur kurzfristig.

Inzwischen war ich schon sehr lange unterwegs. Die gesetzten Tagesgrenzen waren längst überschritten, aber es gab noch keine Quartiermöglichkeit.

Laut Radpilgerführer wäre die nächste Unterkunft in Port d'Agres. Aber wann kam der Ort endlich? Ich konnte fast nicht mehr vor Schmerzen im Nackenbereich, als das Ortsschild endlich auftauchte. Aber alles lag still da und keine Menschenseele war zu sehen, ebenso wenig ein Restaurant oder Ähnliches.

Als ich an die querende Hauptstraße kam, musste ich halten. Da bemerkte ich entgegen meiner eigentlichen Fahrtrichtung ein Hotel. Ich fuhr hin und sah, dass es geöffnet sein müsse, weil Autos davor standen. Ich ging rein und fragte nach einem Bett für eine Nacht. Die junge Frau an der Rezeption rief meine Frage nach hinten und ein „Oui" kam zurück. Ich konnte dieses Oui erst einordnen, als ein älterer stämmiger Herr auf mich zukam und mich französisch ansprach. Wieder waren meine mangelnden Französischkenntnisse ein Hindernis, doch der Herr, der Chef des Hotels, wiederholte seine Information für mich in Englisch. Selbstverständlich könne ich ein Zimmer haben. Das Lokal und das Hotel jedoch würden in 5 Minuten schließen und ich sei dann bis morgen früh allein im Haus. Ich sagte O.K. und war insgeheim entsetzt, weil ich damit Probleme mit dem Essen sah. Aber ich dachte mir, meine Vorräte sollten noch bis morgen reichen.

Kaum kam ich das erste Mal aus meinem Zimmer, um die nächsten Gepäckstücke zu holen, da sprach mich der Chef an, ob er mir einen Teller mit Essen bringen solle. Für diese Frage wäre ich ihm beinahe um den Hals gefallen. Und morgen früh sei er ab 7:30 Uhr da und mache für mich ein Frühstück. Welch ein Glück! Der heilige Jakobus hatte bereits alles in die Wege geleitet, bevor ich überhaupt im Stande war, ihn um Hilfe zu bitten. Danke auch heute noch, im Moment des Erinnerns und Schreibens! Das Rad durfte ich im Flur des Personaleinganges abstellen. Für die Hoteltüre hatte ich bereits den Schlüssel bekommen.

Bald hatte ich alles so weit im Zimmer untergebracht und wollte grade mit dem üblichen Tagesendprojekt (Duschen, evtl. Wäschewaschen, Aktualisieren des Tagebuches) beginnen, als es an der Zimmertür klopfte. Der Chef des Hauses stand davor und überreichte mir auf einem üppig belegtem Tablett das Abendessen: eine tolle Auswahl von Obst, Schinken, Wurst, Käse, Eier, Tomaten, Brot und 2 Flaschen Bier. Vor 15 Minuten hätte ich höchstens davon geträumt! Die Stimmung stieg gewaltig und ich freute mich aufs Essen.

Aufgrund der Zimmersituation, des Balkons zur sonnigen Westseite konnte ich nach drei Tagen wieder die komplette Radkleidung waschen und auf dem Balkon aufhängen. Weil das Hotel am Rande des Ortes und nahe des Lots lag, konnte ich die Landschaft aus höherer Warte genießen. Dabei entdeckte ich, dass das letzte Haus vor dem Hotel ein Supermarkt war. In Frankreich und auch später in Spanien war jeder Lebensmittelladen ein Supermarkt. Oft wäre die Bezeichnung Minimarkt besser gewesen, doch fand ich diese Bezeichnung erstmals in Santiago.

Zwar hatte ich für das Abendessen zwei Flaschen (0,25 l) Bier bekommen, doch würde das nie meinen Durst löschen können. Durch die lange Fahrt und Hitze des zu Ende gehenden Tages fühlte ich mich ohnehin ausgetrocknet. Also ging ich rüber, um mir aus dem Angebot was Leckeres auszuwählen. Aber Schmalhans das Angebot betreffend und Topreise waren angesagt, so dass ich nur eine 2-Liter-Limoflasche kaufte.

Die restlichen Gebinde füllte ich im Zimmer mit Wasser auf, nachdem ich den Wasserhahn sehr lange offen hatte. Das Hotel war groß und es gab viele Zimmer. Aufgrund dessen vermutete ich, dass die Leitungswege sehr lange sein mussten und es dauern würde, bis endlich Frischwasser kommen würde, denn ich wollte kein abgestandenes Wasser.

Die große Menge an Abendessen zu vertilgen dauerte, wurde aber genossen und war vom Volumen her gerade recht. Nichts blieb übrig.

Die fast obligatorische Ortsbesichtigung war recht kurz, denn in den Ort wollte ich nicht hineinlaufen, weil bei der Ankunft schon nichts Besonderes zu sehen gewesen war. Ich ging vom Hotel aus zur Flussbrücke, staunte über die Wassermenge des Flusses und spazierte wieder zum Hotel zurück.

Die Größe des Doppelbettes war gerade recht, denn nun konnte ich alle Reiseunterlagen ausbreiten und die weitere Pilgerroute ausführlich studieren. Außerdem begann ich damit, ein paar Statistiken zu führen: Nummerierung der gefahrenen Tage und Addition der gefahrenen Kilometer. 1229 km war ich bereits geradelt und hatte damit fast die Hälfte des Pilgerweges geschafft.

Diese Information genießend ging ich geistig noch einmal alle Stationen und Wege durch. Damit es mir in dem Geisterhotel nicht langweilig und gruselig wurde, stellte ich den Fernseher an und ließ mich berieseln, bis ich endlich schlafen wollte.

Der vierzehnte Tag

Port d'Agres – Cajarc

In der gespenstischen Ruhe hatte ich sehr gut geschlafen. Bald war ich angezogen – wieder mit derselben, der ersten Radlergarnitur, denn sie war prima getrocknet -, hatte alles verpackt, war reisefertig und hungrig.

Das Frühstück war nach den vergangenen Tagen wunderbar. Allein das knackige Brot war das Geld schon wert. Dann brach ich auf mit Gefühlen, wie an jedem Morgen: etwas traurig, weil ich eine „Heimat" verlassen musste; erfreut, weil es weiter Richtung Santiago ging; etwas mulmig in den Knochen, weil es in die Ungewissheit ging.

Das Tagesziel war zu einem so frühen Zeitpunkt noch sehr vage, vielleicht würde es Cahors sein.

Das Wetter war leicht bewölkt, die Temperatur wieder recht mild und die Fortsetzung meiner Fahrroute gleich gefunden.

In der wasserdichten Klarsichthülle auf meiner Fronttasche hatte ich den Radführer aktuell aufliegen und immer im Blick. Ich weiß nicht, aus welchem Grund ich einmal am Ende der Seite nicht sofort umgeblättert hatte. Die Folge dieser Faulheit war jedenfalls, dass ich nicht an der angegebenen Stelle über den Fluss gefahren war. Damit machte ich mir das Leben der nächsten Stunden selbst schwer.

Ich bemerkte meinen Fehler erst, als ich weit nach einem Ort mitten in einem steilen Anstieg zu einer Trinkpause stoppte. Aber zurückfahren wollte ich die ca. 10 km bis zur Brücke nicht mehr, denn dann hätte ich noch einmal durch die Hundemeute des letzten Ortes radeln müssen, diesmal aber bergauf. Auf dem Herweg hatte ich die Hunde überrascht – ich hatte sie früher gesehen, als sie mich - und konnte durch die Bergabfahrt ihrer Verfolgung entkommen.

Mein Fahrfehler hatte aber die Fahrt durch eine fast unberührte Wald- und Berglandschaft zur Folge, in der mir kein Mensch begegnete. Es gab neben einer märchenhaft gelegenen, alten verlassenen und halb verfallenen Mühle mehrere Steigungen.

Dank meines Geizes hatte ich, wie bereits beschrieben, außer meinem Radführer keine weitere Karte bei mir und deshalb fehlte mir wieder einmal die Übersicht, wo ich überhaupt war. Mir war mehrmals komisch zu Mute, wie ich denn wieder zum Fluss zurückfinden würde. Da ich inzwischen wieder recht verschwitzt war, empfand ich den Schatten der Bäume angenehm.

Doch das war ein Irrtum, weil inzwischen die Sonne hinter einer dichten Bewölkung verschwunden war. Ich befürchtete, dass es im schlimmsten Fall bald regnen würde. Ganz langsam machte sich Panik breit. Mir reichte noch die Erinnerung an meine Regenfahrten in Deutschland und war froh, dass ich trocken in Aumont-Aubrac angekommen war. Nun hoffte ich auf ein ähnliches Glück.

Da erinnerte ich mich an meine eigene Erkenntnis auf den Steigungen hinter Le Puy, dass jeder Berg und jede Fahrt einmal zu Ende sein musste. Es ist alles nur eine Frage der Zeit, also Ruhe bewahren. Außerdem sagte ein Vergleich der heute bereits gefahrenen Kilometer mit dem Maßstab des Radführers, dass ich bald in Cajarc ankommen musste. Dort würde ich sicher eine Unterkunft finden, denn das Angebot war laut Radführer im Vergleich zum gestrigen Tag groß.

Und so kam es auch bald. Nach einer kurzen Fahrt auf einer Hochebene ging es in Serpentinen bergab zu einem Ort, der aber nicht Cajarc war. Doch ein Wegweiser mit dem Namen machte Mut, ebenso eine ganz neue, noch mit Split versehene Straße, die unterhalb des Bergmassivs verlief. Sie führte gradewegs auf eine Brücke über den Lot nach Cajarc hinein.

Während ich den Ortskern auf der kreisförmigen Straße umfuhr, begann es zu tröpfeln. Ich hatte wieder Glück gehabt, Gott sei Dank!

Ich fand die TI, die in einer ehemaligen Klosterkirche untergebracht ist. Meine Frage nach Unterkunft wurde mir mit der Lagebeschreibung der beiden Gîte's beantwortet. Einer davon sei die kommunale Unterkunft, sei jederzeit beziehbar und liege gleich ums Eck herum im ehemaligen Klosterkomplex. Der andere werde privat geführt und liege nur wenige hundert Meter am Ende einer Straße.

Mir war sofort klar, dass nur der private in Frage komme, wenn ich hier bleiben müsste. Aber vorher wollte ich mir erst für die Pause etwas Ess- und Trinkbares kaufen. Dann musste ich mich um mein Rad kümmern, so meine Planung. Das Geräusch der Kette war mir seit gestern schon wieder zu laut. Ab sofort begriff ich auch, dass ich ein belegtes Baguette nicht in einer Bäckerei bekäme, sondern nur in einer Bar. Damit wurde die in St.Genix gemachte Erfahrung bestätigt.

Der Hunger war so groß, dass ich zwei Baguettes kaufte, eines belegt mit Schinken, das andere mit Käse. In einem Supermarkt fand ich die Getränkesorten, die ich wollte. Der Orangensaft, den ich immer bei Pausen kaufte, war nur in der 2-Liter-Packung zu haben. Das war mir gerade recht.

Inzwischen war aus dem Tröpfeln ein Regen geworden. Ich stellte mich mit Rad und Einkäufen am Marktplatz unter das dichte Blätterdach der Bäume und begann mit einer ausgiebigen Pause. Eine Stunde wollte ich in Cajarc verweilen, dann wieder weiterfahren. In dieser Zeit, bis 12 Uhr, würde der Regen bestimmt wieder aufhören, dachte ich. Aber um 12 Uhr nahm er eher zu. Was tun?

Ich fuhr zur Kirche, um die Zeit sinnvoll zu nutzen und betete nach der Besichtigung. Außerdem bat ich den heiligen Jakobus darum, mir bis 13 Uhr ein Zeichen zu geben, was ich tun solle. Spätestens ab dieser Zeit könnte ich die Strecke bis Cahors – knapp 60 km immer am Fluss entlang und flussabwärts - leicht schaffen und dort ein Quartier suchen.

Aber um 13 Uhr war der Regen noch heftiger. Als ich dann noch die Unterkunftsmöglichkeiten in Cahors studierte, war klar, was mir Jakobus sagen wollte: Bleib hier und ruhe dich aus!

Auf dem Weg zum privaten Gîte d'étape kam ich bei einer Werkstatt vorbei, wo ich auf Deutsch, unterstützt mit Gesten, um ein Spray für meine Kette bat. Mein Wunsch wurde erfüllt, wenngleich die Mimik nicht freundlich wirkte.
Nur wenige Minuten waren es bis zum entsprechenden Gîte-Schild am Zaun. Ich ging aufs Grundstück, stellte mein Rad ab und betrat das Haus.

In dem großen, freundlich wirkenden Raum – Aufenthalts- und Essraum mit Küchenzeile - saß eine Frau auf der Couch und telefonierte sehr intensiv mit dem Wichti. Ich blieb am Eingang stehen und wollte erst dann auf sie zugehen, wenn sie ihr Gespräch beendet hatte. Sie aber stand auf, unterbrach ihr Telefonat und sagte mir auf Französisch, dass ich mich wegen der Aufnahme an die Leute wenden müsste, die in dem Haus dahinter wohnten.
Ich verstand sie brockenweise und ging zu diesem Haus. Dort öffnete mir ein Herr, dem ich mein Tagessprüchlein aufsagte. Seine Antwort verstand ich nicht, seine Gesten und Bewegungen aber waren eindeutig. Ich solle ihm folgen und wir gingen durch den Regen wieder in den Gîte.

Dort musste ich meine Schuhe ausziehen und innen neben der Türe abstellen. Da nur ein Paar Schuhe dastand, vermutete ich, dass wir nur zu zweit übernachten würden. Der Hausherr und ich gingen die Freitreppe hoch in einen Schlafraum, wo er mir 2 Betten anbot. Ich wunderte mich, weil 9 Betten frei waren. Das zehnte Bett gehörte wohl der Frau, die unten mit dem Wichti telefonierte. Für diese zehn Betten gab es eine Dusche, ein Bad und zwei WC's.
Langsam hatte ich mich aber in die französische Sprache reingehört und verstand, was er sagte. Im Laufe des Tages würden 6 Mädchen erwartet und für die seien in diesem Raum 6 Betten reserviert. Damit würde ich der einzige Mann mit 7 Frauen in einem Raum sein...

Als ich später beim Schreiben des Tagesbuches im Aufenthaltsraum saß, kamen bei dem strömenden Regen weitere Gäste an. Es waren die 6 „Mädchen", französische Mädchen, aber alle weit über 50 Jahre alt und von stark reduzierter Attraktivität. Das fand ich so lustig, dass ich Angelika in unserem Telefonat von den 6 „Mädchen" erzählte. Ich hatte dabei den

Eindruck, dass sie ihre Eifersucht und ihr Misstrauen stark dämpfte. Erst daraufhin sagte ich ihr, wie alt ich die „Mädchen" schätzte.
Wenig später traute ich meinen Augen nicht, was ich sah. Ein Mann im Regenumhang und barfuß in Sandalen kam am Fenster vorbei, einen schwer beladenen Esel an der Leine führend. Ihm folgten eine Frau und zwei Kinder. Auch die waren wasserfest verpackt. Die Familie und der Esel wurden freudig von der Hausfrau begrüßt. Der Esel wurde „entladen" und in einen umzäunten Garten geführt, in dem bereits 2 kleinere Pferde grasten. Offensichtlich hatte die Familie einen Raum reserviert, denn kaum war sie gekommen, da waren alle vier auch schon für eine geraume Zeit verschwunden.

Als die Kinder, gesäubert und schön angezogen, mit ihrem Vater, der lediglich ohne Regenumhang, auftauchten, war es ein Vergnügen zuzusehen, wie sie miteinander umgingen. Da sie deutsch sprachen, konnte ich die Konversation zwischen Vater und Mädchen – keinesfalls älter als 5 Jahre - voll genießen: „was möchten die kleinen Damen denn trinken; weiß jemand von euch, welches Getränk heute die Mama bevorzugen wird; ich wäre sehr dankbar, wenn meine beiden Prinzessinnen den Tisch für den Nachmittagstee decken könnten; welche Gebäckwünsche darf ich von meinen Damen entgegennehmen; heute liebe ich eine warme Milch; ich konnte Mama noch nicht den Wunsch von den Augen ablesen, werde mich aber sofort darum bemühen; zu den Tassen fehlen die entsprechenden Untertassen und Tellerchen; heute könnte ich mir vorstellen, dass ein Bienenstich besonders gut schmecken würde", u. ä.
Es war einfach nett, und diesen Eindruck und mein Gefühl dazu äußerte ich später gegenüber dem Vater. Er erzählte mir, dass das Wandern mit Esel in Frankreich nichts Außergewöhnliches sei. Es gebe Pferde und Esel, und beides solo bzw. mit Wagen zu mieten, was besonders bei Familien mit Kindern beliebt sei. Aber auch Einzelreiter seien unterwegs. Deshalb gebe es diese Gîtes. Die Information, die er vor vielen Monaten der Süddeutschen Zeitung entnommen habe, sei Grundlage dieses Ausfluges.

Da es nach wie vor regnete und noch genügend Zeit für den Einkauf eines Abendessens war, legte ich mich aufs Bett und schlief. Als ich aufwachte, lag die Französin auf dem ersten belegten Bett neben mir, und döste vor sich hin.
Wir kamen auf Englisch miteinander ins Gespräch und dabei erzählte sie, dass sie aus Paris komme und eine Woche in der Gegend allein wandern wollte. Im Telefonat aber habe sie von ihrer Tochter erfahren, dass

sie aufgrund von Problemen vor Ort benötigt werde. Sie wollte deshalb morgen früh zurückreisen.

Die 6 französischen „Mädchen" schien unser Gespräch nicht zu stören, denn sie lagen alle schlafend auf ihren Betten, mehr oder weniger in der Wanderkluft, in der sie gekommen waren. Einige schnarchten recht lustig.

Fast nicht zu glauben, aber es war wahr: Der Regen hatte aufgehört und die Sonne kam mehrmals für Sekunden durch die Wolken. Damit stieg auch gleich meine Laune wieder. Zwar war eine Unterkunft kurzfristig das Wichtigste, aber mittelfristig, besonders für morgen lag mir eine Wetterbesserung schon arg am Herzen.

Ich zog meine Schuhe an und machte mich auf die Suche nach einem Supermarkt, den ich dann auch tatsächlich bald fand. Er verdiente aufgrund der Größe und des Angebotes den Namen zu Recht.

Fast an der Kasse angelangt, sah ich etwas, was ich unbedingt näher ansehen musste. Es waren Straßenkarten. Eine davon war eine komplette und auch noch preisgünstige Frankreichkarte. Die musste her und ab dieser Sekunde war ich ein anderer Mensch. Nun hatte ich eine Übersicht, wo ich war, woher ich kam und wie es weitergehen würde.

Zurück im Gîte studierte ich die Karte lange, sogar während meines Abendessens. Als dann die 6 „Mädchen" kamen und am Tisch zum Essen Platz nehmen wollten, räumte ich das Feld und brach zu einem Spaziergang durch den Ort auf.

Ich war begeistert über die alten und doch schön herausgeputzten Gebäude. Auch die Brücke über den Lot schaute ich mir genauer an und sah dabei, dass der Fluss mindestens bis hierher schiffbar war.

Wieder zurück im Gîte fiel mir ein Ehepaar auf, das ich vorher nicht gesehen oder nicht beachtet hatte. Es hatte mich mit der Frankreichkarte gesehen und mein intensives Studium beobachtet. Sie fragten mich auf Englisch, wohin mich mein weiterer Weg führe. Als ich ihnen sagte, dass ich eine Pilgerfahrt mit dem Fahrrad nach Santiago unternehme, wollten sie es erst nicht glauben. Und dass ich schon knapp über die Hälfte meines Weges aus der Nähe von Augsburg zurückgelegt hatte, erstaunte sie noch viel mehr.

Einige der anderen Gîte-Gäste standen im Hintergrund und hörten zu. Die Eheleute waren Engländer und stammten aus der Nähe von Stonehenge bei London. Seit Jahren kamen sie mit dem Fahrrad nach Frankreich, Spanien oder Portugal. Diesmal hatten sie in Marseille begonnen und wollten nach Brest radeln, und von dort mit der Fähre wieder zurückfahren. Ich sagte ihnen, dass meine Heimatstadt eine Partnerschaft mit einer Stadt in der Nähe Londons pflege, aber mir fiel der Name nicht ein. Angelika half mir telefonisch aus der Patsche. Chippenham sei ihre Nachbarstadt, sagten sie voll Begeisterung.

Nach dem Gespräch kochten sich die beiden ein Chili con carne, so dass das ganze Gebäude nach Zwiebeln und Knoblauch stank. Ich aber machte noch einen kleinen Verdauungsspaziergang in der Hoffnung, so viele Blähungen wie möglich im Freien abzugeben.

Trotz meiner Unachtsamkeit und des nicht geplanten Umweges, den ich am Vormittag gefahren war, trotz der unnötigen Steigungen, die mich zum Schwitzen gebracht hatten, war ich mit dem Tag mehr als zufrieden. Hatte ich doch deshalb eine angenehme Zwangspause einlegen müssen, viele interessante Leute und Situationen kennen gelernt und durfte endlich eine Frankreichkarte mein Eigen nennen. Dazu hatte mir Angelika noch eine positive Wetterprognose in Aussicht gestellt: die Regenwahrscheinlichkeit werde laut Internet morgen in der Region, die ich durchfahren werde, nur 20 % betragen.

Zufrieden verkroch ich mich in meinen Schlafsack. Allerdings konnte ich wegen des hohen Geräuschpegels lange nicht einschlafen. Dieser war mir aber letztlich lieber, als die absolute Ruhe im gestrigen Gespensterhotel.

Der fünfzehnte Tag

Cajarc – Lauzerte

Ich hatte ganz gut geschlafen, musste allerdings einmal auf die Toilette, weil ich doch mehr getrunken als ausgeschwitzt hatte.

Aufgestanden war ich früher als sonst, weil ich vermeiden wollte, dass ich wegen der vielen Mädchen vielleicht vor Toiletten und Waschgelegenheiten hätte warten müssen. Eine Katzenwäsche musste reichen, damit ich schnell wegkam.

Leise schlich ich mit meinen Sachen raus aus dem Schlafraum und packte erst im Treppenhaus fertig. Nach einem selbstgebrauten heißen Tee – die Beutel hatte mir Angelika für den Notfall mitgegeben – und dem Verzehr der Reste vom Abendessen fuhr ich bereits um 7:15 Uhr los.

Vom Aussehen des Himmels war ich nicht angetan – es war stark bewölkt. Aber Angelika hatte mir versprochen, dass es nur zu 20 % regnen werde.

Gegen 8 Uhr und erst nach 6 gefahrenen Kilometern kamen die ersten Tropfen herunter, begann das erste Prozent. Obwohl nicht kalt, zog ich mir die Jacke als Regenschutz an. Die mit Plastik überzogene Vorderseite half für eine kurze Zeit, am Oberkörper nicht nass zu werden. Aber der Regen wurde immer stärker, und deshalb musste ich mich und das Gepäck so gut wie möglich wasserdicht machen.

Die Kapuze des Regenumhanges kam auf den Kopf und darüber erst der Radhelm. Einige Zeit machte mir der Regen nichts aus, aber als ich merkte, dass trotz des Regenumhanges die Hose immer nässer wurde, sank die Stimmung rapide. Mehrmals hoffte ich, dass nach der nächsten Kurve, nach der nächsten Flusswindung das Wetter besser werden möge. Aber alle Stoßgebete zu Gott und zum Apostel Jakobus halfen nicht. Sie können ja auch nicht alle Wünsche erfüllen, die die Menschen an sie richten; auch nicht alle von denen, die gerade pilgern.

Ich dachte, diesen Tag müsse ich eben als Regentag abhaken und fügte mich langsam meinem Schicksal. Vielleicht blieb es der einzige Regentag in der verbleibenden Zeit bis Santiago, denn ich fuhr ja laufend gegen Südwest in die erfahrungsgemäß sonnigeren und wärmeren Gefilde. Da fiel mir auch noch der arme Rennradler aus Egling ein, der auf seiner Radtour nach Santiago und zurück nur sechs Wochen unterwegs gewesen war, dabei aber nur einen einzigen Sonnentag gehabt hatte. So jedenfalls hatte es mir seine Frau erzählt, die ich als Aushilfsverkäuferin in der Bäckerei von Dünzelbach auf einer Radltour nach Andechs, kurz vor dem Beginn meiner Pilgerfahrt kennen gelernt hatte.

Es hörte einfach nicht zu regnen auf, obwohl die 20 % Wahrscheinlichkeit bestimmt schon überschritten waren. Mal sprühte es nur, dann setzte wieder der Wind mit kräftigem Regenguss ein. Dabei wurde das Rückenteil des Regenumhanges oft bis zur Schulter hochgehoben. Vorne musste ich meine Hände unter dem Umhang verstecken, damit sie durch die direkte Nässe nicht noch mehr auskühlten. Und trotzdem mussten die einzelnen Schalt- und Bremshebel jederzeit benutzbar sein.

Es war eine unangenehme Fahrerei. Die Stimmung verbesserte sich etwas, als ein Wegweiser auftauchte und zeigte, dass es nach rechts rauf ging in das Centre von Cahors, die Richtung aber beibehalten bedeutete ein Umfahren der Stadt. Ich aber wollte in die Stadt rein und sie besichtigen, und mich etwas vom Regen erholen. Doch oben am Kreisverkehr gab es keinen Hinweis zum Zentrum.

Von zwei Möglichkeiten wählte ich die falsche: ich fuhr in die Richtung, die mich vom Zentrum wegführte. Das aber wusste ich erst einige Minuten später, als ich am nächsten Kreisverkehr die Städtenamen las. Außerdem hatte ich mich schon über die deutliche Zunahme des Straßenverkehrs gewundert: mir war es gelungen, die Ausfallstraße nach Norden zu fahren. Wo aber war das Zentrum?

Weil ich unterhalb der Straße Menschen sah, fuhr ich einfach von der vierspurigen Straße über die Böschung hinunter auf das Gelände einer großen Autowerkstätte. Zwei Männer versuchten mir durch Gesten die Richtung zu beschreiben und letztlich fand ich auch den Weg, den sie meinten. Allerdings war ich schon erstaunt, wie weit ich mich inzwischen von der Innenstadt entfernt hatte. Positiv war auch, dass der Regen fast aufgehört hatte.

Und schon entdeckte ich eine große Infotafel mit dem Stadtplan und konnte mich orientieren. Dadurch fand ich schnell zum Wahrzeichen von Cahors, dem Ponte Valentré. Kaum war ich dort angekommen, setzte der Regen mit Wind vehement ein. Ich konnte mich nur noch unter einen Baum retten, um ein Foto zu schießen. Dann musste ich mich sofort wieder wasserdicht verkleiden. Dabei bemerkte ich, dass sich meine Füße nass anfühlten. Das bedeutete, keinen weiteren Stopp mehr, sondern fahren und in Bewegung bleiben. Dann würde ich eben nass an meinem Planziel Montcuq ankommen, was soll's.

Ohne weitere Probleme fand ich zu dem Kreisverkehr, von dem aus es über den Lot in südliche Richtung ging. Die Straße war sehr stark befahren und deshalb gab es entsprechende Fahrrillen. In denen stand das Wasser und ich musste laufend versuchen, den am wenigsten nassen Asphalt zwischen Rand und Fahrrillen zu finden, damit ich nicht noch mehr Wasser in meine Schuhe bekam.

Trotz der eingeschränkten Sicht durch die Kapuze sah ich das kleine unscheinbare Richtungsschild nach Montcuq. Der Verkehr wurde nicht weniger, dafür aber der Stress mehr. Ursache dafür war, dass die Straße schmäler wurde und in bergigeres Gelände führte. Zwangsläufig wurde der Abstand der mich überholenden LKW's zu mir teilweise sehr gering, sodass ich manche kräftige Straßenwasserdusche von hinten, aber auch vom Gegenverkehr bekam.

Manchmal war die Sicht durch die Radbrille auch wegen der Wassertropfen sehr eingeschränkt. Es war eine anstrengende und sehr konzentrierte Fahrt. Oft schimpfte ich über die LKW-Fahrer, bis mir ein befreiender Titel einfiel: sie waren keine Kavaliere, sondern für mich Terroristen der Landstraße.

Ab da ging's mir besser und ich verkraftete die Enttäuschung über das Wetter, weil ich langsam das Gefühl von zunehmender Wärme spürte. Ich holte die Temperaturanzeige her, die mein Empfinden bestätigte. Mehr noch, die Zehntelgradanzeige veränderte sich relativ schnell nach oben. Und dann merkte ich auch noch, dass die Frontfläche meines Regenumhanges trocken war. Nur unten in der Rinne, die sich vor dem Lenker gebildet hatte, stand noch Wasser. Bald fiel mir auf, dass das Treten leichter ging. Ich beobachtete das Gelände und konnte feststellen, dass aus den eckigen Bergen, die die Straße beengten, nun sanfte Hügel geworden waren.

Und wenn es läuft, dann läuft es eben positiv weiter. Mir wurde auch bewusst, dass der Straßenbelag nur noch dunkel, also feucht und stellenweise schon hell, und damit trocken war. Meine Stimmung stieg steil an und die Fahrerei machte wieder Spaß. Ein Blick auf den Himmel zeigte, dass auch die Wolken heller geworden waren und dass sich im Westen erste Wolkenlücken auftaten. Daraufhin hatte ich den Mut, mich von der lästigen Regenkleidung zu befreien. Da erst merkte ich, dass ich von oben zwar nicht regennass geworden, aber am Körper dennoch nass geschwitzt war.

Bald war die Luft so warm, dass mein Hemd und die Hose durch den Fahrtwind trockneten. Auch die nasse Kälte in den Schuhen fühlte ich nicht mehr. Die Wolkenlücken wurden immer größer und nach kurzer Zeit herrschte strahlender Sonnenschein. Zusammen mit den vereinzelten kleinen Wolken ergab sich ein wunderbares Bild, denn es tauchten immer mehr Sonnen auf: Es waren Sonnenblumenfelder, deren Sonnenblumen mich anblickten.

Bald war links auf einem Hügel ein Ort zu sehen. Der Wegweiser wies ihn als mein geplantes Ziel Montcuq aus. Nach dem Abbiegen wurde die Fahrt zwangsläufig langsamer, denn es ging bergauf in den Ort hinein. Nach wenigen Metern war nicht nur das Schild Gîte zu sehen, sondern auch das dahinter liegende Gebäude. Die Lage war mir nicht sympathisch, außerdem war es erst 13 Uhr und noch zu früh für den Tagesstopp. Dazu kamen die angenehme Wärme und der Sonnenschein. Deshalb wollte ich doch lieber bis zum nächsten Ort fahren, bis zu dem es nur 12 km waren. Da es in Lauzerte auch einen Gîte gab, wäre ich damit Santiago schon wieder ein Stück näher gekommen.

Langsam fuhr ich durch Montquc, bis ich absteigen und schieben musste. An diesem Tag war Markttag, oder war es ein Flohmarkt? Jedenfalls ließen die vielen Besucher eine Fahrt nicht zu. Außerdem war ich neugierig auf das Angebot und wegen der nur noch geringen Entfernung bis zu meinem neuen Ziel war keine Eile geboten.

Die Fahrt nach Lauzerte war eine reine Freude, wenn sich auch langsam das Spannungsgefühl einschlich, wie das mit der Unterkunft klappen würde.
Auch Lauzerte lag auf einem Hügel, aber unvergleichlich höher als Montcuq. Es ging so steil bergauf, dass ich zwangsläufig schieben musste. Die Straße wurde immer enger und dann zu einer Einbahnstraße, machte so viele Kurven, die wie eine Schraube nach oben führten, so dass ich bald die Orientierung verlor. Ich schob lange, bis ich endlich einen Handwerker traf, den ich nach dem Gîte fragte.

Als ich ihn dann auch bald fand, trat ich ein, aber niemand war anwesend. Im Flur stand ein Schreibtisch mit einem Stuhl davor und das war's. Verwundert stand ich da und überlegte, was zu tun sei. Drei junge Leute halfen mir weiter, die springend die Treppe herunterkamen. Die Bettenvergabe finde nicht hier, sondern in der Gemeindeverwaltung statt.
Nachdem ich die Haustür wieder hinter mir geschlossen hatte, sah ich außen im Fenster den großen Computerausdruck mit dreisprachigem Text, einer davon in Deutsch. Auf ihm stand das, was mir die jungen Leute gesagt hatten. Warum hatte ich diesen Zettel beim Betreten nicht bemerkt?

Zur Gemeindeverwaltung ging es noch weiter bergauf, denn sie lag am Marktplatz und der als Zentrum am höchsten Punkt des Ortes. Etwas schnaufend fragte ich auf Deutsch das Mädchen in der TI, die identisch mit der Gemeindeverwaltung war, aber sie verstand mich nicht. Klar, was erwartete ich denn? Sie rief aber eine Kollegin zu Hilfe, die Deutsch sprach.
In einem Blatt mit der Skizze der Räume und der Betten prüfte sie die bisherigen Eintragungen. In einem der freien Betten trug sie meinen Namen ein, was wohl die Belegung für die kommende Nacht bedeutete. Auf der Quittung für meine Bezahlung notierte sie meinen Namen, das Datum und die Raum- und Bettnummer.

Zurück im Gîte fand ich mein Bett in einem Dreibettenraum gleich am Ende des EG's. Aus dem Fenster hatte ich einen tollen Blick über das nördliche Gebiet von Lauzerte. Als aber die Tür zukrachte, schloss ich das Fenster, weil es fürchterlich zog.

Mangels anderer Unterstellmöglichkeit war mir erlaubt worden, das Rad in meinem Zimmer abzustellen. Damit waren das Auspacken und das Aufhängen der noch feuchten Sachen recht einfach, denn neben dem Waschbecken stand auch noch ein Wäschetrocknergestell.

Nachdem ich aus der Etagendusche in mein Zimmer zurückkam, war es nicht mehr mein Zimmer. Die beiden freien Betten waren belegt mit Rucksäcken. Sekunden später kamen zwei Frauen herein und stellten sich als Deutsch sprechende Französinnen vor. Eine Frau humpelte sehr und war den Tränen nahe. Beide waren von Paris zum Wandern in dieses Gebiet gefahren und gestern hatte sich eine schon den Fuß etwas vertreten. Da sich der Zustand weiter verschlechtert hatte, wollten sie beide morgen nach Paris zurückreisen.

Ich machte mich auf die Suche nach einem Supermarkt. Den fand ich aber erst, nachdem ich mir in der TI einen Ortsplan geholt hatte, in dem die Deutsch sprechende Frau die Lage des Geschäftes markiert hatte. Ohne diesen Plan hätte ich in diesem Labyrinth von Gassen unmöglich den Supermarkt gefunden.

Es ging lange bergab, bis ich am Ziel war. Der Laden verdiente den Namen Supermarkt nicht, hatte aber alles, was ich wollte, auch Bierdosen. Gegenüber lag gleich die Boulangerie, in der ich mir eine frische Baguettestange kaufte. Ich hatte Hunger wie ein Wolf und auf dem anstrengenden, weil wieder hinaufführenden Weg lief mir das Wasser im Munde zusammen.

Bei einem Aussichtspunkt konnte ich nicht anders, ich musste trinken und in kürzester Zeit war eine der Saftpackungen leer.

Der erste Raum, den man im Gîte betrat, war gleich der Ess- und Aufenthaltsraum. Hier saß eine Frau, für mich eine Künstlerin, die ihr Tagebuch wunderschön mit Zeichnungen und Wasserfarben ergänzte. Am Tisch neben ihr legte ich meine Einkäufe ab und holte aus der gegenüber liegenden Küche das erforderliche Essgeschirr.

Die Ausstattung aber war miserabel. Es gab nur unterschiedliche Teller, keine Tassen und kein Besteck. Selbst an der Spüle fehlten eine Bürste, ein Putzlappen und ein Tuch zum Abtrocknen. Ein ärmlicher Zustand, oh Gott! Nur mithilfe meines Wandermessers konnte ich das Baguette teilen, und Käse und Tomaten aufschneiden. Dennoch war es angenehm, eine Unterkunft, eine Ansprache zu haben; hier mit der Künstlerin und im Zimmer mit den beiden Französinnen.

Nebenbei war es im Haus laut geworden, denn von oben hörte man Türen zuknallen und Stimmen kreischen. Aus den drei jungen Leuten waren nun sechs geworden. Außerdem konnte ich während meiner Brotzeit beobachten, wie laufend neue Übernachtungsgäste auftauchten.

Nach dem Essen plante ich meine Weiterfahrt und studierte dazu wie immer den Radführer und neuerdings die Frankreichkarte. Und was entdeckte ich, leider zu spät? Meine Übernachtung im „Geister"hotel von Port d'Agres wäre nicht notwendig gewesen, wenn ich den Radführer vorher intensiver gelesen hätte! Etwa 5 Kilometer weiter hätte es in Livinhac-le-Haut einen Gîte d'étape gegeben... Sollte ich mich nun ärgern oder war es Jakobus' Führung?

Dann brach ich auf, um mir den Ort näher anzusehen. Es lohnte sich, denn alles war gut erhalten oder neu renoviert worden, und dadurch gab es jede Menge von Fotomotiven.

Es dämmerte schon, als ich zum Gîte zurückkehrte und nach der Vorbereitung auf den nächsten Tag entspannt ins Bett ging.

Meine zweite Bierdose war mein Betthupferl. Ich war mit dem Tag versöhnt, auch wenn es mehr als 20 % geregnet hatte. Übrigens, meine Schuhe waren zu diesem Zeitpunkt schon längst wieder trocken.

Meine beiden Zimmergenossinnen waren noch unterwegs. Sie wollten das vorzeitige Ende ihrer Wanderung wenigstens mit einem ausgiebigen Essen „krönen".

Der sechzehnte Tag

Lauzerte – Condom

Trotz mehrmaligen nächtlichen Aufwachens fühlte ich mich frisch und ausgeschlafen.

Ich machte mir einen Tee und aß die Restkekse, denn bald sollte ich ein tolles Frühstück bekommen. Bei der gestrigen Ankunft und dem langsamen Bergaufschieben hatte ich an einer Bar ein Werbeschild gesehen, dass es täglich ab 7 Uhr Dejeuner petite für 5 Euro gab. Diese Bar war mein Ziel.

Überrascht war ich beim Eintreten, wie viele Leute schon ihren morgendlichen Kaffee und die Zigarette in einer Bar zu sich nahmen. Das Frühstück war das Geld wert: zwei große frische Baguettes, zwei Croissants, Marmelade, Tee und ein Glas Orangensaft. Danach fuhr ich langsam los, aber mit Jacke, denn die Morgentemperatur betrug nur 10 Grad.

Nach der Abfahrt und dem Verlassen von Lauzerte dauerte es nur bis nach der ersten Kurve. Dann ging es – wieder bergauf! Wie sich die Tage glichen...
Doch es war ein wunderschöner sonniger Tag, wenn auch morgens recht frisch. Und oben auf der Höhe hatte ich eine prima Aussicht. Die Straße war kaum befahren, führte ganz langsam wieder bergab und hatte links und rechts große Pappeln – ich fuhr auf einer Allee, die gradewegs nach Moissac hineinführte.

Als ich vor der berühmten Abtei stand und überlegte, wie ich das mit dem Rad machen sollte, wenn ich die Kirche und den Kreuzgang besichtige, sah ich von weitem ein bekanntes Gesicht.
Es war Dominique, den ich in Montbonnet kennen gelernt und von dem ich mich nach einer kurzen gemeinsamen Fahrt in Estaing getrennt hatte. Er hatte hier in einem Kloster übernachtet, wo noch sein Rad stand. Zu diesem Kloster führte er mich, damit mein Rad während meiner Abwesenheit gesichert war. Er war gerade auf dem Weg zur Besichtigung der Abtei und des Kreuzganges, die wir nun gemeinsam besuchten.

So erfreulich das zufällige Zusammentreffen auch war, so wurde mir aber bei den Gesprächen gleich klar, dass wir uns danach wieder trennen würden. Er wollte sich die Stadt gemütlich ansehen und Santiago werde er erreichen, wann immer das sei. Auf ihn wartete niemand. Meine Planung sah anders aus: ich wollte mir das Wichtigste auf dem Pilgerweg in vertretbarer Zeit ansehen, denn das Ende der Pilgerfahrt war mit dem Flug ab Santiago schon fixiert. Dominique und ich hatten also eine gänzlich andere Auffassung von der Pilgerfahrt.
Wir besichtigten die Kirche, fotografierten einiges und wunderten uns beim Verlassen über die schwarz gekleideten Personen vor dem Gotteshaus. Um den berühmten Kreuzgang besichtigen zu können, musste das Museum betreten werden, was wiederum Eintritt kostete.

Ich verlangte eine Karte für einen Erwachsenen und hatte das Geld bereit, als die Kassiererin mit Blick auf meine Radfronttasche sagte, für Pilger gelte der Kindereintrittspreis. Auch wenn es sich nur um einen gesparten Euro handelte, so war ich doch sehr erfreut darüber.
Einen Kreuzgang zu besichtigen, ist für mich Pflicht. Ich habe die Liebe zu der Architektonik, den Details, der Ruhe, die in einem Kreuzgang herrscht und den Lichtspielen bei unserer Bildungsreise in die Provence

1995 entdeckt. Und nun durfte ich auch den Kreuzgang der Abtei von Moissac kennen lernen. Ich war begeistert!

Aus einem der Türme konnte man von oben in die Kirche sehen. Von dort war Chormusik zu hören. Das interessierte mich. Also gingen wir beide in die Kirche und erlebten einen gemischten Chor – es waren die schwarz gekleideten Menschen von vorhin – bei der Probe. Auch mehrere Kinder gehörten zum Chor.

Wir setzten uns auf eine noch freie Bank und lauschten. Der Chor übte gerade das Credo und ich summte mit, soweit ich den Text konnte. Verbunden mit der wunderbaren Akustik genoss ich die Musik und betrachtete das Erlebnis wie eine Pilgermesse.

Als der Chor seine Probe beendete, verließen wir die Kirche wieder und gingen zum Kloster, um mein Rad zu holen. Ich wollte weiterfahren. Für alle Fälle tauschten wir die Wichtinummern und die Email-Adressen aus.

Dann brach ich auf und war bald auf dem richtigen Weg, der mich über die Garonne führte.

Vor Merles war ich mir nicht ganz sicher und fragte eine alte Frau nach dem Weg, denn auf der gekauften Frankreichkarte war dieser Abschnitt aufgrund des Maßstabes nicht enthalten. Mit ihren Handzeichen half sie mir weiter, konnte aber nicht verhindern, dass ich nach dem Ort bei der Kreuzung in die falsche Richtung abbog.

Ich merkte das erst, als nach längerer Fahrt die erhoffte abbiegende Straße nicht kam. Niemand war auf den Feldern, kein Gehöft war weit und breit zu sehen, wo ich hätte fragen können. Da entschloss ich mich, das nächste Auto anzuhalten.

Ich winkte so, dass der Autofahrer merken konnte, er solle stoppen. Aber er winkte zurück, hupte und fuhr im selben Tempo weiter. Da wurde mir klar, dass ich mich falsch verhalten hatte. Ich musste absteigen, halb in die Straßenmitte gehen und winken. Doch die nächste Autofahrerin umkurvte mich vorsichtig, fuhr aber weiter...

Jetzt half nur noch ein Anrufen des Heiligen Jakobus, mir zu helfen. Und prompt kam Klarheit in meinen Geist, als ich die Fahrtskizze im Radführer zum wiederholten Male ansah: ich hatte die Autobahn auf meiner linken Seite. Richtigerweise müsste sie rechts von mir sein! Also wendete ich und ärgerte mich über mich selber, denn nun war ich in der Hitze mindestens 5 Kilometer umsonst gefahren.

Der Stachel der Unsicherheit saß aber weiter, ob ich jetzt auch wirklich auf der richtigen Route war. Erst musste ein Richtungsschild mit Bardigues auftauchen, und – es kam nicht. Ich drehte mich um, ob ich jemand sähe, den ich fragen könnte. Und tatsächlich konnte ich weiter hinten einen Radrennfahrer kommen sehen. Es war eine junge Frau, die ich ansprach, als sie mich eingeholt hatte. Doch sie kannte sich in der Gegend auch nicht aus, rief aber per Wichti bei einem Bekannten an, der ihr allerdings auch nicht weiterhelfen konnte. Als ich mich trotzdem bei ihr für ihren Hilfeversuch bedankte, sah ich weiter vorne etwas Helles durch das Maisfeld schimmern: es war das erhoffte Schild, das in Richtung Bardigues zeigte.

So sehr ich das Schild Bardigues auch herbeigesehnt hatte, das Kommende hätte nicht so intensiv sein müssen. Gemeint waren die Steigungen der nächsten rund 50 km bis kurz vor Condom, wenngleich die Aussichten teilweise ein Traum waren. Nach fünfmaligem Absteigen und Schieben hörte ich auf zu zählen. Die Anstiege waren nicht sonderlich lang, aber heftig steil bei strahlendem Sonnenschein, großer Hitze und in einer Landschaft ohne Schatten.

Es begann vor Bardigues. An einer Kreuzung stand ein Wegweiser mit 0,5 km und nichts außer Wald war zu sehen. Kaum nach der Kreuzung gab es eine enge Kurve und – eine Steigung vom Feinsten. Es ging so steil bergauf, dass ich keine Chance zum Schalten hatte. Ich musste absteigen und mit deutlicher körperlicher Vorlage schieben. Angenehm war in dieser Situation nur, dass ich im Schatten der letzten Bäume gehen konnte. Zu diesem Zeitpunkt ahnte ich nicht, dass es mein letzter Schatten bis Condom sein würde. Inzwischen musste ich mich ja dem Ort genähert haben, aber außer der Horizontkante war nichts zu sehen. Erst als ich fast oben war, tauchte über den Gräsern der Wiese langsam ein Dachgiebel auf. Und schließlich stand ich auch schon vor der Ortstafel.

Im nächsten Ort Mansonville waren die Wegweiser an der Kreuzung für mich zu ungenau, weil sie mehrere Meter versetzt gegenüber den abbiegenden Straßen standen. Meine neue Frankreichkarte konnte mir wieder wegen des zu großen Maßstabes nicht weiterhelfen, und wieder ärgerte ich mich über meinen Geiz in der Vorbereitungszeit auf die Pilgerfahrt.

Ich musste jemanden fragen, aber niemand war zu sehen. Auf einmal hörte ich irgendwoher Musik. Dort mussten Menschen sein, dachte ich. Ich stoppte und sah mich um. Da sah ich über den Zaun und Garten hinweg eine offene Haustür. Vorsichtig schob ich mein Rad in die Richtung, als ein Mann mit Tablett aus dem Haus trat. Er wollte grade den Mittagstisch im Freien decken. Er verstand meine Frage auf Englisch, konnte mir aber nicht richtig helfen. Ich sollte mich ein paar Minuten bis zur Mittagszeit gedulden, dann käme seine Mutter aus dem Gemeindeamt. Sie kenne sich in der Gegend hervorragend aus und werde mir sicher weiterhelfen. Genauso kam und war es.

Nur wenige Minuten später war ich auf dem richtigen Weg, überquerte unten am Berg die angekündigte Brücke und war bald darauf an der großen Straßenkreuzung, die ich auch zu queren hatte.

Nach dem übernächsten Ort gab es ein Problem. Ich hatte zwar vermutet, die richtige Straße gefunden zu haben, aber der Name Lectoure stand nirgends und die Straßennummer war auch nicht angegeben. Mühevoll lernte ich so nebenbei, dass in Frankreich auf dem Wegweiser anders als bei uns fast ausschließlich nur der nächste Ort und nichts weiter angegeben wird. Für mich war das mangels Übersichtskarte oft ein Problem. So auch hier.

Ich hielt an der Kreuzung ein Handwerkerfahrzeug auf und fragte nach der Route. Obwohl der Fahrer den Wagen fast in der Mitte der Kreuzung angehalten hatte, entwickelte sich ein längeres Gespräch, das er in gebrochenem Englisch führte. Die beiden Handwerker hatten von München (mit Bayern München) schon mal gehört, wussten aber nicht, wo das liegt, waren aber dennoch beeindruckt, dass ich mit dem Rad inzwischen fast 1500 km gefahren war. Dass ein großer Lastzug, ein Sattelschlepper, der von hinten ankam und vorbei wollte, ja sogar rangieren musste, um vorbei zu kommen, störte die beiden Handwerker überhaupt nicht.

Aufgrund der Hitze, der Steigungen und mangels Schatten schrumpften meine Trinkvorräte recht schnell zusammen. Ab Lectoure hatte ich nur noch einen von max. 6 Litern, und das waren meine beiden, mit Wasser gefüllten Colaflaschen aus Lindau.

Die Straße nach Condom verlief ziemlich gerade. Das Ziel war nicht zu erkennen, weil es wie bei einer Achterbahn laufend rauf und runter ging. Die Steigerung dieser Straßen erlebte ich später in Spanien, als es kleinere Zwischenhügel gab, hinter denen man Fahrzeuge wie Fliegenkot erkennen konnte. Das erinnerte mich an die bekannte ostfriesische Weisheit... morgiger Besuch heute schon zu sehen...

Als endlich Condom auftauchte, waren die Anstrengungen des Tages und das viele Schieben schon vergessen, nicht jedoch der Durst und die fast aufgebrauchten Trinkvorräte. Wie immer fuhr ich langsam in den Ort hinein, nicht um sofort nach einem Quartier oder einer TI Ausschau zu halten, sondern um einen Markt zu entdecken. Beinahe hätte ich ihn übersehen, so unscheinbar lag der Supermarkt zwischen den Häusern. Dabei hat er die Bezeichnung wirklich verdient, denn innen war alles sehr großzügig und übersichtlich aufgebaut. Unsere Aldis oder Lidls sind Puppenkistenläden im Vergleich dazu. Die einzelnen Artikel gab's nur in Kartons, die größeren Gebinde auf Paletten, und das alles in recht hohen Regalen zu finden. Wieder einmal war mein Durst so groß, dass die Orangensaftpackung mein Pilgerrad zwar sah, aber darauf nicht verstaut wurde, denn sie war in kürzester Zeit leer.

Den Schatten suchend wechselte ich auf die andere Straßenseite und schob mein Rad zu den Frauen hin, die gemütlich auf einer Bank saßen. Sie hatten mich schon bei meiner Ankunft beobachtet. Deshalb dachte ich mir, dass ich von ihnen bestimmt erfahren könnte, wo der Gîte zu finden sei.

Ich hatte Glück, denn der Gîte lag um die nächste Straßenecke nur 2 Häuser weit weg. Das Haus war sehr schmal und ich hatte leichte Bedenken, ob ich unterkommen würde.

Ich trat ein, wie immer in den Aufenthalts-, Ess- und Fernsehraum, und sah 4 Personen. Ein älteres Pärchen saß in den Sesseln und eine Frau sprach intensiv auf einen Herrn ein. Mich beachtete keiner. Ich stellte mich hin und wartete, bis das Palaver ein Ende hatte.

In einer Redepause fragte ich die beiden, in Französisch[23] natürlich, ob ich für eine Nacht ein Bett haben könnte. Der Herr bat mich um Geduld. Die hatte ich, musste ich haben, denn das Palaver der beiden ging weiter. Nach einigen Minuten nahm die Frau einen der Rucksäcke, die an der Wand standen, und verließ das Haus.

Der Herr kam auf mich zu und fragte mich auf Französisch, ob ich Deutscher sei. Verdattert sagte ich „oui", ohne zu ahnen, was er mit der Frage bezwecken wollte. Daraufhin stellte er sich ebenfalls als Deutscher vor. Das war eine tolle Überraschung. Dazu kam, dass er hier der Hausherr war. Dieser Gîte wurde also privat geführt. Er führte mich die Treppe hinauf in ein Zimmer mit vier Betten, die alle frei waren. Ich konnte mir eines aussuchen, mich frisch machen und dann redeten wir weiter.

Ich kam mir vor wie in einem Traum: ein Deutscher, sogar Hausherr, ein Zimmer allein. Als ich mein Gepäck raufholte, bot er mir den Keller als Aufbewahrungsraum für das Rad an – wunderbar. Dann begann das tägliche „Abendprogramm", inzwischen routiniert, abzulaufen.

---

[23] Es war der wichtigste Satz in Französisch: Je cherche un lit pour une nuit.

Das alte und leicht windschiefe Gebäude war liebevoll einrichtet. So lag vor jedem Bett ein Teppich, auf jedem Nachtschränkchen stand eine Vase mit (Kunst)Blumen und Lämpchen, und im Zimmer gab es eine Standleuchte. Auch im Bad lag vor der Badewanne / Dusche, dem Waschbecken und der Toilette je ein Fußvorleger. Neben dem großen Spiegel hing eine Wandvase, auch mit (Kunst)Blumen. Die Böden und die Treppen waren aus Holz, dunkel und glänzend, an den Wänden der Treppe und des Aufenthaltraumes hingen Bilder, auf dem großen Esstisch lag eine Tischdecke, darauf stand eine Kerze – alles wirkte sehr gemütlich und heimelig.

Ich genoss die Ruhe in meinem Zimmer und hoffte, dass ich vielleicht allein übernachten könnte. Unten war inzwischen die Frau, die gegangen war, wieder gekommen und das Palaver ging weiter. Der Hausherr erzählte mir später, die Frau habe ihr Gepäck, ihren Rucksack vorausschicken lassen und der sei bei ihm angeliefert worden. Sie wusste aber nicht, dass es in Condom zwei Gîtes gibt. Sie hatte vorhin nur ihren Rucksack abgeholt, um im kommunalen Gîte zu übernachten. Dort gefiel es ihr aber nicht, weshalb sie zurückkam, um hier zu bleiben, was ich sofort verstand, obwohl ich den anderen Gîte erst später sehen sollte.

Ich buchte das Frühstück für morgen, und brach zu einem Stadtbummel auf. Dabei wollte ich u. a. die Pizzeria suchen, die mir der Hausherr empfohlen hatte, als ich ihn nach einem Abendessen fragte. Bei diesem Bummel besuchte ich die Kathedrale und den Kreuzgang, fand den kommunalen Gîte und ging wieder zurück, denn die Pizzeria öffnete erst um 19:30 Uhr. Bis 18:30 Uhr war sie als Bar und Eisdiele geöffnet. „Uff, das ist mal was Neues…", dachte ich mir.

Als ich zurückkam, gab es das nächste Neue: der Hausherr übergab mir einen kleinen Zettel mit 4 Zahlen. Das sei der Zutrittscode zum Haus anstelle eines Schlüssels. Außerdem zeigte er mir Bücher über den Jakobsweg, die ich abends studieren könne, und Karten mit dem Jakobsweg ab Condom.

Aus Düsseldorf stammend sei er hier auf seinem ersten Jakobsweg hängen geblieben. Er habe eine junge Französin kennen gelernt und gleichzeitig vor Ort ein Unterkunftsdefizit entdeckt. Nun werde er das Haus verlassen und zu seiner Familie fahren, weil keine Pilger mehr kämen. Im Haus seien nur vier Personen: das Ehepaar, das seine Wanderung wegen gesundheitlicher Probleme der Frau abbrechen müsse, werde morgen sehr früh abgeholt. Die einzelne Französin mit dem Rucksack breche auch recht früh auf und für mich komme er so rechtzeitig, dass ich ab 7 Uhr frühstücken könne. Den Internet-PC könne ich gegen eine kleine Spende jederzeit benutzen.

Als er gegangen war, brach ich zur Pizzeria auf, um endlich ein vernünftiges Essen in den Bauch zu bekommen. Ich war einer der ersten Gäste und von der Speisekarte total begeistert. Es gab neben Pizzas auch andere Essen, und schon disponierte ich um. Ich wollte Spaghetti, die mir schon seit Tagen geistig vorschwebten. Eine Pizza, die kaum zu toppen war, hatte ich ja in Faramans schon gegessen. Es waren zwar keine Spaghetti, aber Makkaroni, die ich bestellte. Serviert wurden kurze Makkaroni mit einer wunderbaren Soße, und ein großes Bier – oh war das gut!

Zurück im Gîte telefonierte ich lange mit Angelika. Dabei kam erstmals das Thema Rückkehr zur Sprache. Sie glaubte, dass ich früher in Santiago ankäme und damit eher heimkommen könne, wenn es weiter in solch großen Etappen vorwärts gehe. Sie hätte schon recherchiert, dass ich am 9. oder 10. August fliegen könne, auch wenn laut Internet kein Platz mehr frei sei. Die Fluggesellschaft habe immer freie Plätze als Reserve. Wer eine solche Möglichkeit nutzen wolle, müsse so früh wie möglich Kontakt aufnehmen und den Flug umbuchen. Je länger gewartet werde, desto weiter verschiebe sich auch ein früherer Rückflugtermin nach hinten.

Mit dieser Information überraschte sie mich total und verwirrte mich etwas. Bisher hatte ich mir noch keine Gedanken über eine frühere Heimkehr gemacht. Ab heute hätte ich ihrem Vorschlag zufolge bis Santiago noch 14 Tage Zeit gehabt. Ob ich die rund 1000 km bis zu diesen Terminen schaffen würde, konnte ich noch nicht überblicken. Wenn ich jetzt zusagte, würde zwar Angelika alles managen, aber ich hätte ab sofort den Druck, die Strecke auch in kürzerer Zeit zu schaffen. Das ging mir gegen den Strich, denn diese Pilgerfahrt sollte ja unter anderem Stress abbauen! Trotzdem, ihre Information war ein Stachel, der mich den kommenden Tag nicht mehr losließ.

Nach dem Telefonat ging ich ins Internet, um mir selbst ein Bild von den Möglichkeiten zu machen, hatte aber bald keine Lust mehr und wollte schlafen.

Der siebzehnte Tag

Condom – Arzacq-Arraziguet

Trotz des Stachels über eine mögliche frühere Rückkehr hatte ich gut geschlafen.
Um 5 Uhr stand ich nur auf, um nach dem Fotoapparat das Wichti zu laden. Um 7 Uhr gab es dann das angekündigte Frühstück. Auch wenn das Angebot gut war und alles prima schmeckte, so war doch allein das dunkle knackige Brot schon das Geld wert. Der Hausherr backte es selber und wusste, dass es nicht nur bei den deutschen Pilgern gut ankam.
Wir unterhielten uns nebenbei über den Jakobsweg, dass er ihn inzwischen schon dreimal mit dem Fahrrad gefahren war, dass er für mich den spanischen Weg auf 10 Tage schätzte, dass er mir bei der kommenden Hitze in Spanien alles Gute, auch für die Technik wünschte. Ich solle dran denken, dass die Schläuche in Verbindung von Bremsen und Hitze platzen können. Dann gab er mir noch einen Tipp, auf welchem Weg ich Condom am schnellsten verlassen könne. Zum Abschluss spendete er meiner Radkette noch ein paar Tropfen Öl.

Mein Weg ging weiter nach Larressingle mit seiner Burg, aber dann nicht nach Montreal, sondern direkt nach Eauze.
In jedem der nächsten Orte, durch den ich nun kam, hielt ich Ausschau nach einem Internet-Cafe, so tief saß der Stachel. Ich dachte, bei Änderung des Rückfluges müsse ich die neuen Flugdaten wieder ausdrucken, denn dieser Ausdruck sei gleichzeitig der Flugschein. Und in Condom hatte es aber am PC keinen Drucker gegeben...

In Nogaro kaufte ich mir ein Baguette und machte im Schatten der Kirche Pause.

In Aire-sur-l'Adour fuhr ich zweimal durch die Stadt auf der Suche nach einem Internet-Cafe. Gefunden hatte ich nur den Gîte d'étape, wollte aber noch nicht bleiben, denn es war erst Mittag.
Beim Verlassen des Ortes nahm ich mir vor, den Rückflug jetzt nicht zu ändern. Ich wollte mich doch nicht verrückt machen lassen. Das wollte ich Angelika abends sagen, und tat es auch in netter Form.
Möglicherweise waren diese Gedanken schuld daran, dass ich die Abzweigung übersah, die ich hätte fahren müssen. Anstelle der Seitenstraße fuhr ich auf einer schnurgeraden, breiten und belebten Straße. Das war der erste Fehler.

Der zweite Fehler war, dass ich mich von der Großschreibung des Ortes Pimbo im Radpilgerführer animieren ließ, diesen Ort als mein voraussichtliches Ziel anzupeilen. Wieso Pimbo? Ich kann es mir bis heute nicht erklären, denn es gab keinen Vermerk für eine Übernachtungsmöglichkeit und er steht auch nicht in der Frankreichkarte. In der steht Arzacq und das wäre nach Pimbo der nächste Ort gewesen. Dort beschreibt auch der Radführer Quartiermöglichkeiten.

Wenn ich meine Unterlagen richtig gelesen hätte, wäre die Weiterfahrt nach Arzacq einfach und entspannt gewesen – wer lesen kann, hat Vorteile. Aber weil der Radführer nicht richtig gelesen wurde, musste es zum ersten unangenehmen Erlebnis kommen.

Nach einigen Kilometern auf der belebten N154 wurde ich unruhig und wusste nicht, wie ich nach Pimbo kommen sollte. Ich rief den heiligen Jakobus an, mir ein Zeichen zu geben und die Erleuchtung kam bald. Bei einem Feldweg bog ich ab, denn ein paar Meter feldeinwärts lag ein Haus, vor dem ein Auto stand. Also musste jemand zu Hause sein.

Ich läutete und es dauerte etwas, bis eine Frau öffnete. Ich musste sie aus der Siesta geweckt haben, denn sie sah sehr verschlafen aus. Allerdings lachte sie auf meine Frage hin. Vermutlich wurde sie schon öfter nach Latrille gefragt. Ich solle nach ihrem Haus rechts abbiegen. Das jedoch verwirrte mich, denn dieser Weg schien mir falsch zu sein. Aber sie wiederholte ihre Aussage. Also fuhr ich diesen Weg weiter.

Nach der Überquerung eines Baches war der Weg plötzlich geteert. Es waren nur wenige hundert Meter bis zum nächsten Dorf – Latrille -, in dem ich wieder fragen wollte, aber es war niemand zu sehen.

Als ich mich dem Dorf näherte, sah ich, wie eine Radlerin den ersten Bauernhof verließ und in meine Fahrtrichtung wegfuhr. Ich wollte sie über den weiteren Weg befragen. Aber bevor ich sie eingeholt hatte, verschwand sie in einer Einfahrt. Ich raste ihr in die Einfahrt nach und erreichte sie, als sie grade hinter der Tür verschwinden wollte. Sie erschrak über meinen Anruf, war aber dann sehr freundlich. Gott sei Dank war ich auf dem richtigen Weg. Die von ihr beschriebene Abzweigung kam tatsächlich nach einiger Zeit mit dem erwarteten Miramont-Schild.

Es war heiß, die Felder wegen des hohen Ährenstandes nicht übersehbar und eine latente Unsicherheit über den weiteren Weg vorhanden.

Nach einer Kurve fiel mir fast ein Stein vom Herzen, als ich 2 radelnde Jugendliche vor mir sah. Sie fuhren gemütlich und schleckten Eis. Ich holte sie spielend ein und fragte, ob dieser Weg nach Miramont führe. Freundlich bestätigten sie die Richtigkeit. Ich fuhr erleichtert weiter und beschleunigte wieder.

Die Straße verlief kerzengerade und nach einiger Zeit dachte ich, wie groß denn wohl der Abstand zu den Burschen sei und drehte mich um. Ich erschrak total, denn sie waren keine 5 Meter hinter mir und strampelten ohne Eis in meinem Tempo. Sofort war ich misstrauisch. Was sollte das? Wieso vorhin spazieren fahren und Eis schlecken, und nun knapp hinter mir fahren bei Tempo 25? Führten die etwas im Schilde? Die Fragen wären mangels Sprachkenntnisse nicht beantwortet worden und deshalb wollte ich überhaupt kein Risiko eingehen! Zwei gegen einen?! Ich beschleunigte mein Tempo weiter, und sah etwas weiter vorne die Straße ansteigen und in einer Kurve verschwinden. Noch nie habe ich mich so auf eine Steigung gefreut, denn von ihr erhoffte ich mir Vorteile. Dort wollte ich meine Fahrroutine mit dem Vorteil des Alters, etwas von Taktik zu verstehen, ausspielen. Ich schaltete nicht runter, wie sonst üblich, sondern trat noch kräftiger in die Pedale. Durch den ohnehin guten Schwung wollte ich noch ein wenig schneller nach oben kommen. Mein Vorhaben gelang. Nach der Kurve kam der Ort Miramont, und nach einer weiteren Kurve sah ich ein Schild Pimbo und schon war ich in die neue Straße eingebogen.

Nach einigen Metern sah ich mich um und – war allein. Es war niemand mehr zu sehen. Ich prüfte noch zweimal und war dann heilfroh, dass ich meine Verfolger abgehängt hatte. Dass mir mein Herz bis zum Hals klopfte, merkte ich erst jetzt. Abends stellte ich „201" als Maximalpuls fest.

Über einige Straßenhaken kam ich zu Häusern, aber zu keinem Ortsnamen. Pimbo erreichte ich irgendwie nie, denn es gab kein weiteres Schild mehr. Als ich einen Handwerker auf einer Baustelle sah, fragte ich ihn nach Pimbo. Er zeigte nur einen Kreis, was ich so verstand, das alles hier Pimbo ist. Ich war verwirrt und fuhr langsam weiter, denn weiter vorne spitzte ein Kirchturm über ein Feld.

Bald stand ich bei der Kirche und vielen Häusern. Aber war es Pimbo? Ich stoppte und sah mich um. Als der Blick Richtung Kirche ging, erkannte ich ein weiteres Hilfezeichen vom heiligen Jakobus. Aus der Kirche kam eine junge blonde Pilgerin, die mich fragte, ob ich ein Problem hätte – auf Deutsch! Sie bleibe nicht hier, sondern laufe noch etwa eine Stunde, dann sei sie in Arzacq-Arraziguet.

Mit dieser Information fiel mir ein Stein vom Herzen, denn damit war klar, wo ich zu übernachten hoffte. Eine Stunde wandern sind ungefähr 5 Kilometer und für mich etwa 20 Minuten in diesem bergigen Gelände zu fahren. Ich bedankte mich sehr herzlich bei ihr; sie sei mein rettender Engel gewesen, und fuhr los.

Auf einmal klappte alles wie am Schnürchen. Als ich am unscheinbaren Wegweiser nach Arzacq abbog, kam wenige Meter danach ein Supermarkt in Sicht – gut für den späteren Einkauf.
Die Straße mündete in einen Platz, und gegenüber sah ich die TI. Zunächst erschrak ich, denn hinter den Schaufenstern brannte kein Licht. Ich vermutete, sie sei geschlossen und drückte deshalb die Klingel, die für solche Fälle angebracht war. Weil sich niemand meldete, wollte ich mich grade umdrehen, um zu gehen, als die TI-Tür aufging. Ich fragte die Frau nach einer Unterkunft für die Nacht. Sie sah meine Pilgermuschel und gab mir ein Blatt mit Bild und Adresse, und zeigte in die Richtung, wo ich dieses Gebäude finden würde. Es war der Gîte d'étape, zu dem ich fahren sollte.

Keine 200 Meter weiter fand ich ihn, auch am Rand des Marktplatzes, der großzügig gestaltet war und eine längliche Form hatte. Ich war froh, endlich für längere Zeit vom Rad steigen zu können. Die Schmerzen im Nacken waren sehr unangenehm gewesen, dazu kam ja auch noch ein Schmerz im rechten Handgelenk.

Durch das Hoftor betrat ich ein größeres Grundstück mit mehreren Gebäuden. Das kleine mit den Glasfenstern war dem Augenschein nach der Empfang und ich ging hinein. Eine junge Frau bediente mich auf Englisch, nachdem wir das Sprachenproblem geklärt hatten. Froh war ich, dass ich auch ein Abendessen und Frühstück buchen konnte. Bedeutete das doch, dass ich deshalb keinen Aufwand bzw. keine Vorsorge treffen musste und mich voll auf meine Tagesendtätigkeit konzentrieren konnte.

Sie ging mit mir über den Hof die Freitreppe hinauf, die am Nebengebäude endete. Von der Treppe aus betrat man in beiden Geschoßen einen im Freien liegenden Flur, von dem alle Räume zugänglich waren. Die Empfangsfrau führte mich in eines der Zimmer mit vier Betten. Ich suchte mir das Bett am Fenster aus, weil ich dort meine Kleidung zum Trocknen und Lüften aufhängen wollte. Auf einem Bett lag eine Frau, die meinen Gruß kaum beantwortete und weiter in ihrem Buch las.
Dann zeigte mir die Empfangsfrau eine Tür weiter einen Raum, der das Gemeinschaftsbad war. Das Waschbecken war gleich neben der Tür, die Toilette dahinter und daneben die Duschecke, ohne Wanne mit Ablauf im Boden und nur durch einen Vorhang getrennt. Später entdeckte ich, dass es

pro Geschoß solche Gemeinschaftsbäder zweimal gab. Na ja, nicht vergessen, ich war Pilger und nicht Urlauber...
Im Erdgeschoss des dritten Gebäudes sei der Essraum für Abendessen und Frühstück, erklärte sie mir. Und beim Frühstück gelte Selbstbedienung. Für mich Selbstbedienung? Kein Problem, war doch die Entwicklung, die Umgestaltung und die Weiterentwicklung der Selbstbedienung der weitaus größte Teil meines ganzen Berufslebens gewesen!

Mein Rad sicherte ich an der Freitreppe. Nach dem Duschen erledigte ich erst meine Einkäufe im Supermarkt, dann ging ich das Anwesen des Gîtes zu entdecken.

Hinter dem „Essgebäude" tat sich ein riesiger Garten auf, der nur eine Grenze zu den Nachbargrundstücken hatte. Nach hinten war alles offen. Unter den Linden standen massive Gartenmöbel wie in guten Biergärten bei uns. Dort ließ ich mich nieder, um mein Tagebuch zu aktualisieren.

Es dauerte nicht lange, da kamen auch noch andere Personen. Eine junge Frau und ein Mann mittleren Alters setzten sich und – beschäftigten sich ebenfalls mit ihren Tagebüchern.
Bald kamen wir miteinander ins Gespräch. Sie waren Fußpilger aus verschiedenen französischen Gegenden, die bis St.Jean-Pied-de-Port laufen wollten, aber unabhängig voneinander. Die Frau war in Vezelay, der Mann in Le Puy gestartet. Beide wollten den Camino France in Spanien weiterlaufen, sobald es ihnen möglich sein werde. Ich war für sie der erste Radpilger und sie staunten darüber, wo ich herkam und über die schon geradelten 1600 Kilometer.
Während wir redeten, ging im Hintergrund mein blonder Engel aus Pimbo stark humpelnd durch den Garten. Mit einem lauten Hallo winkten wir uns lachend zu. Die Blasen an einem Fuß seien die Ursache, die sie erst beim Ausziehen der Schuhe an ihrem Bett bemerkte, könnten sie aber nicht davon abhalten, morgen weiterzuwandern. Nach wie vor plane sie, bis zu ihrem Ziel Santiago zu laufen.

Zwei Frauen kamen in den Garten und wollten Tischdecken ausbreiten. Zuerst dachte ich, das sei eine Geste für die Pilger, aber als eine dritte Frau mit einem Tablett voller Teller kam, ahnte ich, dass das Abendessen hier im Freien serviert werden sollte. Meine auf Deutsch gestellte Frage musste ich ins Englische übersetzen, damit sie die Pilgerin aus Vezelay verstand und auf Französisch an die Küchendamen weitergeben konnte. Und tatsächlich sollte es das Abendessen hier geben. Ich half beim Decken mit, denn der zwar warme und angenehme Wind wehte die Tischdecken immer wieder weg, solange sie nicht mit Geschirr beschwert waren.

Immer mehr Gäste kamen und nahmen an den Tischgarnituren Platz. Aber das gefiel einigen nicht und deshalb stellten sie die Tische zusammen, sodass eine lange Tischreihe entstand.

Als Vorspeise gab es Tomaten, Pastete und Baguettes, alles geschnitten dekoriert auf mehreren Tabletts. Als Getränke gab es Rotwein und Wasser. Misstrauisch hatte ich die Pastete beäugt, aber dann fiel mir meine Heldentat von Aumont-Aubrac wieder ein. Konnte ich etwas ablehnen, bevor ich es probiert hatte? Außerdem wollte ich nicht als kleiner deutscher Spießer dastehen.

Ich musste mich gar nicht bedienen, das übernahmen die beiden Frauen auf meiner rechten und linken Seite. Die hatten inzwischen von meiner Radtour gehört und fanden die Unternehmung sensationell...

Damit es nicht auffiel, dankte ich nach dem Auflegen von drei Scheiben Tomaten und einer Scheibe Pastete. Aber gleich beim ersten Bissen in die Pastete wurde der Appetit größer, denn sie schmeckte vorzüglich. Vielleicht war es auch der Hunger, wer weiß...

Als fast alle ihren Vorspeisengang beendet hatten, aßen nur noch ein älterer Mann, der Junge mir gegenüber und ich. Auf den Tabletts waren noch genügend Stücke vorhanden, die nun zwischen uns dreien aufgeteilt wurden. Oh war ich froh darüber, denn ich konnte von dem Geschmack der Pastete nicht genug bekommen!

Es dauerte etwas nach dem Abservieren der leeren Tabletts, dann kam der Hauptgang: Tabletts voller Gänseteile, aber so klein zerlegt, wie ich bisher noch nie eine Gans erlebt hatte – andere Länder, andere Sitten? - , und Pommes frites. Auch der Geschmack der Gänseteile war wunderbar. Dreimal habe ich nachgefasst!

Am Ende waren wieder wir drei Esser die letzten, die fast alles aufräumten. Danach fühlte ich mich total satt. Aber es gab noch eine Nachspeise – klar, ich war ja in Frankreich! Mehrere Tabletts mit Madeleines und drei Lagen Joghurts wurden serviert. Zwei Joghurts und ein Stück Madeleine gingen noch runter, aber dann war ich voll bis zur Unterkante Oberlippe.

Während des Essens an dem langen Tisch in einer fantastischen Atmosphäre – die seltsame Verfolgung vom Nachmittag war längst vergessen - hatte ich mich hauptsächlich mit dem Jungen von gegenüber und der Frau zu meiner Linken unterhalten.

Die in Englisch geführte Unterhaltung mit der Frau war recht angenehm. Dabei kam mir die Idee, im nächsten Jahr mit meiner Angelika den Jakobsweg im Auto abzufahren. Natürlich wären dann für alle Fälle die Räder auch dabei. Von diesem Gedanken war die Französin total begeistert.

Über den Jungen erfuhr ich vom Vater in Englisch, dass er 14 Jahre alt sei und im zweiten Jahr die deutsche Sprache lerne. Ich motivierte ihn dazu, in Deutsch zu reden, wenn er schon ein paar Stunden Gelegenheit dazu habe. Ich versprach ihm Hilfe, wenn er es wünsche. Verstanden hat er mehr, als er sagen konnte. Das erinnerte mich an meine Situation mit meinen Französisch-Kenntnissen. Ich erzählte ihm auch, dass ich in seinem Alter an einem freiwilligen Französisch-Unterricht teilgenommen hatte, aber ohne den notwendigen Ernst. Inzwischen bedauere ich längst mein Verhalten in der Jugendzeit.

Später waren wir beide überrascht, dass wir im selben Zimmer übernachteten.

Bald nach der Nachspeise musste ich mich bewegen. Ich wollte ein wenig laufen, schnappte mir den Fotoapparat und spazierte rund um den Marktplatz.

Als ich wieder zum Grundstück zurückkam, wurde ich zufällig in ein Gespräch verwickelt, bei dem mir ein junger Mann, ca. 25 – 30 Jahre alt, vorgestellt wurde. Dieser Mann stammte aus der Nähe von Rostock und war seit Anfang März unterwegs nach Santiago. Er sei zwar nicht besonders christlich, habe aber fast immer in Pfarrhäusern übernachtet. Sein Weg hatte über Berlin und Leipzig nach Hessen geführt, dort über Frankfurt und den Hunsrück nach Vezelay in Frankreich. Schwierig sei der Weg nur gewesen, wenn er keine Karten gefunden hatte. Das sei nur in Hessen der Fall gewesen. Bis Ende September hoffte er in Santiago zu sein. Was er dann mache? Mal sehen, weiterstudieren vielleicht. Er hatte auf dem bisherigen Weg nur ein Problem gehabt, und das war ein aggressiver Hund gewesen, der sich nicht abschütteln ließ. Letztlich habe ihm sein Wanderstock geholfen.

Es war bereits dunkel, als ich endlich ins Bett ging. Der Tag war sehr ereignisreich gewesen und das Regeln mit der früheren Rückreise war nach dem abendlichen Telefonat mit Angelika auch vom Tisch.

In Lindau vorübergehend ein Sonnenstrahl zwischen Regenwolken

Wattwil: weiter geht's, ultreia!

Brunnen: mit dem Schiff über den Vierwaldstätter See nach Treib

Eine Jakobskirche auf dem Weg nach Flüeli-Ranft

Faramans: mein Pilger-Campingwagen

Aumont-Aubrac: zufällig gab es Aligot, die Spezialität der Gegend

aktuelle Computerwerte während der Fahrt

Der höchste Punkt im Aubrac

Bei Lauzerte Sonnenblumen, so weit das Auge reicht

St.Jean-Pied-de-Port mit der Pilgerbrücke

Puenta la Reina: die Puente de los Peregrinos (aus dem 11. Jh.) über den Rio Arga

St. Domingo de la Calzada: Schlafraum ganz nahe am Eingang

Am Alto san Roque nur 8° C im August

Portomarin: die Wehrkirche San Juan – ohne Glocken

Die Kathedrale aus dem nahen Park heraus

Die Kathedrale hinter der alten Universität in der Abendsonne

Der achtzehnte Tag

Arzacq-Arraziguet – St.Jean-Pied-de-Port

Der Schlaf war nicht besonders, weil ich, ausgehungert, wie ich war, abends einfach unvernünftigerweise zu viel gegessen hatte. Aber es hatte so gut geschmeckt und wer wusste schon, wann ich wieder einmal so viel und so gut essen konnte? Der Abendspaziergang war zwar gut gewesen, hätte aber noch länger sein können.
Wach wurde ich wie immer durch die Wanderer. Sie bemühten sich zwar, sehr leise aus dem Zimmer zu verschwinden, aber irgendwie bekam ich das immer mit.

Mangels geschlossenen Waschraum genügte mir eine Gesichtswäsche. Die verschwitzte Kleidung des Vortages war getrocknet und konnte wieder angezogen werden.
Im Essraum traf ich ein paar bekannte Gesichter des vorigen Abends, aber meine beiden Männer vom Zimmer, der Vater und sein 14-jähriger Sohn, waren bereits unterwegs. Schade, von den beiden hätte ich mich schon gerne verabschiedet, aber es gibt selten einen Abschied der Pilger voneinander. Zu der Frau, die auch in unserem Zimmer war, hatte es keinerlei Kontakte gegeben, auch nicht von dem Vater mit seinem Sohn. Wenn die Frau im Zimmer war, hatte sie sich entweder nur mit ihrem Buch beschäftigt oder geschlafen.

Die Selbstbedienung zum Frühstück war grundsätzlich kein Problem. Aber gelöst habe ich die Sache mit dem heißen Wasser für einen Tee nur mithilfe der anderen Gäste. Ich suchte immer eine Kanne oder einen anderen Vorratsbehälter, in dem heißes Wasser sei. Den gab es aber nicht. Das heiße Wasser gab es nur durch die Mikrowelle: das Wasser musste aus einem Wasserspender in eine tassenähnliche Schüssel gepumpt, und dann im Mikrowellenherd erhitzt werden.
Die nächste Tücke war die Baguettestange. Entweder war das Messer zu stumpf oder das Baguette zu weich. Unangenehm war mir, dass ich das Brot mit bloßer Hand berühren musste. Noch wusste ich nicht, dass ich mich glücklich schätzen sollte, wenn ich zum Frühstück ein Baguette bekam. Marmelade, Butter und Orangensaft gab es genügend, jedenfalls zu meiner Frühstückszeit. Ob alles aber für spätere Gäste noch reichte? Oder war ich etwa einer der letzten Frühstücksgäste? Ich interessierte mich dafür nicht und wollte einfach bloß los.

Sollte ich nun einen Abstecher nach Lourdes machen oder nicht? Ich war mir sehr unschlüssig, denn der Umweg hätte mindestens rund 120 Kilometer betragen. Da mir niemand bei der Entscheidung half, baute ich mir selbst eine Brücke. Abhängig davon, wie es mir in den nächsten Stunden ergehen wird, werde ich mich spätestens nach Arthez-de-Béarn entscheiden, nahm ich mir vor.
Der Himmel war bedeckt und die Temperatur betrug um 7:45 Uhr schon 20 Grad. Im Laufe des Tages lockerte sich die Bewölkung etwas auf und die Sonne kam immer wieder durch, so dass es sehr heiß wurde.

Ich war schon einige Kilometer durch welliges Gelände gefahren, als sich eine Ebene auftat, in der etwas flotter gefahren werden konnte. Seitlich sah ich einen Ort auf einem größeren Hügel liegen, an dem meine Straße scheinbar vorbei führte. Beim nächsten Kreisverkehr las ich etwas enttäuscht, dass die Ausfahrt Arthez-de-Béarn genau in die Richtung zeigte, wo der Hügel mit dem Ort war. Es kam noch schlimmer: der Hügel entpuppte sich als Berg. Der Ort Arthez-de-Béarn dort oben konnte nur über Serpentinen erreicht werden.
Endlich schnaufend oben angekommen, gab es nach wenigen Metern auch schon eine größere Kreuzung mit Wegweisern, auf denen weder der nächste Ort meiner Fahrt, Marcerin, noch die gesuchte Straße D275 angezeigt war. Ich musste fragen. Mit der Information kam ich bis zur nächsten Kreuzung ohne Kennzeichnung. Von zwei Möglichkeiten wählte ich die Straße, die bergab führte, weil sie mir besser gefiel.

Unten im Tal, zu Beginn einer großen Ebene, war dann die Straße mit der Nummer D31 gekennzeichnet. Damit war es die falsche Route. Dennoch fuhr ich weiter, weil ich nicht noch einmal rauf nach Arthez wollte, und damit immer weiter ins Chaos.
Am Kreisverkehr an der N117 war nichts von Maslacq zu lesen. Also musste ich fragen, aber wen?
Und Lourdes, sollte ich jetzt den Schlenker nach Lourdes machen oder nicht? Aufgrund der Differenzen, die zwischen meinem Radführer und der Praxis bestanden, entschloss ich mich auf Lourdes zu verzichten. Wie würde ich von Lourdes ohne Beschreibung des Radführers nach St.Jean-Pied-de-Port rüberkommen? Außerdem konnte ich den Besuch nächstes Jahr nachholen, wenn ich meiner Angelika meinen Jakobsweg zeige.

Ich stieg am Kreisverkehr vom Rad, versuchte mich zu orientieren und wartete etwas. Bald sah ich einen Rennradler näher kommen, von dem der

Bauch das größte Körperorgan war. Dennoch, er stoppte auf mein Zeichen hin und überlegte, und wusste dann selbst nicht weiter.

Als ein größerer Lieferwagen kam, wurde der von ihm gestoppt und er befragte den Fahrer. Dieser sah mich und erklärte mir in Englisch, dass ich entweder nach links über Morenx nach Navarrenx komme oder nach rechts einige Kilometer bis zu der Abzweigung nach Maslacq fahren könne. Ich bedankte mich bei beiden Helfern und entschied mich nach rechts weiter zu fahren.

Auf dem Standstreifen der N117 zu fahren bedeutete etwas mehr Straßenverkehr, aber dafür war die Straße platt wie eine Flunder und ein höheres Tempo konnte gefahren werden. Trotz der Aussage „ein paar Kilometer" im Kopf kam mir die Strecke sehr lange vor, bis eine Brücke in Sicht kam, vor der dann der Wegweiser nach Maslacq stand.

Endlich war ich wieder auf dem richtigen Weg und Entspannung kehrte ein. Als nach dem Ort der Weg mit zwei Steigungen dann durch die Felder führte und an einem Wald vorbeikam, nutzte ich die Gelegenheit sicherheitshalber, die Leute auf einem entgegenkommenden Bulldog zu fragen, ob das der Weg nach Sauvelade sei. Gott sei Dank bestätigten sie die Richtigkeit, und ich solle einfach immer dem Weg nachfahren.

Wenige Meter nach dem Fragen wäre sowieso alles klar gewesen, denn der Weg führte wieder bergab und vor dem nächsten Bergrücken links im Tal weiter, so weit man sehen konnte. Weit und breit war, wie schon so oft, niemand zu sehen. Nach wenigen Kilometern sah ich in einer Senke Dächer in der Sonne glänzen. Das musste Sauvelade sein.

Kurz vor dem Ort sah ich von weitem auf der Straße etwas Größeres liegen. Je näher ich kam, desto misstrauischer wurde ich. Ich konnte nicht glauben, was ich sah. Es war der fast ganz ausgeweidete Körper eines Hirsches. An Kopf und Geweih konnte ich keine Beschädigung erkennen, vom Körper aber war nur noch das Gerippe zu sehen. Die Füße fehlten. Jede Menge Fliegen hoben ab, als ich einen kleinen Schwenk zu dem Kadaver machte. Sicherheitshalber stieg ich nicht ab, im Gegenteil, ich beschleunigte mein Tempo wieder. Ich wollte mich auf keine Überraschung einlassen, obwohl mich im Nachhinein ein genaueres Studium schon interessiert hätte.

Nach Sauvelade ließ ich mich wieder verführen: Ich folgte der ebenen Straße D110 nach Vielleségure, auch deshalb, weil ich Durst nach einem frischen Getränk hatte. Und der Ort kam auf meiner Route früher als Laborde. Allerdings wurde ich enttäuscht, denn der Ort Vielleségure bestand nur aus einem Platz und Häusern außen rum und kein Geschäft war zu sehen.

Positiv überrascht war ich, als ich kurz nach dem Ortsende auf die große Straße kam, die von Morenx nach Navarrenx führt. Damit schien ein flottes Vorwärtskommen gesichert.

Doch nach wenigen Kilometern stieg das Gelände leicht an und nach einer größeren Kurve war eine rote Ampel die Verursacherin einer stehenden Fahrzeugschlange. Bald war auch klar warum: Ein Schild kündigte Straßenbauarbeiten an, dabei wurde die Straße enger, steiler und ging in Serpentinen über.

Ich hielt mich als Radler nicht an die rote Ampel und fuhr einfach weiter, aber nicht mehr lange, denn in der Sonne war es mir einfach zu heiß und meine Trinkvorräte von 5 Litern waren schon wieder fast bis zur Reserve von 1 Liter geschrumpft. Die kurzweiligsten Serpentinen, die ich auf meinem bisherigen Jakobsweg hochgeschoben habe, lagen vor mir: Entweder kam die Autoschlange von vorne entgegen oder sie kam von hinten. Und aus einem Ahnen wurde dann ein deutliches Geräusch, über das ich doch lachen musste: die Baustelle war eine Wanderbaustelle. Ein langsam fahrendes Straßenbaufahrzeug mähte mit einem Spezialarm die Gräser und kleinen Büsche an den Böschungen neben der Straße.

Bald nach dem Ende der Steigung konnte ich Häuser erkennen – Navarrenx war nach rund 60 Kilometern erreicht. Hier machte ich eine Mittagspause, kaufte mir zwei belegte Baguettes aus dem Kühlregal, ein großes frisches Getränk und ergänzte meine Trinkvorräte. Bis hierher hatte ich den halben Weg des Tages schon geschafft, die zweite Hälfte sollte in St.Jean-Pied-de-Port enden, meinem geplanten Tagesziel. Das wäre dann der letzte Stopp in Frankreich, danach hoffte ich Spanien zu entdecken.

Ab Navarrenx nahm die Hügellandschaft deutlich zu. Auf irgendeiner Anhöhe glaubte ich im Dunst in der Ferne schon erste höhere Berge zu erkennen, die Ausläufer der Pyrenäen. Die Erwartungshaltung und die Ungeduld, endlich nach St.Jean-Pied-de-Port zu kommen, stieg. Aber die Hitze, die Straßennummerierungen und die Gangschaltung… Erstere konnte schier nicht mehr zunehmen und war fast unerträglich. Die Straßennummern tauchten seit geraumer Zeit nicht mehr regelmäßig auf und meine Unsicherheit nahm zu, ob der Weg der richtige sei. Und dann die Schaltung, die nun hakelte! Egal, ob rauf- oder runterschalten, es klappte immer schlechter und nicht mehr so, wie ich es fast 14 Jahre lang kannte. Und das ausgerechnet fern der Heimat, auf dem Jakobsweg, und mit sprachlichen Problemen. Ich hatte doch eigentlich größte Vorsorge getroffen, damit die Technik reibungslos funktionieren werde. Dazu diese Schwüle! Gott sei Dank hatte ich die Trinkvorräte voll gebunkert, doch nahmen sie wieder rasch ab. In den folgenden Orten konnte ich keine Kaufmöglichkeit entdecken, wodurch sich die Angst steigerte, ob mir die Flüssigkeit reichen würde.

Aber – immer wenn du meinst, es geht nicht mehr, kommt irgendwo ein Lichtlein her. Außerdem, so stelle ich es jetzt im Moment des Schreibens fest, hatte Jakobus seine schützende Hand über mir. Denn nach Aroue, als die Straße nach einem längeren Aufstieg wenigstens teilweise im Schatten lag, konnte ich, grade noch schiebend, etwas beobachten, was mir blitzartig Mut machte.

Etwas weiter vorne sah ich einen Bauernhof, aus dem gerade ein Mann mit seinem Motorrad langsam, von einer älteren Frau begleitet, vor zur Grundstücksgrenze an die Straße fuhr, auf der ich daher kam. Auf der Straße gab der Mann Gas und fuhr mit Krach los, den ich trotz größerer Entfernung hörte. Also war ich in Rufweite. Ich schwang mich auf mein Rad und fuhr mit aller Kraft, um näher ran zu kommen.

Die Frau drehte sich um und ging zum Haus zurück. Kurz bevor sie es erreichte, schrie ich „hallo, hallo" und winkte sehr aufgeregt. Die Frau hörte und sah mich, stutzte und kam zur Straße zurück. Ich stoppte bei ihr und zeigte ihr meine leeren Radflaschen. Unterstützt mit Gesten fragte ich auf Deutsch, ob sie mir Wasser einfüllen könne. Sie sagte etwas, was ich nicht verstand und winkte mir, mitzukommen.

Wir gingen, ich das Rad schiebend, zum Haus. Dort klopfte sie ans Fenster und ein älterer Herr öffnete. Sie sprach mit ihm und ich sah eine fast volle Wasserflasche auf dem Tisch stehen. Da sie angelaufen war, konnte der Inhalt bei der Hitze nur kühl sein, dachte ich sofort. Der Mann ging an den Tisch zurück, verschraubte die Flasche und kam mit ihr ans Fenster. Er gab sie der Frau, die sie mir weiterreichte. Dafür wollte sie eine meiner leeren Wasserflaschen haben. Wieso? Keine Ahnung, ich gab sie ihr gerne gegen eine volle Flasche.

Sie wünschte mir „bonne route". Ich bedankte mich sehr höflich mit Verbeugung und auf Französisch, schob mein Rad zur Straße und fuhr weiter. Ich winkte lange und die Frau, die mich zum Hoftor begleitet hatte, stand immer noch dort und winkte zurück.

Die kurze Pause beim Bauernhof hatte mir gut getan, und doch nervte die fast kerzengerade Straße, die wieder anstieg, ohne Schatten weit und breit. Nach der Bergkuppe, von der aus ich den Bauernhof nicht mehr sehen konnte, stieg ich wieder ab, um zu trinken. Das kühle Wasser war wunderbar. Auch die nächsten paar hundert Meter versprachen Erholung, weil es bergab ging.

Doch am Ende war wieder ein Anstieg zu sehen, der steiler und länger war, als zunächst vermutet. Um Kraft zu sparen und den Wasserverlust durch Schwitzen etwas zu reduzieren, stieg ich ab und schob den langen Berg hinauf. Ich hielt dauernd Ausschau nach einem Wegweiser, aber keiner kam.

Das Dorf oben am Berg war das erhoffte Béhasque, von dem aus es nach links in Richtung St.Jean-Pied-de-Port gehen musste. Aber der Wegweiser kam nicht und damit stimmte mein Radführer nicht. Was tun? Bei der Mittagshitze war kein Mensch zu sehen!

Zu erkennen war ziemlich weit weg ein Kleinwagen, der am Straßenrand stand. Ich fuhr, so schnell ich nur konnte, den leichten Anstieg zu dem Auto hinauf, in der Hoffnung, dass jemand drin saß, den ich fragen konnte.

Nur wenige Meter noch vom Auto entfernt, fuhr es los. Ich schrie und winkte, und war fast in Panik. Aber der Autofahrer hatte mich wohl im Spiegel gesehen, bremste und stoppte wieder. Ich umrundete atemlos das Auto und stieg ab. Beide Autotüren öffneten sich und ein Mann und eine Frau stiegen aus.

Als ich abstieg, sah ich nur noch Sterne, und beugte mich irgendwie über das Fahrrad. Für wenige Sekunden war ich wohl kollabiert und weiß auch bis heute nicht, was sich ereignet hat. Ich kam wieder zu mir und bemerkte, dass der Mann und die Frau mich und das Rad abstützten. Als ich wieder zu Atem gekommen war, fragte ich sie, ob sie wüssten, wo die Straße nach St.Jean-Pied-de-Port abbiege. Im weiteren, in Englisch geführten Gespräch stellte sich heraus, dass sie Urlauber seien und eigentlich auf den Tross der Tour de France warteten. Aber offensichtlich hatten sie sich getäuscht und wollten eben weiterfahren, als sie mich im Spiegel sahen. Von den beiden erfuhr ich aber, dass ich weiter nach St. Palais fahren solle. Vor dem Ort sei ein großer Kreisverkehr und da spätestens müsse St.Jean-Pied-de-Port ausgeschildert sein.

Und so war es dann auch, ergänzt um die richtige Straßennummer D933. Mir fiel ein Stein vom Herzen. Wie anfangs beschrieben, wäre manche Aufregung nicht nötig gewesen, auch die von vorhin nicht, wenn die Ausschilderung immer gestimmt hätte. Wieder hatte sich bestätigt, dass die Schilder alle vorhanden waren, wenn ohnehin alles klar war. Sobald aber Fragen auftauchten, stimmten die Ortsbezeichnungen nicht oder sie fehlten ganz, oder hatten die Straßen neue Nummern bekommen.

Kaum hatte ich die Ausfahrt nach St.Jean-Pied-de-Port genommen, wurde die Straße breit und hatte lange ein leichtes Gefälle, was meiner Moral gut tat. Ich konnte ohne besondere Anstrengung flott fahren und der Fahrtwind kühlte ein wenig.

An der nächsten Steigung holte mich aber ein unangenehmes Problem wieder ein. Beim Schalten machte das Umspringen auf den Ritzeln erhebliche Schwierigkeiten. Vor Zorn und Frust stieg der Pulsschlag und ich hoffte, dass ich in den nächsten Orten eine Möglichkeit finden würde, wo ich etwas Öl nicht nur für die Kette, sondern auch für die Schaltmechanik erhalten könnte. Aber ob es wirklich am fehlenden Öl lag? Ich glaubte schon, auch wegen des metallischen Geräusches beim Treten. Bis St.Jean-Pied-de-Port waren es nur noch knapp 20 Kilometer und die würde ich doch noch schaffen, hoffte ich. Außerdem nahm ich mir vor, im nächsten Supermarkt ein Ölspray zu kaufen. Die Anschaffung lohne sich allein schon wegen der langen Fahrt durch Spanien und wer weiß, ob dort nicht noch weniger Orte auf der Strecke lagen wie hier in Frankreich.

Tatsächlich fand sich auf halber Strecke eine landwirtschaftliche Werkstatt. Ich fuhr an das offene Werkstatttor und sah mich um, wen ich ansprechen konnte. Aber alle vier Männer, die ich sah, waren intensiv mit einem großen technischen Gerät beschäftigt, das offensichtlich auch nicht so funktionierte, wie es sollte. Einer der Männer stand mit einem Riesenhammer weiter oben und schlug mit aller Kraft auf etwas ein, was ich nicht zuordnen konnte. Ein zweiter Mann hielt mit einem großen Stock das zu bearbeitende Stück auf Abstand. Die Männer Nummer drei und vier waren vermutlich die Aufpasser oder Auftraggeber, denn sie standen sehr wichtig schauend in der Nähe.

Ich wartete, bis die Männer fertig waren oder eine Erholungspause brauchten. Dann kam einer auf mich zu und sprach mich auf Französisch oder Baskisch an. Vielleicht war es auch ein Dialekt oder ein Mischmasch aus beiden Sprachen, jedenfalls verstand ich kein Wort. Ich winkte ihn aber an mein Rad, zeigte auf die Kette, machte mit dem Mund „pschpsch" und unterstützte das Geräusch mit einer eindeutigen Geste. Dann ging er weg und holte ein mir auch bekanntes Rostlöserspray. Ich winkte mit „non" ab und er holte ein anderes Spray, zeigte mir die Beschreibung, die ich nicht verstand und sprühte ohne Unterlass auf die Kette. Ich drehte die Kette rückwärts, damit auch alle Glieder etwas abbekamen. Dann zeigte ich noch auf die Mechanik und die bekam dann einen Extraschuss von links und rechts. Als ich mich auf Französisch bedankte und mit Daumen und Zeigefinger die Kostenbewegung machte, strahlte er, winkte ab und wünschte „bon voyage". Beim Weiterfahren schaltete ich dauernd rauf und runter und hatte zunächst den Eindruck, dass alles wieder besser funktionierte.

Es war nachmittags um halb vier Uhr, als ich St.Jean-Pied-de-Port erreichte. Der ältere Teil der Stadt liegt am Berghang und die Straße, auf der ich fuhr, führte unten entlang. Bei der Vorbeifahrt sah ich einen Durchlass in der Stadtmauer und dahinter eine Gasse steil hinaufführend.
Ich stieg ab und schob mein Rad in die Altstadt hinauf. Die meisten Menschen blieben stehen, als sie mich Radpilger sahen. Der deutliche Hinweis zum Pilgerbüro konnte selbst von mir nicht übersehen werden. Deshalb stand ich wenige Minuten später schnaufend davor, denn seit dem Absteigen hatte ich nur noch bergauf geschoben. Das wievielte Mal heute? Keine Ahnung – auf alle Fälle zu oft.
Ich musste einfach nur stehen bleiben und mich an der Mauer anlehnen, so fertig fühlte ich mich nach fast 7 Stunden Fahrt und 120 zurückgelegten Kilometern. Das mussten wohl die Damen vom Pilgerbüro durch die offen stehende Tür gesehen haben, denn als ich hereinkam, bot mir sofort eine der drei Damen einen Stuhl zum Sitzen an. Als nächster „Kunde" kam ich dran und wurde vorbildlich nett bedient. Die Damen waren sehr erstaunt darüber, wo ich herkam und dass ich schon 18 Tage unterwegs und über 1700 Kilometer geradelt war. Ich schien etwas Besonderes zu sein.
Eine der drei Frauen führte mich ein paar Häuser weiter zum Refugio, in dem ich übernachten sollte. Als besonderes Zuckerl bot sie mir an, die Duschgelegenheit im Pilgerbüro zu benutzen. Nachdem ich im Refugio nach Dusche und WC gesucht hatte, und die vielen Übernachtungsgäste gesehen hatte, was warten bedeutet hätte, bis ich endlich duschen hätte können, verstand ich, dass das Duschangebot beim Pilgerbüro ein Entgegenkommen für mich Erschöpften war. Ich bedankte mich sehr oft und sehr höflich dafür.

Nach dem Duschen ging ich runter in die Neustadt, um einzukaufen. Beim Ankommen hatte ich gleich den großen Supermarkt entdeckt. Neben Obst, Gebäck und Getränken wollte, ich wie geplant, ein Fahrradöl oder Spray kaufen. Aber in dem Regal mit Auto- und Fahrradzubehör gab es alles und viel, aber kein Fahrradöl. Ich dachte an unser Kaufland, ob es bei dem Fahrradöl gegeben hätte? Zu Hause werde ich das gleich beim nächsten Einkauf nachprüfen.
Nachdem ich kein Öl gefunden hatte, bat ich eine Verkäuferin um Hilfe. Sie suchte auch danach und fand nichts. Dafür gab sie mir aber den Tipp, dass ein paar Häuser weiter ein Sportgeschäft sei, in dem es auch Fahrräder und Zubehör gebe.

Auf dem Weg vom Supermarkt zu dem Sportgeschäft verdunstete eine 1,5 Literpackung Orangensaft, so durstig war ich. In dem Sportgeschäft erhielt ich dann ein Spray, von dem der Verkäufer sagte, dieses wäre das beste Mittel, das zur Zeit auf dem Markt sei.

Auf dem Rückweg zum Refugio telefonierte ich mit Angelika. Als ich ihr meine Tageserlebnisse erzählte, musste ich heulen wie ein Schlosshund, so fertig war ich immer noch. Aber sie verstand es, mich wieder aufzurichten.

Zurück in meinem Zimmer waren die anderen fünf Betten belegt von fünf Franzosen.

Vier davon, zwischen 20 und 25 Jahre alt, waren auch mit dem Fahrrad seit Paris unterwegs und ihre Pilgerfahrt endete heute hier. Morgen wollten sie zusammen nach Biarritz fahren und drei zurückfliegen. Einer von ihnen hatte einen Fahrradanhänger für das Gepäck und der fahre dann von Biarritz bis Santiago weiter, sagte einer von ihnen, der recht gut deutsch sprach. Ich hatte den Eindruck, dass ihm das Deutsch sprechen und dann übersetzen Spaß machte. Die vier waren von meiner Fahrleistung sehr angetan und staunten über meinen Plan, bis Santiago weiterzufahren. Auch dass der Rückflug schon gebucht sei, überraschte sie. Als sie nach meinem Alter fragten, waren sie sprachlos. Ich machte Späße und bezeichnete mich als Dinosaurier im Zimmer und freute mich, junge Leute um mich zu haben. Meine Leistung schwächte ich ab mit dem Beispiel von Rene[24], einem Sportfreund aus meinem Verein, der eine Tagestour der besonderen Art unternommen hatte: Abfahrt um 4 Uhr und mit dem Rad die 150 km nach Garmisch gefahren, zur Zugspitze rauf- und runtergejoggt, und dann mit dem Fahrrad wieder zurück; Ankunft 22 Uhr. Wie Schwämme saugten sie meine Informationen über meine Dopingmaßnahmen auf: täglich zur Halbzeit Magnesium nehmen, verdünnte Apfelsaftschorle trinken, unterwegs viel Obst wie Bananen und Äpfel essen. Außerdem hatte ich noch meine Notstärkungsmittel, die Vitalplätzchen und die Müsliriegel, von denen ich ihnen ein paar Stücke zum Probieren gab.

Der fünfte Franzose war ein Fußpilger seit Le Puy und wollte auch nach Santiago, war aber nicht sehr gesprächig.

Das Refugio lag am Hang hinter der Stadtmauer und hatte einen großen Garten, in dem einige Gartenmöbel standen, die alle bereits von Gästen belegt waren. Es gab eine Hütte für das Einstellen der Räder und einen großen Wäschetrockenplatz mit vielen Leinen, die auch alle belegt waren.

---

[24] Name geändert

Ich schob ein paar Sachen zusammen und konnte damit meine nasse Kleidung aufhängen.
Das Tagebuch schrieb ich im altertümlich eingerichteten Essraum. Erst am nächsten Tag bekam ich mit, dass das Refugio bewirtschaftet wurde. Jeanine, etwa 65 bis 75 Jahre alt, ist die Hausfrau, die morgens für das Frühstück sorgt, soweit gebucht, und als Mutter der Pilger bekannt ist. Als ich das erfuhr, wollte ich natürlich auch ein Foto mit ihr und mir.

Gegen 18 Uhr machte ich mich zu Fuß auf, die Altstadt zu entdecken, Fotos zu schießen und ein Lokal für das Abendessen zu finden.
Nicht einfach war das mit dem Lokal. Als ich eines fand, dessen Angebot (u. a. Paella) und Freisitzfläche mir gefiel, nahm ich Platz. Der Ober bediente die anderen Gäste und mich ignorierte er. Als ein Pfiff ertönte, dachte ich mir nichts. Als ich wiederholt Pfiffe hörte, schaute ich, wer der Störer war. Ich entdeckte den Mann hinter der Theke als Verursacher. Er winkte mir. Als ich hinging, zeigte er auf die Uhr und sagte mehrsprachig „geschlossen". Das wunderte mich, denn die anderen Gäste wurden doch bedient. Beim Weg zurück zu meinem Tisch fielen mir an der Glastür die Öffnungszeiten auf: das Lokal schloss um 19 Uhr und bis dahin waren nur noch 10 Minuten. Frustriert ging ich weiter auf Suche und musste feststellen, dass alle Lokale um 19 Uhr schlossen. Sie waren also nur an Tageskundschaft interessiert.
Die Hotelrestaurants hatten offen, aber auch die Schnellimbisse. Einer gefiel mir. Es war ein Schnellimbiss der anderen Art – keine Hamburger, keine Döner, sondern nur unterschiedliche Baguettes, Crepes und Getränke. Ein Riesenbaguette mit Schinken und Käse, und eine große Dose Bier waren mein Abendessen, das ich auf der bestuhlten Freifläche vor dem Geschäft aß.

Auf dem Weg zurück zum Refugio stellte ich fest, dass auch die anderen Geschäfte ebenfalls schon zur Hälfte geschlossen waren.
In der anbrechenden Dämmerung ging ich in den Garten, um den Trocknungsgrad meiner Wäsche zu kontrollieren. Als ich aus dem Haus kam, sah ich hinter einem großen aufgehängten Handtuch die sich gegenüberstehenden Füße von Männlein und Weiblein, deren Neigungswinkel zueinander zunahm. Spontan rutschte mir „Und wer küsst mich?" heraus. Beide schwenkten das Handtuch zur Seite, sahen mich verdutzt an, und grinsten dann. Die zwei, beide 25 Jahre, waren ein junges deutsches Ehepaar, das mit seinen schon sehr betagten Rädern seit mehr als 30 Fahrtagen von Berlin aus unterwegs war. Ihr Zuhause war überwiegend das Zelt, nur ausnahmsweise suchten sie eine feste Unterkunft. Das war

immer dann der Fall, wenn sie ein größeres Waschbedürfnis empfanden. Verena war Berlinerin und frisch gebackene Bachelorin von der Uni Berlin im Bereich Landwirtschaft. Michi war Leipziger und wollte nach dem Jakobsweg mit seinem Lehramtsstudium anfangen. Bis dahin wollten sie noch die Welt per Rad entdecken. Natürlich wurde viel über die Fahrräder gesprochen. So erfuhr ich, dass Michi mangels Geld für neue Räder die beiden Jakobsräder aus mehreren nicht mehr vollständigen Fahrrädern zu 10-Gang-Rädern zusammengebastelt hatte. Da er also ein Fahrradspezialist war, schilderte ich ihm mein Leid mit der Radschaltung. Sofort bot er sich an, morgen früh die Einstellung zu überprüfen. Er vermutete kein großes Problem und diagnostiziere aufgrund des Alters lediglich ein Dehnen der Schaltseile. Mein Alter wollten sie nicht glauben. Überzeugen konnten sie erst die Daten aus meinem Ausweis.

Es war eine längere und nette Unterhaltung, und außerdem schon dunkel, als wir uns trennten. Glücklich über die angebotene Hilfe schlich ich in mein Zimmer, in dem die anderen fünf schon schliefen. Die Schwächen des Tages kamen erst wieder in den Sinn, als ich in meinem Abendgebet den vergangenen Tag rekapitulierte.

Der neunzehnte Tag

St.Jean-Pied-de-Port – Pamplona

Trotz der sechs Personen im Zimmer und des geschlossenen Fensters hatte ich sehr gut geschlafen. An Blähungen wie zuletzt in Arzacq konnte ich mich nicht erinnern. Lag es vielleicht am Frischgemüse? Dunkel erinnerte ich mich an eine Aussage von Simone, dass spät gegessener Salat den Körper belaste und gäre...

Auf dem Weg zur Toilette begegnete ich Michi, der schon die Räder packte, weil sie in Kürze ungefrühstückt losfahren wollten. Ich holte mein Rad, damit er es prüfen konnte. Er zeigte mir, wo ich die Spannung der Schaltseile verändern konnte. Er schraubte ein wenig und testete die Wirkung. Es schien wieder alles in Ordnung zu sein.

Dann fuhren Michi und Verena los. Vorher meinten sie, dass ich sie trotz späterer Abfahrt bestimmt im Laufe des Tages einholen würde.

Das Frühstück war wieder von der einfacheren Art. Ich musste mich selbst daran erinnern, dass ich in Frankreich, im Süden war, und dass dort im Allgemeinen kein Frühstück wie bei uns üblich ist. Am Tisch standen ein großer Korb mit Baguettestangen, Teller mit Butterbrocken und Marmelade, und ein Honigglas. Kaffee oder Tee musste bei Jeanine bestellt werden, die dann aus der Küche rief, wenn das Getränk fertig war. Außer mir war nur noch ein Italiener am Tisch. Mangels gegenseitiger Sprachkenntnisse und eventueller Morgenmuffeligkeit war es ein sprachloses Essen. Aufgrund der Gebröselmenge auf dem Tisch war die Frühstückshochkonjunktur schon überschritten gewesen und wir waren wohl die Letzten.

Beim Packen des Rades kamen auch die vier radelnden Franzosen aus meinem Zimmer und machten sich abfahrbereit.

Ich hatte das beinahe herrlichste Losfahren, das man sich vorstellen kann: aufsteigen aufs Rad und schon bremsen, weil es ziemlich steil bergab ging. Aber das Vergnügen war eingeschränkt, denn meine Bremsen gaben ein fürchterliches Quietschen von sich. Die Ursache war die Feuchte auf den Bremsgummis und den Felgen. Ich glaubte eine hohe Luftfeuchtigkeit zu spüren, denn kaum musste ich nach der Brücke ein paar Meter auf der Ebene fahren, merkte ich, wie sich die Poren öffneten. Es herrschte freundliches Wetter und am Himmel gab es einzelne große, aber helle Wolken. Die Sicht zu den Pyrenäen, die mehr links von mir lagen, war sehr eingeschränkt, denn es war ziemlich diesig. Die Beschreibung, dass ich nur immer geradeaus fahren müsse, und dann automatisch auf dem richtigen Weg nach Spanien sei, stimmte – für die Fußpilger.

Mir fiel gleich auf, dass diese Straße aufgrund des Steilheitsgrades unmöglich die Autostraße nach Roncesvalles sein konnte. Folglich stoppte ich ein entgegenkommendes Auto und fragte. Ich solle eine kleine Querstraße fahren und werde bald auf die Straße nach Spanien stoßen.
Die Frau beobachtete mich, ob ich auch in die richtige Straße hineinfuhr. Als ich wenig später auf die D933 einbog, stand sie mit ihrem Auto da und nickte. Das bedeutete, dass sie mir nicht nur Auskunft gegeben hatte, sondern sich auch noch vergewissern wollte, ob ich auf den richtigen Weg kam. Vielen Dank auch heute noch!

Zunächst schlängelte sich die Straße weitgehend eben am Berghang entlang. Nur unmerklich begann sie zu steigen. Der Verkehr war sehr gering. Ich konnte den Augenblick gar nicht erwarten, an dem ich Frankreich verließ und in Spanien einreiste. Nach ca. 8 Kilometern rechnete ich mit einem Hinweis, aber da kam keiner und ich fuhr, ein Ereignis erwartend, weiter.

Als ich Dorf Valcarlos[25] erreichte, wusste ich, dass ich schon längst in Spanien war. Und schon fiel mir auch die Änderung der Straßennummerierung auf: Aus der französischen D933 war die spanische N135 geworden.

Das Dorf lag längst hinter mir und die Steigung nahm weiter zu, so dass ich mich mehr auf mich konzentrierte, als die Landschaft zu betrachten. Autos kamen selten vorbei, von oben runter und von unten rauf, aber meistens gleich im Konvoi, zu mehreren hintereinander.

Mir fiel deshalb auch ein Auto geräuschmäßig nicht auf, das von oben herunterkam. Ich stutzte erst, als ich am Motorgeräusch bemerkte, dass das Auto nicht näher kam. Wieso, es war kein Haus oder sonst etwas da, nur Wald und Steilwände?

Als ich den Kopf hob, um nach vorne zu schauen, was sich da ereignete, bekam ich einen Riesenschreck. Das Auto fuhr mir auf meiner Seite entgegen und wurde immer langsamer, bis es stand. Ich fuhr bis kurz vor das Auto weiter, und wich zur Vorbeifahrt auf die Gegenseite aus. Da kurbelten die zwei jungen Männer die Seitenscheibe runter und grinsten mich an. Ich war verwirrt, weil auch kein Gruß kam. Was sollte das? Mir wurde ganz komisch im Magen und mein Puls stieg schlagartig. Sofort fiel mir ein, dass sich schon manches Merkwürdige auf dem Jakobsweg ereignet hatte. Sollte das nun mein Ereignis sein? Weit und breit war niemand, der mir hätte helfen können. Ich flehte den Heiligen Jakobus um seinen Schutz an und strengte mich bei der Bergauffahrt noch mehr an. Aber es ereignete sich nichts, Gott sei Dank.

Nach der nächsten Kurve schaute ich misstrauisch zurück, aber kein Wagen war mehr in Sicht. Irgendwann konnte ich nicht mehr, denn die Straße ging unverändert steil weiter hinauf und die Schwüle war fast unerträglich. Deshalb stieg ich ab und schob mein Rad. Ab sofort aber hörte ich auf alle Geräusche. Bei jedem Auto, das sich näherte, hoffte ich, dass es nicht wieder dieser Wagen sein möge.

So ging es lange weiter, bis ich Hunde bellen hörte. Ich konnte allerdings nicht orten, woher die Geräusche kamen. Sie wurden immer kräftiger. Als der Wald auf der Talseite aufhörte, kam ein Gehöft heraus, hinter dessen Zaun die Hunde kläfften. Hatten die mich gehört, denn gesehen haben konnten sie mich unmöglich? Als ich um die nächste Spitzkehre herum kam, sah ich, dass dort ein großer Peugeot am Rand

---

[25] Der Name erinnert an Karl den Großen, der im 8.Jh. n. Chr. nach einem Feldzug aus Spanien kommend hier kampierte

stand. Der Fahrer machte gegenüber eine Pinkelpause und antwortete bellend den Hunden. Die Frau und die zwei Kinder standen am Auto und warteten auf die Weiterfahrt. Ich schimpfte über den blöden Fahrer vor mich hin, weil er durch sein Gebelle die Hunde möglicherweise aggressiv gemacht haben konnte. Und durch Lücken im Zaun hätten sie ausbrechen können. Ich als der Unschuldige wäre dann der Geleimte, denn der Fahrer und seine Begleitung könnten sich im Auto in Sicherheit bringen. Und ich hätte die Hunde am Hals. Bergauf hätte ich keine Chance, sie abzuhängen wie die beiden Jungen bei Miramont. Heiliger Jakobus, hilf! Er half, denn es geschah nichts Unangenehmes. Im Gegenteil, der Straßenabschnitt wurde länger und übersichtlicher, und nach der nächsten Kurve sah ich oben eine Kapelle. Intuitiv wusste ich, dass das die Passhöhe sein musste, der Ibaneta-Pass.

Mein Mut und meine Kraft kehrten zurück. Ich stieg trotz der Steigung auf und fuhr die letzten Meter hoch. Mit einem eleganten „Einkehrschwung" bog ich auf den Parkplatz bei der Kapelle ein und suchte mir ein Plätzchen, wo ich mich erholen konnte.

Als ich von Fahrrad stieg, merkte ich, dass ich klatschnass war. Mir lief der Schweiß von den Armen über die Hände auf die Finger und tropfte von dort auf den Boden. Von den Oberschenkeln sah ich den Schweiß über die Knie die Schienbeine hinunterlaufen. Von den Augenbrauen tropfte es runter, am Rücken spürte ich, wie sich Schweißbahnen abwärts bewegten. Ich fand das lustig und bat eine Frau, von mir und den Schweißtropfen am Boden ein Foto zu machen, was ihr aber nicht so gelang, wie ich später feststellen musste.

Die Berge ringsum betrachtend und die wärmende Sonne genießend, stand ich am Rand des Parkplatzes und suchte den Weg ins Tal, den ich heraufgekommen war. Bald merkte ich, dass ich abgekühlt war. Es wurde Zeit, die nassen Klamotten aus- und trockene Kleidung anzuziehen. Die nassen Sachen breitete ich über die Mauer aus, die die Kapelle umgab. Den Wind spürte ich trotz trockener Kleidung immer noch kühlend auf der Haut, obwohl ich meine wärmsten Oberteile angezogen hatte. Aber den besten und wärmsten Platz belegte eine Reisegruppe, die sich vor dem Kapelleneingang in der Sonne und im Windschatten sitzend und kauernd niedergelassen hatte. Hunger- und durststillend setzte ich mich in eine kleine Mauernische, um keinen Wind mehr zu spüren.

Meine Freude über die glückliche Ankunft wollte ich meiner Angelika telefonisch mitteilen, aber sie hörte das Läuten nicht, weil sie mit Petra beim Einkaufsbummel war. Kaum verließ die Gruppe ihren Platz, schon wechselte ich dorthin.

Nach einer Stunde war meine Kleidung wieder trocken, so dass ich mich erneut umziehen konnte. Dann fuhr ich langsam weiter, ohne Anstrengung, weil es bergab ging. Und kaum richtig in Fahrt gekommen, musste ich schon wieder bremsen, denn ich sah das Kloster Roncesvalles unter mir liegen.

Langsam und bewusst genießend, dass ich den Startpunkt des Camino Frances erreicht hatte, schob ich mein Rad auf das Klostergelände. Nach kurzer Orientierung fand ich den Raum, in dem der Pilgerstempel zu erhalten war. Allerdings musste ich vorher einen Fragebogen ausfüllen. Die Fragen erinnerten mich an den Bogen, den ich im Winter zuvor bei der Jakobus Pilgergemeinschaft Augsburg beantworten musste, um den Pilgerpass zu bekommen. Na gut, wenn die meinen...

Sehr glücklich, endlich hier zu sein, den Pilgerstempel erhalten und zwei seltsame Situationen heil überstanden zu haben, ging ich in die Klosterkirche. In einer Bank sitzend betrachtete ich den Innenraum und ließ meine bisherige Pilgerfahrt vor meinem geistigen Auge ablaufen. Ich dankte meinem Gott für die bisher gute Fahrt und dem heiligen Jakobus für seine Fürsprache. Vor Freude, aber vielleicht auch wegen der Entspannung weinte ich. Die Madonna von Roncesvalles grüßte ich von Heinz, der mir extra dafür sein Erinnerungsbild mitgegeben hatte.

Nach einiger Zeit wurde ich unruhig wegen des Rades. Zwar stand es gesichert unmittelbar vor dem Kircheneingang, aber das ganze Gepäck war drauf... Es war dasselbe Gefühl, das mich in Le Puy gehindert hatte, in die Kathedrale zu gehen. Dort allerdings wären zwischen Rad und Kircheneingang zusätzlich 80 Stufen gewesen.
Langsam schob ich aus dem Klostergelände hinaus und prüfte, ob es noch eine vernünftige Fotoposition gäbe. Aber alles lag so dicht beieinander, so dass immer nur Ausschnitte aufzunehmen gewesen wären und das genügte mir nicht. Ich dachte bereits an die Fahrt mit Angelika im nächsten Jahr.

Vor der Abfahrt sah ich noch das Ortsendeschild mit der Entfernungsangabe bis Santiago: 790 km. Das entsprach ungefähr noch einem Drittel des zu fahrenden Pilgerweges. Oh, wie fühlte ich mich stolz. Dazu kam die Erkenntnis, dass die Straße bergab ging und das blieb lange so. Der Himmel war inzwischen wolkenlos und die Wärme angenehm, anders als heute Morgen bei der Abfahrt in St.Jean-Pied-de-Port. Einmal gab es Serpentinen zum Alto de Erro rauf, aber mit 801 m Höhe fast nicht der Rede wert. Ich nahm mir Pamplona als Ziel vor, mit rund 50 km Entfernung ohne weiteres erreichbar.

Mein Augenmerk galt beim Erreichen von Pamplona wie sonst auch immer eventuellen Schildern mit Texten wie Centre oder Touristinfo. So lange ich solche Schilder sah, war alles klar. Aber plötzlich fehlten sie. Wo war ich und wo war die TI?

Zuerst fragte ich einen jungen Mann, der mich auf Englisch zu einem Platz verwies, wo ich am besten erneut fragen solle. Ich fand den beschriebenen Platz und sah einen alten Mann auf einer Bank sitzen. Ihn fragte ich nach der TI. Seine müden Augen waren schlagartig lebendig und sprühten vor Lebensfreude. Vielleicht hatte ich ihm einen Gefallen getan, als ich ihn ansprach und er fühlte sich dadurch gebraucht. Seine spanische Information verstand ich zwar nicht, aber seine Handbewegungen halfen. Es dauerte nicht lange und bald fand ich die TI.

Es war Samstagnachmittag und ich war skeptisch, ob sie geöffnet sein würde. Wäre bei uns in Friedberg oder in Augsburg am Samstagnachmittag die TI offen? In Pamplona schon! Mir fiel ein Stein vom Herzen.

Eine der Damen erklärte mir anhand des Stadtplanes, wo die beiden Refugios liegen, und zeichnete mir die Wege ein. Dann machte ich mich auf die Suche nach der großen Unterkunft, die sich am Rande des Zentrums befindet.

Auf dem Rad fahrend, in einer Hand den Stadtplan haltend und immer nach vorne auf Verkehr und Fußgänger achtend, links und rechts die Straßennamen suchend, gelang es mir problemlos, mich zu verfahren. Als ich eine Radlergruppe mit Gepäck vor einem Haus stehend sah, nahm ich an, dass dies das Refugio sein musste. Warum sollten sonst Radler vor einem Haus stehen, wenn dies nicht die Unterkunft war? Auf meine Frage hin wurde ich über meinen Irrtum aufgeklärt. Ein paar Straßen weiter sei mein Refugio. Diesmal fand ich aber gleich hin.

Vor dem Haus war ein größerer Platz mit hohen Bäumen, so dass kein Sonnenlicht auf den Boden kam. Das Haus selber mit seiner strengen Front sah aus wie ein Kloster. Kein Mensch war weit und breit. Unsicher und doch mutig klingelte ich. Einen Augenblick später öffnete ein Mann und bevor ich etwas sagen konnte, deutete er mir, dass ich das Rad abstellen und mit dem Gepäck folgen solle.

In der kleinen Halle, von der eine Treppe nach oben führte, stand ein Schreibtisch und gegenüber ein Internet-PC. Der Mann stellte einen Beleg mit einer Bettnummer aus, gab ihn mir, stempelte meinen Pilgerpass und deutete wieder, dass ich ihm folgen solle.

Wir gingen die Treppe rauf und in einen der Räume, wo er mir mein Bett zeigte. Es war das Obere von einem der 7 Hochbetten.

Als ich meine Radtaschen abstellte, hörte ich jemand gellend „Ulli" rufen. Ich sah mich um und sah – Verena. Sie stand da und machte grade ihr Bett, das obere, fertig, und Michi kümmerte sich um das untere Bett. Wir waren alle drei total überrascht über unser Wiedersehen. Hatte ich die beiden seit heute Morgen in St.Jean-Pied-de-Port doch tatsächlich schon wieder vergessen! Und von wegen, ich würde sie schon im Laufe des Tages einholen – da war meine Trocknungspause am Ibaneta-Pass, und wer weiß, welches Tempo sie gefahren waren.

Das Rad durfte über Nacht in der Empfangshalle abgestellt werden. Dabei hatte ich nicht bemerkt, dass die beiden Räder vor meinem die Räder von Verena und Michi waren. Nach den gegenseitigen Erzählungen über die Erlebnisse des Tages gingen die beiden in die Stadt zum Einkaufen, da sie schon abendfein waren. Ich dagegen suchte nach der Duschmöglichkeit.

Für die sechs Schlafräume gab es drei Dusch- und drei Toilettenräume, aber auf dem Stockwerk verteilt. Außerdem gab es eine Küche und einen Aufenthaltsraum, der aber mit seinen 10 Sitzplätzen ganz sicher viel zu klein war.

Vor allen Duschräumen standen schon Leute an. Ich reihte mich in der kleinsten Schlange ein.

Als ich wieder zu meinem Bett ging, um alles für die Nacht herzurichten, kam ein neuer Gast, dem das Hochbett neben mir zugewiesen wurde. An der etwas anders klingenden spanischen Aussprache erkannte ich sofort, dass er ein Deutscher sein musste. Es entwickelte sich der abends übliche Pilger-Smalltalk, woher, seit wann, wohin, bis wann usw. Er hieß Christoph und kam aus dem Süden Stuttgarts. Mit dem Zug war er über Paris nach Le Puy gefahren und von dort zu Fuß unterwegs. Sein Ziel war auch Santiago. Allerdings brauche er nun unbedingt einen Hut, denn der Kauf sei für ihn wichtiger als das Essen. Der heutige Sonnenschein habe ihm fast das Hirn geschmolzen.

Ich fragte ihn, ob wir denn nicht gemeinsam Pamplona entdecken wollen. Begeistert sagte er sofort zu. Als er vom Duschen zurückkam, brachen wir auf. Die Hutfrage war bald erledigt. Dann hielten wir Ausschau nach einem Esslokal. Wir wollten uns erst aufgrund der Angebote in den Speisekarten festlegen, wonach es unserem Gaumen am meisten gelüstete. Den Zuschlag erhielt ein Lokal, das die schönste Paella[26] ausgestellt hatte. Wir aßen Ensalada und Paella, und dazu gab's ein Bier vom Fass.

Der Rückweg führte über die Plaza Major, von der aus ich mit Angelika telefonierte. Omi und Opa waren heute bei ihr zu Besuch und wollten soeben nach Hause fahren. Alle waren froh, wieder von mir zu hören.

Zurück zum Refugio ging's über einen Minimarkt, in dem wir uns noch eindeckten. Für mich gab's eine Hartwurst und als Betthupferl eine Dose Bier.

Im Refugio traf ich dann auch wieder Michi und Verena, und mit Christoph setzten wir uns im Aufenthaltsraum zu einem gemütlichen Plausch zusammen. Vor allem fachsimpelten wir über unsere Unterlagen. Dabei wurde ich fast neidisch, als ich die Straßenkarten von Michi sah. Er hatte damit den Überblick, den ich mir manchmal wünschte. Michi aber fand meinen Radpilgerführer prima.

Christoph erzählte uns, dass er bei Beginn seiner Fußpilgerei in Le Puy, ohne etwas gekauft zu haben, schon 200 € weniger in der Tasche hatte. Er war im Zug von Paris nach Le Puy bestohlen worden.

Mit anderen Fahrgästen saß er in einem Liegewagenabteil. Als er müde wurde und schlafen wollte, steckte er seine Geldbörse in eine Hose, die er zu einem Kissen zusammenwickelte und unter den Kopf legte.

Als er in der Morgendämmerung wieder zu sich kam und auf die Toilette gehen wollte, wunderte er sich darüber, dass die Hose auf dem Boden lag. Er dachte nichts Schlimmes, weil er das während des Schlafes selbst getan haben könnte. Auf dem Weg zur Toilette hörte er zwangsläufig eine Frau, die beim Telefonieren sagte, sie sei bestohlen worden. 400 € seien verschwunden. Über diese Information erschrocken ging Christoph wieder in sein Abteil zurück, um sein Geld in der Börse zu prüfen. Schon als er die Hose aufwickeln wollte, bemerkte er, dass sie anders zusammengelegt war. Beim Öffnen der Börse stellte er dann fest, dass die großen Scheine fehlten, insgesamt 200 €.

---

[26] Spanisches Reisgericht mit verschiedenen Fleisch- und Gemüsestückchen, aber auch mit Früchten des Meeres

Michi und Verena hatten nachts beim Wildcampieren schon mehrfach seltsame Geräusche gehört, aber bisher war noch nichts Unangenehmes passiert. Das Waschen beim Zelten geschah immer dann, wenn sich eine Wassergelegenheit fand. Gegessen wurde auch stets, wenn es eine Gelegenheit zum Einkauf gab. Danach wurde für die Pause und ein Schläfchen ein gemütlicher bzw. besonderer Platz, z. B. mit toller Aussicht, gesucht. Bisher hatten sie nur sehr selten ein festes Quartier wie hier in Pamplona oder St.Jean-Pied-de-Port aufgesucht.

Auch andere Übernachtungsgäste hatten das Bedürfnis, sich noch etwas zu unterhalten. Zwei Frauen kamen herein und fragten, ob sie auch Platz nehmen dürften. Die eine war Österreicherin und die andere kam aus den USA.

Ein weiteres Frauenpärchen kam, die sich in Portugiesisch unterhielten. Als eine aus ihrer Tasche 2 Joghurts holte, die beide genossen, sagte ich spaßeshalber „das wär's, so was gibt's abends zu Hause immer als Betthupferl". Was passierte? Die Frau holte aus ihrem Rucksack noch einen Joghurt und einen Löffel, und schob ihn zu mir. Ich war verdattert. Wie konnte das sein, dass die mich verstand? Vermutlich aufgrund meines dummen Gesichtsausdruckes erklärte sie in Deutsch, dass sie meinen Traum schon verstanden hätte. Deutsch sei ihre Muttersprache. Oh Gott, war mir mein lockeres Mundwerk peinlich. Ich wollte meine Aussage als Spaß verstanden wissen. Die Rückgabe des Joghurts lehnte die Frau aber ab. Ich solle nun auch zu dem Gesagten stehen. Alle, die Deutsch verstanden, lachten oder lachten mich vielleicht aus. Ich bedankte mich und genoss den Joghurt.

Der zwanzigste Tag

Pamplona – Logrono

Fast alle, mindestens aber ich, wurden brutal aus dem Schlaf gerissen, als um 6 Uhr das Licht eingeschaltet wurde und der Ruf „Buenos Dias" ertönte. Der Geräuschpegel stieg schlagartig steil an und hektische Aktivitäten brachen aus. Jeder rumpelte aus seinem Bett und wollte zuerst auf der Toilette sein.

Für mich ging eine schlechte Nacht zu Ende. Ich war wegen der Hitze sehr oft aufgewacht, und das Einschlafen danach war aufgrund der vielen Geräusche schwierig. Erst am frühen Morgen war ich längere Zeit wirklich weg. Umso schlimmer war dieses aus-dem-Schlaf-reißen.

Als Waschvorgang genügte aus Zeitgründen das Waschen des Gesichtes.

Ab 7 Uhr konnte man ein Frühstück haben, das in diesem Refugio beim Anstellen in bar bezahlt werden musste. Drei Klosterfrauen teilten Kaffee und Tee aus, und der Rest war Selbstbedienung: alte, trockene Croissants bzw. in Folie eingeschweißte kleine Kekse und kleine Flaschen Orangen- bzw. Grapefruitsaft. Alle, die ein Frühstück haben wollten, bekamen beim Bezahlen ein kleines kartoniertes Jakobsbildchen, quasi als Beweis für die Bezahlung, das beim Verlassen des Frühstückraumes wieder abgenommen wurde.

Die Empfangshalle im EG, in dem die Räder, der Internet-PC und der Empfangsschreibtisch standen, war höchstens 30 qm groß. Und zu diesem frühen Zeitpunkt war alles schwarz vor Gästen und abgestellter Rücksäcke bzw. Packtaschen. Zeitweise ging nichts mehr vor und zurück.

Als die ersten Leute das Haus verließen, entspannte sich langsam die Lage. Ich hatte etwas Panik, weil aus dem Stadtplan mein Weg aus der Stadt heraus Richtung Santiago nicht hervorging. Da hatte ich die Idee, Michi und Verena zu fragen, ob ich mit ihnen bis zum Verlassen der Stadt fahren dürfe. Sie waren einverstanden und um 7:30 Uhr fuhren wir los.

Wie erwartet fanden wir mit Michis Karte aus der Stadt hinaus und auch die N111, die Richtung Santiago führt.

Aber kaum hatten wir nach der Stadt den ersten Kreisverkehr erreicht, stieg die Spannung, denn alles, was wir sahen, war eine einzige Baustelle mit vielen verwirrenden rot-weiß-gestreiften Begrenzungsplatten. Der Wegweiser nach Cizur stand im Widerspruch zu der Karte. Was tun? Wir fuhren dem Wegweiser nach und hofften, dass er auch tatsächlich stimmte. Und er stimmte.

Die N111 führt parallel zur neuen Autobahn A12 Richtung Westen, aber es gab keinen Straßenverkehr mehr. Wir sahen immer wieder jede Menge von Autos in der Ferne, hier jedoch konnten wir entspannt allein auf einer großen Straße fahren. Es bestätigten sich damit Informationen, die ich vor der Pilgerfahrt gelesen hatte.

Die beiden jungen Leute legten ein kräftiges Tempo vor und ich konnte nur mit Mühe folgen. Damit hatte ich nicht gerechnet. Ich hatte mich stärker eingeschätzt und musste erkennen, und akzeptieren, dass die Kraft eines 59-Jährigen nicht mehr mit der von 25-Jährigen zu vergleichen ist. Sofort fiel mir Heinz, mein Jakobsmentor, ein, der beim Radeln manchmal gesagt hatte, ich solle erst mal in sein Alter kommen. Am Ende der Serpentine von Herrsching nach Andechs sagte er immer „Servus, heute trinke ich ein Weizen." Damit war gemeint, dass ich mit den selbstgeholten Getränken bereits einen Platz gefunden hätte, bis er im Biergarten auftauchte. Aufgrund solcher Späße hatte sich im Unterbewusstsein der Irrtum festgesetzt, ich sei stark. Und nun zogen mir zwei junge Menschen den „Zahn"...

Bei den Steigungen wurde der Abstand zu mir immer größer. Mitverantwortlich war auch die Schaltung, die weiter Probleme bereitete. Die Kette sprang nicht mehr komplett auf das kleinste Ritzel, was mich zunehmend ärgerte. Aber Michi versuchte zu helfen, indem er hinter mir herlief und das Stellrad veränderte. Ich glaubte auch, dass dadurch das Schalten wieder besser klappte. Unangenehm war nur die Erinnerung, dass Michi in St.Jean-Pied-de-Port, also vor über 100 km bereits durch eine Änderung der Einstellung eine Verbesserung erreicht hatte. Und jetzt schon wieder dasselbe. Verstellte sich hier etwas selbständig? Ich hatte noch rund 650 km bis Santiago zu fahren! Böse Ahnungen wollten sich einstellen, doch ich drückte sie einfach weg, weil nicht sein konnte, was nicht sein durfte! Bergab lief mein Rad deutlich besser als die alten Schinken und ich holte die Jugend wieder etwas ein. Aber – es gab mehr Steigungen als Abfahrten. Einige Male warteten sie auf mich.

Es war inzwischen wieder sehr heiß geworden und der Durst entsprechend groß.

Erstaunt las ich den Namen auf der Ortstafel: Puente la Reina. Das ist der Ort, von dem so viele wunderschöne Fotos der alten Pilgerbrücke über den Rio Arga existieren. Ich war gespannt, wie sie in der Realität aussehen würde, denn ich wollte unbedingt auch einige Fotos davon schießen. Fotos sehen ist das eine, Fotos von schönen Objekten schießen, ist die andere, viel schönere Sache. Gleich zu Beginn des Ortes mussten wir laut Wegweiser links abbiegen.

Was auf uns zukam, irritierte nicht nur mich. Plötzlich war Lärm in der Luft, Discomusik wurde immer lauter, junge Männer torkelten umher. Dreck, jede Menge leere Zigarettenpackungen, Getränkebecher, Lebensmittelreste, leere Flaschen, auch zertrümmerte, lagen auf der Straße. Wir mussten dem Unrat ausweichen, der auf der Straße lag, aber auch manchen Menschen, die schreiend und wild gestikulierend auf uns zukamen. Einige warfen mit ihren Semmeln und Eiern auf uns. So etwas hatte ich bisher weder gesehen oder gelesen, noch hatte ich das überhaupt irgendwann erwartet. Nach den positiven Gedanken vor wenigen Minuten war das ein Schock.

Rechts entdeckte Michi eine Bäckerei, die offen hatte, und in der Leute einkauften. Wir stoppten und gingen, ja retteten uns da hinein. Es war auch der Duft nach frischem Gebäck, der unseren Hunger wachküsste, auch wenn es erst kurz vor 9 Uhr war.

Mit unserem Einkauf machten wir eine kleine Pause vor dem Geschäft, aber fast mitten drin in dem grölenden Mob. Doch jetzt kümmerte sich niemand mehr um uns, es gab keine Anpöbelei mehr.

Wenige Meter, nachdem wir wieder losgefahren waren, mussten wir erneut stoppen. Klar – wir wollten grade über eine Brücke fahren, als ich rechts von uns die alte berühmte Pilgerbrücke in ihrer vollen Schönheit entdeckte und meine beiden Mitfahrer alarmierte. Sie hatten von dieser Brücke noch nie etwas gehört..., waren aber später sehr dankbar dafür, dass ich sie schlau gemacht hatte. Der strahlend blaue Himmel und das alte Bauwerk – ein Traum von einem Bild!

Auf der Fahrt nach Estella einigten wir uns darauf, dass wir dort etwas Essbares einkaufen wollten, um dann eine gemütliche Pause zu machen. Wir hofften, dass trotz des Sonntags die Geschäfte geöffnet hätten. In den Urlaubsländern ist die Regelung selten so streng wie in Deutschland. Aber keiner von uns dreien hatte diesbezüglich einschlägige Spanienerfahrungen.

In Estella dauerte es nicht lange, bis Michi einen Laden entdeckt hatte. Als wir drin waren, staunten wir, wie viele Leute einkauften. Und dafür hatten sie nur bis 12 Uhr Zeit, dann schloss der Markt. Also gab es in Spanien am Sonntag auch Einkaufsbeschränkungen.

Das war uns egal, denn nun konnten wir uns versorgen. Interessiert beobachtete ich, dass Verena streng auf die Qualität der Gebäcke aufpasste. Auch Milch und Joghurt kaufte sie, Obst und Getränke sowieso. Später bei der Pause im Park, der nicht weit weg war, gab's für mich die Erklärung. Sie hatten zwei Plastikschüsseln in der Größe von Tellern, in denen Verena Müsli zubereitete.

Im Schatten und auf dem Rasen sitzend und essend, sahen wir einem Radrennen für Kinder zu, dessen Rundkurs auch durch Teile des Parks führte. Die etwa 30 Teilnehmer waren professionell angezogen mit Helm und Radrennkleidung. Dem Führenden voraus fuhr ein Polizeimotorrad mit Blaulicht und Sirene. Das Schlusslicht war ein kleinerer Junge mit vielleicht 10 Jahren. Als wir ihn zum dritten Mal vorbeifahren sahen, gab er auf. Vermutlich deshalb, weil der Abstand zu den anderen inzwischen viel zu groß geworden war.

Nun waren Michi, Verena und ich nicht mehr abgelenkt und konnten uns unterhalten. Dabei machte Michi den Vorschlag, eine Pause mit Schläfchen und Lesen bis 16 Uhr zu machen und dann erst weiterzufahren. Ich fand den Vorschlag gut, aber nicht für mich. Ich wollte lieber nach einer Stunde Pause trotz Hitze weiterfahren. Dadurch würde ich früher am Tagesziel ankommen und hätte eine bessere Chance auf eine Unterkunft. Wenn wir um 16 Uhr losfuhren und nichts fänden, dann hätten die beiden immer noch ihr Zelt. Und ich?

Damit war die Trennung eingeleitet. Ich lobte beide als sehr nette und hilfsbereite junge Leute, die in einem Alter so eine große Fahrt unternehmen, in dem ich vergleichsweise noch nicht die Möglichkeit hatte. Und sie sollten mir nicht böse sein, wenn mein Jakobsfahrplan etwas anders aussähe. Außerdem wollte ich ihnen nicht zur Last fallen und eigentlich nur mit ihnen gemeinsam den Weg aus Pamplona hinaus finden.

Nachdem ich an einem der im Park installierten Wasserspender meine Flaschen aufgefüllt hatte, brach ich um 12 Uhr auf und fuhr alleine los. Mein Blick suchte immer Wegweiser mit dem Namen Logrono. Dadurch wurde wohl unterschwellig das Tagesziel personifiziert.

Der Weg aus Estella war eine einzige lange Steigung, und das in der prallen Sonne zur heißesten Tageszeit - die Temperatur war inzwischen auf 34,7° C gestiegen! Aber zu keinem Zeitpunkt bereute ich meine Entscheidung, früher aufzubrechen. Sehr sehr selten bekam ich auf der luxuriösen Nationalstraße ein Auto zu sehen.

Erst viele Kilometer später nach langer angenehmer Fahrt, begannen bei Sansol mehrere Steigungen, die ganz schön anstrengten, auch wenn es nach jeder Steigung wieder ein Stück bergab ging. Ein paar Mal schob ich auch, weil ich auf diese Art weniger schwitzte. Dennoch lief mir der Schweiß vorn und hinten hinunter, und ich unterließ deshalb auf diesem Abschnitt das Fotografieren. Ich wollte vermeiden, dass über die Hand bzw. Finger Feuchtigkeit an oder vielleicht sogar in die Kamera kam. Mich erinnerten die etwa fünf Kilometer an ein „Waschbrett" für Riesen: steil bergauf, dann ein paar Meter auf gleicher Höhe fahren, teilweise mit toller Aussicht, auch auf die nächste Steigung, und dann wieder flott bergab.

Weit vor mir kamen aus einer Seitenstraße zwei Mountainbikefahrer, die in meine Fahrtrichtung einbogen. Sie hatten Rucksäcke und einen kleinen Gepäckträger unter dem Sattel, so dass ich annahm, sie wären auch Pilger. Der Erste fuhr ein Tempo, das in etwa meinem entsprach. Beim Zweiten wunderte ich mich, dass er nicht schneller fuhr. Als ich auf- und ihn überholte, hörte ich warum. Seine Kette machte an den Ritzeln das typische Geräusch, wenn ein Gang nicht einrastet, und das bei einem kleinen Gang, denn er trat schneller als ich, kam aber kaum vom Fleck.

Während dieser Beobachtungen und den Gedanken, welch armer Kerl das sei, und wie weit er wohl noch zu fahren habe, bemerkte ich nicht sofort, dass die Straße nun bergauf ging.

Ich musste auch schalten und wurde von meiner Realität eingeholt: auch ich hatte ja Schaltungsprobleme. Ich schaltete auf das kleinste Ritzel, aber die Kette sprang wieder auf das zweite. Auch der zweite und der dritte Versuch brachten nicht das Ergebnis, das ich wollte. Die Steigung war inzwischen so steil, dass es der erste Gang sein musste. Ich drückte den Schalthebel wieder und ließ diesmal den Daumen am Schalter, also in gedrückter Position. Nun blieb der erste Gang drin. Ich war wiederholt enttäuscht über meine Situation, denn ich glaubte zu Hause doch mein Fahrrad für die lange Fahrt gut vorbereitet zu haben. Fast 14 Jahre fahre ich mit diesem Rad kleinere und größere Touren, und hatte noch nie Probleme. Und Probleme tauchten ausgerechnet jetzt bei meiner Jakobspilgerfahrt auf. Oh was war ich sauer!

Und doch war ich auch froh, dass ich in dem letzten Dorf der Versuchung widerstanden hatte, den ersten Biker zu überholen. Da hätte ich mich kräftig blamiert. Denn oben am Ende der Steigung, kurz bevor es wieder runter ging, suchte ich die nächste Steigung ab und sah den Radler nirgends. Also war er schneller unterwegs als ich. Nach den 6 oder 7 „Waschbrett"steigungen war die Straße wieder traumhaft gerade, mit leichtem Gefälle, das allerdings der leichte Gegenwind neutralisierte.

In der Ferne sah ich eine wachsende Zahl von Häusern auftauchen, von denen ich vermutete, dass sie zu Logrono gehören würden. Die Hitze war sehr stark, aber wahrscheinlich auch meine Körpertemperatur durch die schon lange Fahrt. Doch den Durst, den ich verspürte, wollte ich erst löschen, wenn ich Logrono erreicht hatte.

Es war Logrono und die vermutete größere Stadt, den vielen Wegweisern nach zu schließen. Wohin aber musste ich fahren? Plötzlich war neben meiner Straße ein Radweg, auf den ich einbog, aber der führte in eine Richtung, die mir zunächst nicht geheuer vorkam. Über das leicht hügelige Gelände hinweg sah ich Radler vor mir, die auf einmal weg waren. Langsam stellte sich wieder das tägliche Gefühl der Unsicherheit ein, wenn es an die Suche nach einem Quartier ging. Wie oder wo würde ich es finden?

Der Radweg hatte von der bzw. den Straßen weggeführt... Ich erreichte eine Baumgruppe, hinter der sich die ersten Häuser, zum Teil vornehme Häuser mit Gärten anschlossen. Der Radweg führte weiter durch einen Park an einen Kreisverkehr, an dem ich das entsprechende Schild für das Refugio sah. So etwas hatte es bisher noch nicht gegeben. Ich fuhr dem Schild nach, bemerkte nur ganz am Rande, dass ich den Rio Ebro überquerte, und war binnen Minuten in der Gasse mit dem Refugio.

Kaum hatte ich den Hof betreten, kam mir eine Frau mit ernstem Gesicht entgegen, ergoss eine spanische Wortflut über mich, und das Ganze mit Gesten unterstützt. Gleichzeitig schob sie mich wieder etwas rückwärts bis zu einem Blatt Papier, das an der Toreinfahrt hing. Dort konnte ich aufgrund des Piktogramms lesen, dass hier keine Radpilger aufgenommen würden. Diese müssten ein paar Straßenzüge weiterfahren und könnten dort in einem „Pabellón Deportivo" übernachten.

Im Augenwinkel sah ich, dass ein weiterer Radpilger ankam, der aber die Hinweise für mich nicht mitbekommen haben konnte. Jetzt galt es, wie immer recht schnell zur Unterkunft zu kommen. Denn, wer zuerst kommt, mahlt zuerst...

Der Weg zum Pabellón Deportivo war einfach und leicht einzuprägen. Sofort schnappte ich mein Rad und fuhr los. Das Gebäude mit der Aufschrift „Pabellón Deportivo" lag in einem Grundstück, das mit Eisengitter abgezäunt war. Ich schob mein Rad durch das geöffnete Gitter zur Tür und ging ins Gebäude hinein.

Von dem Anblick war ich total überrascht und sofort war auch der Begriff klar. Es handelte sich um eine Sport- bzw. Mehrzweckhalle. Von der Zuschauerebene aus konnte ich nach unten auf ein großes Matratzenlager sehen. In einer Ecke des Lagers saßen einige Jugendliche mit Rucksäcken, die sich unterhielten. Ich aber stand vor einem kleinen Tisch mit Unterlagen und einem Stuhl, was bedeutete, dass hier der Empfang war, an dem aber niemand saß.

Ich wartete ein paar Sekunden und rief dann einige Male „Hallo". Es gab keine Antwort und ich konnte auch nirgends jemanden sehen. Die Jugendlichen scherten sich nicht um mich. Ich ging wieder aus dem Haus, um zu sehen, ob ich draußen jemand fand. Aber nur auf der Straße sah ich eine bekannte Erscheinung, die gerade vorbeifahren wollte.

Es war der Radler, der nach mir an dem Refugio angekommen war. Er suchte wohl auch das Pabellón Deportivo. Ich pfiff und er schaute rüber. Mit Winken deutete ich ihm, dass er hierher kommen solle. Er kam, lachte

und bedankte sich auf Spanisch. Meine Antwort kam auf Deutsch. Für mich sehr überraschend fragte er dann in Deutsch: „Oh, aus Deutschland?"
Beide gingen wir in das Haus und ich zeigte ihm den leeren Tisch. Nun ergriff er die Initiative und rief mit mehreren Wörtern. Ein paar Sekunden später kam irgendwoher eine quäkende Antwort. Kurz darauf war ein laufender „Gartenzwerg" zu sehen: Ein kleiner Mann mit Glatze, Nickelbrille, weißem Rauschebart und im Unterhemd kam eine der Treppen herauf und redete ohne Unterbrechung.

Der neue Radler übersetzte mir, dass wir in das Massenlager hinunter gehen und uns zuerst um uns selber kümmern sollten. Das sei wichtiger, die Anmeldung könne später immer noch erfolgen.

Wir schnappten beide unsere Räder und wollten hinter das Gebäude fahren, was aber eine Treppe verhinderte. Da jeder von uns zu faul zum Abladen des Gepäcks war, halfen wir einander, die Räder hinunter zu tragen und betraten die Spielfläche der Halle von einem Außenspielplatz her.

Wir wählten eine Matratze am Rand des Lagers und hatten damit unsere Räder so nahe wie möglich bei uns, weil sie gleich an der Wand abgestellt werden konnten.

Wie in einer Sporthalle üblich, gab es einen großen Umkleideraum, viele WC's, Duschen und Waschgelegenheiten; alles aber doppelt, für Männlein und Weiblein getrennt. Diese Infrastruktur befand sich unterirdisch unter dem Eingangsbereich.

In solch großzügigen öffentlichen Bereichen hatte ich noch nie geduscht. Die vielen Waschbecken nutzte ich wieder für eine Hemdenwäsche, denn manche Stellen rochen nicht mehr frisch. Die letzte Wäsche war immerhin schon eine Woche her.

Zum Trocknen reichten die enorme Hitze und das aufgeheizte Mauerwerk, das den Außenspielplatz begrenzte. Ich legte einfach die nassen Klamotten auf die Mauern in die pralle Sonne.

Zum zweiten Mal sah ich auf meiner Pilgerfahrt einen Wasserspender, der neben dem Spielplatz stand. Auch hier war das Wasser recht kühl, schmeckte gut und ich konnte, da kostenlos, mich ordentlich voll laufen lassen.

Nachdem wir uns gereinigt und ein wenig ausgeruht hatten, stellten wir uns einander vor. Er, seinen Namen habe ich inzwischen vergessen, stammte aus Brasilien. Dort habe er mehrere Sprachen gelernt: Deutsch, Englisch und Französisch. Zur Vertiefung der Sprachkenntnisse habe er bereits in London und Berlin gelebt. Seit einigen Jahren lebe er zur

Verbesserung der französischen Sprache in Paris, wo er als Journalist arbeite. Seine Hoffnung sei, in den nächsten Jahren von seinem Arbeitgeber nach Deutschland geschickt zu werden. Am liebsten wäre ihm dann Berlin oder München. Sein Mountainbike sehe deshalb so schmutzig aus, weil er seit Le Puy den Fußweg der Jakobspilger fahre, sagte er.

Ich erzählte ihm, dass ich aus der Nähe von München stamme und von dort mit dem Fahrrad hierher gekommen sei. Mein Weg führe zwar auf Straßen entlang, aber immer orientiert und abends endend an den typischen Jakobswegorten. Unser beider Ziel war Santiago. Die Unterhaltung war auf Deutsch nicht immer einfach, weil ihm manchmal die richtigen Worte fehlten, sodass wir auf Englisch ausweichen mussten.

Auf meinen Vorschlag hin gingen wir gemeinsam Richtung Stadtmitte, um unseren Hunger zu stillen und vielleicht etwas zu besichtigen.

Am großen Platz vor der Kathedrale fanden wir in den Arkaden ein Lokal mit Spezialitätenangeboten. Bei einer Eisbar entdeckten wir ein Riesenangebot und gaben der Versuchung nach, uns eine große kalte Schlecknachspeise zu leisten.

Beim langsamen Spazieren durch die Gassen und Straßen merkten wir beide, dass wir eigentlich müder waren, als wir glaubten. Wir machten uns deshalb auf den Rückweg, besichtigten aber noch die Kathedrale.

Zurück am Matratzenlager gab es für den Brasilianer eine Überraschung: Es waren weitere Mountainbiker eingetroffen, die er auf seinem Weg kennen gelernt und vor einigen Tagen zuletzt gesehen hatte.

Ich war immer noch ziemlich kaputt nach den 96 gefahrenen Kilometern. Da ich außerdem sehr gut in der Zeit bezüglich des Abflugtages lag, noch keinen Tag Verlust hatte und das Ende absehbar war, informierte ich beim täglichen Telefonat meine Angelika, dass ich mir morgen einen Tag Fahrpause zur Erholung genehmigen würde. Zwar müsste ich bis 8 Uhr das Pabellón Deportivo verlassen haben, könne aber morgen bestimmt wieder hier übernachten, weil offenbar genügend Platz frei bleibe.

Bei der Anmeldung beim „Gartenzwerg", dem Verwalter des Massenquartiers, sah ich viele angebotene Unterlagen über den Jakobsweg liegen. Erst durch meinen Brasilianer wurde ich auf eine Fotokopie eines Wegprofils und das Faltblatt Camino de Santiago aufmerksam. Ich studierte beide Papiere ausführlich und staunte sehr über die konkreten Höhen- und Streckenangaben.

Im Vergleich mit meinem Radpilgerführer ergab sich für meinen restlichen Jakobsweg ein ganz anderer Eindruck. Die Vorlagen waren offensichtlich total auf die Fußpilger zugeschnitten, weil sie jeden Ort der Strecke enthielten. Trotzdem halfen mir beide Papiere weiter, weil ich erstmals die Etappendetails meiner Reststrecke auf einem Blick sah.

Mit einem Kuli in der Hand entwickelte ich auf der Rückseite meiner Gesamtstrecken-Ortsliste ganz langsam meine restlichen Tagesetappen und -ziele. Entscheidungshilfen waren die Entfernung, die zu überwindenden Höhenmeter, die Übernachtungs- und Einkaufsmöglichkeiten. Außerdem entschloss ich mich, meinen Geiz zu beenden und mir gleich morgen früh eine Straßenkarte der Art zu kaufen, wie sie Michi gehabt und ich etwas neidisch bestaunt hatte.

Nach dieser Vorbereitung fühlte ich mich irgendwie glücklich und stolz über den heutigen Tag, und dankte meinem Gott und Jakobus.

Als es draußen dämmerte, wurde das Licht bis 22 Uhr eingeschaltet. Zum Zeitpunkt des Abschaltens waren wir max. 20 Personen in dem für 120 Gäste vorbereiteten Massenlager.

Unangenehm überraschend war, als ich erkannte, dass ich direkt unter der Spitze eines Dachträgers lag. Wenn er abstürzte, würde er mich wie ein Schaschlikspieß durchbohren, dachte ich. Allerdings, warum sollte er gerade diese Nacht abstürzen? Gerade in der Nacht, in der ich hier schlief. Unwillkürlich kam mir die Einsturzkatastrophe der Eishalle von Bad Reichenhall in den Kopf. Doch, sie war wohl wegen der Schneelast eingestürzt und hier war kein zusätzliches Gewicht auf dem Dach zu erwarten. Außerdem, ich war auf dem Jakobsweg und in einer guten Sache unterwegs und genoss deshalb die Fürsprache des heiligen Jakobus.

Ich glaube, das waren meine letzten Gedanken vor dem Einschlafen.

Der einundzwanzigste Tag

Logrono - Santa Domingo de la Calzada

Es war 5:45 Uhr, als ich aufwachte. Ich hatte trotz der Hitze und vielleicht wegen des vielen Trinkens ganz gut geschlafen, wollte aber noch nicht aufstehen. Sollte ich wirklich einen Ruhetag einlegen? Was sollte ich denn den ganzen Tag tun, wenn ich nicht auf dem Jakobsweg war? Plötzlich kam mir mein gestriger Plan, heute einen Ruhetag einzulegen, albern vor. War ich denn nicht fit genug? Inzwischen hatte ich doch eine

1900-km-am-Stück-Kondition! Musste ich denn immer so lange Strecken wie an den Vortagen zurücklegen?

Ich erinnerte mich wieder an die Unterlagen mit dem Streckenprofil und meinen Planungsnotizen zu den möglichen Tagesabschnitten. Ganz leise, damit die anderen um mich herum nicht aufwachten, suchte ich meinen Etappenplan und überlegte noch einmal hin und her.

Gegen 6:30 Uhr stand ich auf und ging zur Toilette. Ich hatte das Gefühl, ich könne vor lauter Kraft und Mut nicht mehr laufen. Aus diesem Bauchgefühl heraus entschloss ich mich, heute doch zu fahren. Ich nahm mir nur die kleine Strecke bis Santo Domingo mit 50 km vor. Das entspricht in etwa einer Fahrt nach Neuburg zu meinen Schwiegereltern. Und diese Strecke würde ich schaffen, auch wenn ich im Laufe des Tages schwächer werden sollte, dachte ich mir. Ich fühlte, wie mich der Entschluss zur Weiterfahrt weiter aufbaute.

Von meinem Brasilianer verabschiedete ich mich mit einem Winken und einem lautlosen Bon Voyage und Ultreia.

Ein Apfel, eine Banane, ein Müsliriegel und eine halbe Flasche Wasser, die ich noch einmal auffüllte, mussten als Frühstück reichen. Irgendwie brachte ich es nicht fertig, einfach mit leerem Magen loszufahren. Ich ahnte nicht, dass ich diesen Zustand schon noch erleben würde.

Nach dem mühevollen Transport des Rades und des Gepäckes die Treppe hinauf fuhr ich ins Zentrum der Stadt, und sah immer die Wegweiser nach Burgos, die mich jetzt aber noch nicht interessierten. Die Straßenkarte über meine kommende Strecke musste her – also wo bitte war ein Laden, ein Kiosk? Nur geringer Autoverkehr herrschte auf den Straßen und außer den Bars war kein Geschäft offen, denn es war erst kurz nach 7:30 Uhr. Als ich grade aufgeben und ohne Karte weiterfahren wollte, sah ich einen geöffneten Tabakladen und ging hinein.

Scheinbar hatte der Mann mein Mikrospanisch so weit verstanden, denn er kurvte um seinen Tresen herum, ging zu einem Regal und holte mehrere Kartenpackungen hervor. Eine davon war genau die von Kastilien und Leon, genau die Karte, die ich haben wollte. Binnen Sekunden war ich ein stolzer Kartenbesitzer. Draußen am Fahrrad entfaltete ich erstmals eine vernünftige Karte und konnte mir einen Überblick über meine Tagesstrecke verschaffen.

Zufrieden über die erste gelungene Tat des Tages fuhr ich los Richtung Burgos, das hinter meinem Ziel Santo Domino de la Calzada lag. Jetzt war nur noch das Frühstück ein Thema. War es das?

Trotz relativ langsamer Fahrt aus Logrono hinaus konnte ich keine Bar finden, in der ich mir eine Bocadillo, die spanische Ausgabe eines französischen Baguettes, hätte kaufen können. Es kam noch schlimmer: Die Straße wurde breiter, die Häuser weniger, ein großer Kreisverkehr kam und der Wegweiser nach Burgos war ein Autobahnwegweiser. Was tun?

Wer lesen kann, hat Vorteile... Beim nochmaligen Überfliegen der Hinweisschilder erkannte ich, dass auch das N120-Schild nach Burgos in dieselbe Richtung zeigte wie das Autobahnschild. Sehr gut! Also, auf ging's, ultreia!

Auf dem Seitenstreifen der Autobahn ging es gut vorwärts. Irgendwie war es aber von Nachteil, dass die Straße sehr lange überschaubar war, besonders bei Steigungen. Sie waren zwar nicht sonderlich steil, aber nahezu unendlich, so mein Gefühl.

Durch diese neue Situation und die Gedanken herum war der Wunsch nach einem Frühstück fast verschwunden, als eine Tankstelle auftauchte und danach ein Rasthaus bzw. Hotel. Allerdings waren keine Autos davor oder daneben zu sehen, was für mich keine Gäste bedeutete. Trotzdem fuhr ich die Rampe hoch bis vor die Eingangstür. Dort sah ich, dass die Bar geöffnet hatte.

Schüchtern ging ich mit meiner Radlerkluft rein, setzte mich an den Tresen und bestellte eine Tasse Tee. Ich suchte das Essensangebot ab, aber außer verpackten Croissants sah ich nichts. Etwas enttäuscht gönnte ich mir dennoch eines zu der zweiten Tasse Tee. Während ich so saß, merkte ich, wie mir der Schweiß aus allen Poren drang. War es draußen schon wieder so warm gewesen oder war es der heiße Tee?

Bei der Weiterfahrt dauerte es nicht lange, bis ich an das Ende der Autobahn kam. Der gesamte Verkehr wurde auf eine Trasse geleitet, denn die andere, der Mittelstreifen und der rechte Rand waren noch eine Baustelle.

Ich fuhr eine Zeit lang auf der Baustellentrasse, um schneller und ohne Autos um mich herum vorwärts zu kommen. Gleichzeitig beobachtete ich laufend den Bauzustand, damit ich die Stelle nicht verfehlte, an der ich zum letzten Mal ohne Probleme auf die Autostraße hinüber wechseln konnte.

Als ich diesen Wechsel vornehmen musste, merkte ich erst, welchen Komfort und welche Ruhe ich trotz der nahen Autos die letzten Kilometer hatte. Jetzt war ich wieder auf der normalen Nationalstraße, zweispurig mit einem Randstreifen von ca. einem Meter und auf beiden Seiten ein Auto hinter dem anderen.

Die unruhige Fahrt dauerte nicht lange, weil ich mich Nájera näherte. Dort wollte ich meine Vorräte wieder aufstocken und wieder einen Liter Orangensaft trinken. Ein Supermarkt war schnell an der ehemaligen Durchgangsstraße gefunden. Seitlich davon war ein kleiner Platz, wo ich mich für ein paar Minuten hinsetzen wollte, wenn ich alles am Rad verpackt hatte.

Es kam aber nicht dazu, weil ich auf einmal ein lautes helles „Ulliiiiiiiiiiii" hörte. Ich drehte mich in die Richtung der Straße und traute meinen Augen nicht. Es waren Verena und Michi, begleitet von einem weiteren Radler, einem Holländer, wie ich später erfuhr. Sie kamen gerade an und wollten sich auch hier versorgen. Übernachtet hatten sie in Viana, dem letzten Ort vor Logrono. Dort hatten sie den Holländer getroffen, der seit Den Haag mit dem Fahrrad nach Santiago unterwegs war.

Nach deren Einkäufen fuhren wir weiter: Michi, Verena und ich nach Santo Domingo de la Calzada, und der Holländer alleine durchs Hinterland.

Eine Unterhaltung auf dem Rad war fast nicht möglich, weil wir auf dem Seitenstreifen hintereinander fahren mussten und der Lärm des Straßenverkehrs alles dominierte. Erst als die Umgehung von Santo Domingo erreicht war und wir abbogen, konnten wir uns unterhalten. Ich fragte Michi, ob er sich noch einmal meine Schaltung ansehen könne, weil inzwischen der erste Gang nicht mehr einrastete. Er versprach, sich nach dem Quartierbezug darum zu kümmern.

Jetzt interessierte uns allerdings vielmehr, was sich am Ortsanfang abspielte. Dort waren einige Pilger zu sehen, die vor einem hölzernen Kiosk standen und Sachen bekamen. Das machte uns neugierig.

Es war tatsächlich ein Pilgerempfangskiosk der Gemeinde Santo Domingo – wieder etwas Neues auf der Strecke. Jeder erhielt den Pilgerstempel, einen Stadtplan, in dem die beiden Refugios eingezeichnet waren, und eine Isolierhaut für eine Getränkeflasche. Außerdem war ein Plakat aufgehängt, auf dem die Stadt täglich eine freie Benutzung des Internet-PC's im Rathaus anbot.

Bei dieser Information drehte Michi durch und fuhr mit Verena gleich weiter, das Rathaus zu suchen. Mich interessierte das Internet seit dem Verlassen von Condom nicht mehr.

Mir war der Bezug eines Quartiers wichtiger und fuhr in den Ort hinein, um das erste Refugio, ein Kloster, zu suchen.

Ich schien die beiden Damen bei ihrem Plausch zu stören, denn sie unterbrachen widerwillig ihr Gespräch, als ich näher kam. Auf meine Frage hin wurde mir erklärt, dass ich als Radpilger bis 15 Uhr warten müsse.

Wenn bis dahin noch ein Bett frei sei, würden sie mich aufnehmen. Mit einer solchen Information hatte ich nicht gerechnet, aus Erzählungen aber schon davon gehört.

Zu warten hatte ich keine Lust, denn es gab ja noch ein zweites, das kommunale Refugio, das nur ein paar Meter weiter entfernt in derselben Gasse lag. Allerdings war ich leicht verunsichert, als ich durch das Tor das alte Haus und über eine Treppe den Empfangsraum betrat. Auch da saßen zwei Damen, von denen eine recht streng aussah. Aber sofort verlangte sie nach meiner Frage mein Credencial, meinen Pilgerpass. Mein Herz hüpfte ganz vorsichtig vor Freude, denn das bedeutete, dass ich sofort ein Quartier bekommen würde – trotz Fahrrad. Die zweite Frau bekam den Auftrag, mich zu meinem Bett zu führen.

Beim Eintreten durch das alte Tor hatte ich in einen Schlafraum sehen können und war entzückt, dass mein Bett so nah beim Rad sein würde.

Aber nichts war's! Die Frau führte mich in einen Wohnbereich, wo die Schuhe auszuziehen waren. Ich musste das nicht tun, weil ich keine Wanderschuhe anhatte. Dann ging es weiter, zwei Treppen hoch unters Dach. Dort war quasi eine Wohnung für Pilger eingerichtet: ein großer Raum mit einer Kochecke, einem großen Tisch mit Bänken links und rechts, und an der Mauer zwei Sessel. Aus dem Raum führten drei Türen, eine zum Dusch- und Waschbereich, die zweite zu den WC's und die dritte zum Schlafraum.

Ich war sehr überrascht über dessen Einrichtung. Die Bettgestelle standen lediglich so weit auseinander, dass nur ein Fuß dazwischen passte. Das Gepäck musste in dem 1 Meter breiten Gang vor dem Bett abgestellt werden, dann begann bereits die nächste Bettreihe. Die Balkenkonstruktion allerdings war schon etwas Besonderes und beeindruckte mich so, dass ich Fotos davon schoss.

Auf einigen der Betten lagen schon Leute, zum Teil schlafend. Das waren wohl die Fußpilger, die bereits am frühen Morgen, noch bei Nacht aufbrachen, um bis Mittag ein neues Quartier zu finden. Damit hatten sie sich einige Stunden Hitze erspart und konnten eine bequeme Siesta halten.

Ich wählte mir ein Bett ziemlich nah am Fenster, damit sich eventuelle Darmgerüche schneller verflüchtigen könnten. Dann blieb mir nichts anderes übrig, als mein Gepäck 2 Stockwerke hochzuschleppen. Das Rad konnte ich im Garten abstellen, wofür es extra zwei große Radständer gab. Um dort aber hinzukommen, musste ich durch den Schlafraum schieben, den ich vom Haustor aus gesehen hatte.

Nach meiner Körperpflege kümmerte ich mich um die Wäsche. An beiden Hemden waren Benutzungsspuren unübersehbar und die Radlerhose stand durch die Menge der gespeicherten Schweißkristalle fast alleine. Toll fand ich hier die angebotenen Waschgelegenheiten: Es gab im Garten zwei große Waschbecken und jede Menge von Wäscheleinen. Aber an die Waschbecken zu kommen, war nicht so einfach. Zwei Frauen bearbeiteten ihre Schmutzwäsche in aller Seelenruhe. Als eine endlich fertig war, konnte ich gar nicht so schnell hingehen, wie sich eine andere, dritte Frau vordrängte. Die ignorierte mich total und stand plötzlich vor mir am Waschbecken. Mangels Sprachkenntnisse konnte ich nicht reklamieren. Außerdem wollte ich als Deutscher nicht unangenehm auffallen. Deshalb akzeptierte ich die Situation widerwillig. Als die Frau endlich fertig war und zur Wäscheleine gehen wollte, sah sie mich. Ihrer Reaktion nach bemerkte sie ihre Frechheit und entschuldigte sich, was ich ignorierte.

Langsam meldete sich der Hunger und ich ging los, den Ort zu entdecken und nach einem Esslokal Ausschau zu halten. Aber ich war hirnmäßig noch in Deutschland und hatte trotz der Erfahrungen in Frankreich scheinbar immer noch nicht gelernt, dass im Süden während der größten Hitze der Geschäftsbetrieb weitgehend ruht.

Alle Geschäfte und Esslokalitäten hatten geschlossen, denn es war kurz nach 14 Uhr. Ich ärgerte mich über mich selber. Aus der Hungersituation heraus wäre es vernünftiger gewesen, ich wäre gleich nach der Bettauswahl losgezogen. Die später gewaschene Wäsche wäre bei dieser Hitze bis abends auch noch trocken geworden.

Als ich schon die Suche aufgeben wollte, hörte ich aus einer Bar in einer Seitenstraße Musik und Gelächter. Ich ging dorthin, sah eine geöffnete Tür und eine Speisekarte aushängen. An der Bartheke fragte ich, ob es etwas zu essen gebe. Der junge Mann nickte und zeigte nach hinten. Er deutete damit auf den Restaurantbereich, dessen gedeckte Tische durch die Tür zu sehen waren.

Dort ging ich hin und sofort war eine junge Frau bei mir. Sie bot mir die Menüauswahl an. Ich fragte auf Deutsch nach der Bedeutung der einzelnen Angebote und, welche Überraschung, sie antwortete mir in gebrochenem Deutsch. Sie stamme mit ihrer Familie aus der Ukraine und sei schon als Kind nach Deutschland gekommen. Vor einigen Jahren wechselten sie nach Spanien und führten nun diese Bar bzw. das Restaurant.

Ich entschied mich für Pollo, Hähnchen, als Hauptgang, dazu ein Bier. Zum Gedeck gehörte auch ein Korb von Baguetteschnitten und eine Flasche Wasser, 1,5 Liter kaltes Wasser. So hungrig, wie ich war, griff ich sofort zu. Der gemischte Salat, den ich so lange vermisst hatte, das große Hähnchen und der Berg Pommes frites, das Eis als Nachspeise und die Getränke für 10 Euro sättigten mich über alle Maßen. Ich war zu gierig, um auch nur einen Bissen übrig zu lassen. Der Magen rächte sich, denn eine solche Menge hatte er schon lange nicht mehr zu verarbeiten.

Nach dem Essen sollst du ruh'n oder tausend Schritte tun – ich entschied mich für das Ruhen auf dem Bett. Stunden später hatte ich immer noch ein unangenehmes Völlegefühl.

Nun wollte ich die Verdauung mit Bewegung unterstützen. Deshalb ging ich wieder los, die Stadt zu erkunden, diesmal aber in eine andere Richtung. Ich konnte vieles entdecken, alte Gemäuer, die Kathedrale mit dem Hühnerwunder, einen Supermarkt für einen Einkauf, eine Promenade, aber weder Verena, noch Michi. Beim Einkauf der Getränkevorräte wählte ich wie so oft eine Packung zusätzlich aus, die ich auf dem Heimweg austrank. Und das war der nächste Fehler, denn damit verhinderte, zumindest verzögerte ich weiter die Verdauung. Ich fühlte mich wie geschwängert.

Als ich auf dem Weg zum Refugio an einer Bar vorbeikam, hatte ich die Idee, dort einen Ouzo oder etwas Ähnliches zur Verdauungsförderung zu trinken. Jede Menge von Schnaps und Likör gab es, aber keinen Ouzo und trotz der Nähe zu Frankreich auch keinen Pastis, aber einen Martini.

Das Frühstücksproblem schien sich auch zu lösen, denn nur ein paar Häuser von meinem Refugio weg war eine kleine Hausnische, in der Automaten aufgestellt waren, die u. a. Baguettes, Croissants, Kaffee und Tee anboten. Das erforderliche Kleingeld dafür hatte ich tatsächlich im Geldbeutel.

Als ich wiederholt bei der Kathedrale vorbeikam, sah ich den Gottesdienstanzeiger, und suchte darauf die Information, wann ein Pilgergottesdienst stattfand.

Ich hatte grundsätzlich Glück, denn heute sei einer. Erwartungsvoll betrat ich den Sakralraum, doch da waren nur Besucher und kein Gottesdienst. War er schon vorbei oder hatte er überhaupt nicht stattgefunden? Diese Frage ist bis heute offen.

Mein Tagebuch aktualisierte ich in einem der Sessel in der Küche sitzend, während andere Gäste fleißig kochten und sich lautstark unterhielten. Normalerweise wäre mir durch die feinen Gerüche und das optische Essensangebot das Wasser im Mund zusammengelaufen, aber dank der Verdauungsprobleme war ich resistent dagegen. Eine Einladung zum gemeinsamen Essen, so wie ich es aus Erzählungen schon gehört hatte, sprach keiner der Köche aus. Ich hätte sie auch wegen meines übersatten

Zustandes ausschlagen müssen. Übrigens hatte ich eine solche Einladung auf meinem gesamten Jakobsweg nicht erlebt, leider.
Bald ging ich ins Bett und versuchte trotz vollem Bauch zu schlafen.

Der zweiundzwanzigste Tag

Santa Domingo de la Calzada – Burgos

Um 2 Uhr wurde ich wach und hatte das merkwürdige Gefühl, ich müsse mich gleich übergeben. Ich bereitete mich auf einen schnellen Sprung aus meinem Bett vor. Der Weg zur Toilette wäre allerdings weit und das Legen einer Spur nicht zu vermeiden gewesen. Der Magen war immer noch voll und dick. Aber mit konzentrierter Atmung in Rückenlage konnte ich das Schlimmste verhindern. Aus dieser Situation wollte ich unbedingt meine Lehren ziehen, doch so ganz klappte das nicht, wenn ich an Burgos dachte...

Ich musste nach der Atemgymnastik wohl wirklich eingeschlafen sein, denn ich wurde erst um 5:30 Uhr durch die Unruhe wach, die die ersten Pilger trotz ihres leisen Packens verursachten. Noch eine Stunde döste ich dahin und beobachtete, wie einer nach dem anderen verschwand. Dann raffte ich mich auf, denn ich freute mich auf ein Automatenfrühstück.

Als ich dann zu der Hausnische mit den Automaten kam, war ich entsetzt: Sie war mit einem Gitter verriegelt, das von Wand zu Wand ging. Ich glaubte zu träumen und rieb mir die Augen, aber das Gitter war immer noch da. Und mein Hunger? So nahe am Essen und doch nicht rankommen?! Meine Vorfreude kippte um in Frust. Enttäuscht stieg ich auf mein Rad, um hungrig loszufahren und begann zu überlegen, was ich nun machen sollte, als ich an der Bar von gestern Abend vorbeikam.

Sie hatte immer noch oder schon wieder geöffnet. Davor standen Pilgerräder und drinnen waren Pilger mit Kaffeetassen zu sehen. Sofort bremste ich und ging rein. Hinter der Theke stand derselbe Mann wie gestern Abend. Alle Achtung für das Durchmachen oder das frühe Öffnen! Wenigstens er hatte wegen Reichtum noch nicht geschlossen, so wie der Automatenbetreiber. Entweder war der Barinhaber sehr servicefreundlich und hatte ein Herz für die morgendlichen hungrigen Pilger, oder war es einfach nur Geschäftstüchtigkeit? Egal, er hatte geöffnet und das zählte für mich. Ich bestellte einen Tee und ein Croissant aus der Folie, und genoss das Minifrühstück. Auf dem Weg würde sich schon in einem der Dörfer eine Möglichkeit ergeben, ein Bocadillo zu kaufen, dachte ich mir.

Friedlich gestimmt fuhr ich bald weiter, meinem Tagesziel Burgos entgegen. Der Himmel war klar und versprach wie in den Tagen, seitdem ich in Spanien war, bald mit der Sonne die frische morgendliche Kühle zu vertreiben. Ich freute mich auf die Fahrt und es ging auch flott vorwärts. Die Idee allerdings, eine Bocadillo zu kaufen, war nicht mehr aus dem Kopf zu bringen, obwohl ich kein aktuelles Bedürfnis verspürte. Es war mehr der Vorsorgegedanke, eines zu kaufen, damit ich jederzeit was essen könnte.

In Belorado, dem größten Ort bis Burgos, hoffte ich eine Bar zu finden. Ich fuhr deshalb langsam und suchend die Hauptstraße entlang durch den Ort, konnte aber erst fast am Ende ein Geschäft entdecken, das ab 9 Uhr geöffnet hatte. Und jetzt war es 8:45 Uhr. Warten und Zeit vertrödeln wollte ich auf keinen Fall und fuhr leicht verärgert weiter. Getränke- und obstmäßig war ich noch gut ausgestattet, und zum Essen hätte ich nur die Müsliriegel gehabt. Sie waren aber meine Notration für alle Fälle. Außerdem hatte ich mich der Süße wegen schon etwas abgegessen. Mir war es lieber, etwas Herzhaftes in den Gaumen zu bekommen.

Am Ortsbeginn von Villafranca hellte eine Reklame auf einem Hausgiebel meine Stimmung auf: Supermarkt in 500 Metern. Der Ort war übersichtlich klein und leicht zu überblicken, aber trotzdem konnte ich links und rechts suchend keinen Supermarkt entdecken. Als sich schon wieder Enttäuschung breit machen wollte, sah ich bei einem der letzten Häuser das Schild „Bar".

Ich ging rein und fragte die streng aussehende ältere Frau hinter dem Tresen, ob ich ein Bocadillo haben könnte. Mit „Si" kam sie hervor und ging mir voraus zu einer Tür. Beinahe hätte ich einen Lachanfall bekommen, denn über der Tür stand – Supermarket. Hinter der Tür öffnete sich ein Raum in der Größe unseres Wohnzimmers mit schmalen Regalen ringsherum, in denen von jedem Artikel höchstens 3 oder 4 Stück standen. Immerhin, auch Bananen hatte sie. Sie fragte mich nach der Belegung: con jamon y o queso, was ich mit ambos beantwortete. Solch ein dicke Scheibe Serano-Schinken habe ich nie auf einem Bocadillo bekommen wie bei dieser Frau! Zusammen mit einem Paket Bananen bezahlte ich 5 Euro. Teuer? Egal – ich war sehr zufrieden. Aber wo sollte ich essen? Gleich oder später? Ich entschied mich für später, aber dass das dauern würde, konnte ich noch nicht ahnen.

Am Ende des Dorfes wurde die Straße, immerhin die N120, enger. Nur wenige Meter später war klar, warum: es ging bergauf. Um nach Burgos zu kommen, mussten erst die Montes de Oca, ein kleines Bergmassiv, mit etwa

500 Metern Aufstieg durch Serpentinen überwunden werden. Jetzt bemerkte ich auch die vielen LKW, deren Abstand zu mir deutlich geringer war als vor Villafranca.

Da ich Zeit hatte und die Steigung teilweise beträchtlich war, stieg ich einige Male ab und schob. Auf halbem Weg überholte ich ein schlitzäugiges - weil asiatische Gesichter - Pärchen, das bei einer kleinen Lichtung eine Pause einlegte.

Es war gut zu beobachten, wie sich die Baumlandschaft veränderte. Die Nadelbäume wurden kleiner und ihre Zweige schienen mir lichter zu sein. Am Geräusch und an der Art der Verkleinerung der sich entfernenden LKW bekam ich frühzeitig mit, dass die Höhe des Bergrückens wohl erreicht sein müsse. Und bald fiel auch das Treten leichter bzw. nahm die Geschwindigkeit zu.

Binnen Sekunden tauchte unerwartet ein riesiger Mückenschwarm auf. Nur gut, dass ich immer eine Sonnenbrille trug und mit geschlossenem Mund fuhr, denn die Mücken prallten auf mich wie die feinen Tropfen eines Nieselregens. Ich hatte für das Phänomen keine Erklärung und sah auch nichts, worauf das Ungeziefer zurückzuführen war. Nach wenigen Minuten war der Spuk wieder vorbei – ekelhaft war das, pfui.

Mir fiel mein Bocadillo wieder ein. Es ging so wunderbar langsam bergab und ich hatte ein flottes Tempo drauf, sollte ich wirklich eine Pause einlegen? Aber zum Essen etwas Frisches trinken, das fand ich eine prima Idee!

Da ich von oben kam, sah ich von weitem die Häuser von Zalduendo liegen. Das erste Haus direkt an der Straße war eine Bar mit Parkplatz, und – an der Eingangstür stand ein Cola-Automat. Der Anblick war ein Traum – vielleicht hatte der heilige Jakobus Mitleid mit mir?

Ich stoppte am Haus und empfand die Bank auf der Schattenseite auch noch als eine angenehme Pausenzugabe. Aber das „out of order" des Automaten war eine Enttäuschung. Schon sah ich mein kaltes Getränk davonfliegen. Vorsichtig und mit wenig Hoffnung versuchte ich die Tür zur Bar zu öffnen und – sie gab nach, die Bar war geöffnet! Ein Mann in meinem Alter, mit sehr faltigem und wettergegerbtem, typisch spanischem Gesicht, war grade dabei, seine Eistruhe aufzufüllen. Ich fragte ihn nach einer Cola und hatte sie schon in der Hand. Welch eine herrliche Kühle! Und nicht mehr weit von meinem Tagesziel entfernt – welch ein erhebendes Gefühl!

Als ich raus zu der Bank ging, um auf ihr die Pause zu genießen, entfernte sich grade ein Mann, der neben die Bank uriniert hatte. Pfui

Deibel! Ich aß und trank deshalb mein Essen neben dem defekten Cola-Automaten im Stehen, aber immer noch im Schatten. Nach den Angaben der Karte schätzte ich die Entfernung nach Burgos noch auf ca. 12 Kilometer.

Diese 12 Kilometer schienen nicht enden zu wollen, denn schon lange fuhr ich an Häusern, Gärten, Lagerhallen und Werksgeländen vorbei, immer geradeaus. Wahrscheinlich war ich geistig schon wieder weiter als der Körper, und hatte die Tagesetappe schon beendet. Doch der immer dichter werdende Verkehr und die Unmengen Wegweiser holten mich schnell wieder in die Realität zurück.

Center und Tourist, das waren meine Lieblingsworte und Zeichen, die ich suchte und fand. Bald nach dem Riesenkreisverkehr war ich mitten in der Stadt, jedenfalls an einer Ampel einer dreispurigen Straße, und falsch eingeordnet. Aber als Radler, vorgefahren in die erste Reihe, startete ich als erster vor den Autos und war dann auf meiner richtigen Route. Wenn aber Center und Tourist plötzlich fehlen, dann hilft nur noch stoppen und fragen. Davor sind die Passanten aber einzuschätzen, ob sie auch helfen werden.

Eine Frau mit Kinderwagen verstand mich nicht, wollte nicht helfen oder wusste nicht, wo sich denn die TI befand. Zwei geschäftsmäßig aussehende Männer im Anzug, von denen einer telefonierte, kreuzten meinen Weg und blieben wie ein Sonderangebot vor mir stehen. Den telefonisch freien Mann fragte ich, aber der kannte sich nicht aus und deutete, dass wir seinen Kollegen fragen sollten, wenn er mit dem Telefonat fertig sei. Aber das dauerte mir zu lange, er schien Krieg und Frieden zu rezitieren.

Ich schob mein Rad weiter, sah eine elegant gekleidete, nicht mehr ganz junge Frau und sprach sie an. Sie sah mich an und fragte „aleman"? Ich nickte und sie sagte, das sei ja wunderbar, wieder einmal Deutsch reden zu können. Die Dame war eine Spanierin, die vor vielen Jahren Deutsch gelernt hatte und jede Gelegenheit nutzte, um wieder deutsch zu sprechen. Nun formulierte ich meine Frage in bestem grammatikalischen Deutsch und nicht in meinem selbst angeeigneten Spanisch. Die Frau sagte, die TI sei zwar gleich in der Nähe, aber sie nehme sich die Zeit, mich dorthin zu führen und mir weiterzuhelfen. Heiliger Jakobus, danke für so viel Glück! Sie wollte es fast nicht glauben, dass ich aus der Nähe von München kam und seit 22 Tagen mit dem Fahrrad unterwegs war. Brav schob ich mein Rad neben ihr her.

Nach wenigen Minuten standen wir vor der TI. Sie empfahl mir, mein Rad immer sorgfältig zu versperren, wenn ich es stehen lassen müsse und ging mit mir rein. Den beiden Frauen in der TI trug sie meine Frage nach

dem Refugio vor. Ich erhielt einen Stadtplan, auf dem beide Unterkünfte und die Wege dorthin markiert wurden.
Sehr sehr herzlich bedankte ich mich bei meiner deutsch sprechenden Spanierin für die freundliche Führung in Burgos. Welch ein herrlicher Empfang nach über 2000 Kilometer! Ich war so glücklich und zufrieden, dass die Dummheit unbemerkt von mir Besitz ergriff. In meinem Glücksgefühl hatte ich so abgehoben, dass es mir gelang, den falschen Weg einzuschlagen, was ich allerdings nach der zweiten Kreuzung schon bemerkte. Es war mir sehr peinlich, wieder an den großen Fenstern der TI vorbeifahren zu müssen. Hoffentlich hatten mich die beiden Frauen nicht gesehen... Dass ich gleich beim zweiten Versuch den richtigen Zugang zur Fußgängerzone gefunden hatte, das konnten die Frauen sicher nicht sehen.

Nun das Rad zwischen den vielen Menschen in der Fußgängerzone schiebend und aufgeschreckt durch so viel Dummheit, verglich ich laufend den Stadtplan mit meinem Weg. Das so genannte kleine Refugio fand ich sofort, obwohl das Gebäude wirklich sehr schmal und unauffällig zwischen den anderen Häusern lag. Der Text auf dem Papier an der Tür, dass erst ab 14 Uhr wieder geöffnet würde, gefiel mir allerdings nicht. Zu warten oder Rucksäcke davor zu legen, sei nicht erwünscht und hielt ich auch nicht für sinnvoll. Was sollte ich in der Wartezeit von einer Stunde hier in der Fußgängerzone machen?
Kein Problem, denn es gab im Unterschied zum Radpilgerführer noch ein zweites und größeres Refugio am Stadtrand, mitten im Universitätspark und da wollte ich hinfahren. Aber wenn es größer wäre bzw. mehr Schlafplätze hätte und etwa 3 km weiter in Richtung Santiago liege, dann würde ich dort sicher unterkommen und könnte in Ruhe durch die Fußgängerzone weiter schieben, dachte ich.

Und dann lief mir auf einmal das Wasser im Mund zusammen. Erstmals in Logrono war mir ein Döner als mein Wunschessen durch den Kopf gegangen. Und nun sah ich die Reklame für ein Döner-Menü. Vor einem Döner-Lokal waren auch noch Tische im Bereich der Fußgängerzone aufgestellt. Hier könnte ich essen und hätte mein Rad neben mir, so meine Gedanken. Döner-Menü: Portion Döner, Salat, Pommes und eine große Cola oder kleines Bier für 6,50 Euro – und schon stand ich im Lokal und bestellte mir das Menü. Den Aufschlag für ein draußen serviertes Essen wollte ich allerdings nicht bezahlen. Also nahm ich am äußersten Tisch des Lokales beim Ausgang Platz, vor dem mein Rad stand und genoss das Essen. Bei der Bestellung wurde ich von dem Mann an der Theke als Deutscher entlarvt. Als ich ihn fragte, woher er so gut deutsch sprechen könne, sagte er, dass er Deutscher aus Bielefeld und auf dem Jakobsweg hier hängen geblieben sei.

Nach dem Essen schob ich mein Rad gemütlich an der berühmten Kathedrale vorbei, durch das große Tor über die Brücke des Rio Arlanzon und fuhr auf dem Radweg, wie beschrieben so lange, bis ich auf der linken Seite einen Park sah. Durch das Tor hindurch musste ich nur wenige Meter fahren, dann tauchte ein Barackenbereich mit der Beschriftung „Albuergo de Peregrinos" auf.

Das war mein Übernachtungsziel. Zwischen und unter den Bäumen liegend, von einem Balkenzaun eingefasst und mit Essplätzen im Freien sah es wie ein Urlaubscamp aus. In der Baracke mit der Recepcion trug ich mein Suchsprüchlein vor und wurde gleich nach dem Credencial gefragt. Damit schien alles klar. Nur vorübergehend war ich verwirrt, als nach einem jungen Mann gerufen wurde. Wie ich dann merkte, war er wohl der Mann für alle Fälle, wusste alles, sprach alle Sprachen und führte jeden neuen Gast in die Schlafbaracke.

Von den geschätzten 120 Betten waren erst 10 belegt, so dass ich wieder freie Wahl hatte. Ich entschloss mich für eines der Stockbetten weit weg vom Eingang und belegte das untere.

Die dritte Baracke hatte zwei Türen, eine für Männlein und die andere für Weiblein. Dahinter waren die Toiletten und Duschkabinen. Hinter dieser Baracke gab es eine große Blechwanne als Waschgelegenheit und daneben genügend Wäscheleinen.

Die Fahrräder konnten im abgegrenzten Freigelände der Albuergo abgestellt werden. Für 1 Euro gab es auch die Möglichkeit, das Rad über Nacht in einem geschlossenen Schuppen des Nachbarhauses, wahrscheinlich das Haus des Hausmeisters, abzustellen, was ich nutzte.

Und weil die Baracken aus Holz in einem Park und damit in einem feuergefährdeten Gebiet lagen, gab es am Rand des Freigeländes eine dauerbesetzte Außenstelle der Feuerwehr mit motorisierten Löschwagen.

Nach dem Duschen machte ich die erste Siesta meines Jakobsweges und legte mich 3 Stunden auf mein Bett.

Als ich mit gymnastischen Übungen wieder aufstehen wollte, verletzte ich zuerst mein Knie an Klammern des oberen Drahtrostes, und dann stieß ich mir noch kräftig den Kopf am oberen Rahmen an. Gibt's am Ende einer Siesta immer solche Paukenschläge? Ich musste geschlafen haben, weil inzwischen deutlich mehr Betten belegt waren.

Die Luft war außerhalb der Schlafbaracke genauso warm, lediglich etwas mehr Wind ging und machte die Hitze erträglicher. Ich setzte mich im Freien an einen der Esstische und aktualisierte mein Tagebuch. Danach fuhr ich mit dem Rad noch einmal in die Fußgängerzone, um etwas zu essen, aber auch um Fotos zu schießen.

Als ich wieder bei dem Döner-Lokal vorbeikam, konnte ich der Versuchung nicht widerstehen, das Menü noch einmal zu essen. Wer weiß, wann ich mich wieder so satt essen konnte. Schon während des Essens bemerkte ich allerdings, dass die Gier größer war als der Hunger. Dennoch handelte ich nach dem Motto, lieber den Magen verrenkt, als dem Wirt etwas geschenkt.

Auf dem Weg zurück zum Refugio kaufte ich in einem Supermarkt noch die fehlenden Getränke für die morgige Tour ein. Morgen sollte es durch die Meseta gehen, eine der heißesten Gegenden Spaniens, ein hügeliges, schattenloses und sehr dünn besiedeltes Gebiet, etwa so groß wie Schwaben. Dort durfte kein Trinknotstand entstehen!
Um die Verdauung anzuregen, spazierte ich durch den ganzen Park, in dem meine Albergue lag.

Endlich zurück im Refugio setzte ich mich an einen Tisch und überprüfte meinen Fahrplan in der Straßenkarte und im Radführer, den ich mir in Logrono ausgedacht hatte. Bisher klappte alles wunderbar. Der einzige Wermutstropfen war meine Schaltung, bei der das Einrasten auf das kleinste Ritzel nicht mehr klappte.
Immer wieder beobachtete ich auch die anderen Gäste und bemerkte bekannte Gesichter. Der Holländer, der mich mit Michi und Verena in Nájera erreicht hatte, war auch hier. Später kam auch noch mein Brasilianer aus Logrono mit seinen Freunden, die er in Logrono wieder getroffen hatte. Wir begrüßten uns mit einem lauten „Hallo" und „Buenos Noches".
Bei einsetzender Dämmerung wurde ich auch noch Augenzeuge beim Mantelwechsel. Er war notwendig geworden, weil sich das Profil eines Mantels auf einer Länge von etwa 15 cm abgelöst hatte. Vermutlich hatte der Radler den Ersatzmantel hier in Burgos kaufen können. Wenn das in einem ländlichen Gebiet wie z. B. morgen in der Meseta passierte, dann...
In diese Gedanken hinein erkannte ich auch das außereuropäische Pärchen, das ich in den Serpentinen auf die Montes de Orca hinauf überholt hatte. Die Frau hatte immer noch ihr längeres Kleid mit Strumpfhose an. Komisches Volk, die oder wir?

Am Getränkeautomat der Recepcion wollte ich mir noch eine kühle Dose Bier holen, aber alle Fächer außer der Limonade waren leer. Das Bier sollte mein Betthupferl sein, damit ich ein wenig besser einschlafen konnte.

Der dreiundzwanzigste Tag

Burgos – Carrion de los Condes

Um 4:53 Uhr war ich nach einer schlechten Nacht endgültig wach geworden. Ich fühlte mich immer noch voll und drehte mich laufend von einer Seite zur anderen. Obwohl noch alles stockdunkel war, wurde ich wieder Ohrenzeuge des ganz vorsichtigen und leisen Aufbruchbeginns der Fußwallfahrer. Ich dachte, wie lange es noch dauern würde, bis ich den ersten Fußpilger auf meiner Fahrt sehen werde?

Um 6:40 Uhr hielt ich es nicht mehr im Liegen aus, ich musste aufstehen. In der zunehmenden Helligkeit erkannte ich, dass beinahe drei Viertel der Betten wieder leer waren. Das erstaunte mich doch sehr, wenn ich an die geringe Lautstärke der vielen Aufstehenden dachte. Aber nicht alle waren bereits unterwegs, wie ich draußen sehen konnte, denn da saßen noch einige Pilger auf den Bänken beim Packen. Außer leisem Geraschel war nichts zu hören, kein Wort fiel.

Bei mir klappte inzwischen das Packen aufgrund laufend verbesserter Organisation hervorragend und war immer schnell erledigt. Die rechte Radtasche war seit längerem mein Tageskoffer geworden, der die Beutel für den Schlafsack, Handtuch und Duschmittel, Schlafkleidung, und Abendkleidung (= Kleidung nach dem Duschen bis zum Bettgehen) enthielt.
Ein Frühstück brauchte ich heute nicht, ein Müsliriegel reichte. Aus dem restlichen Apfelsaft machte ich mit dem Wasser aus dem Wasserspender im Garten eine recht dünne Apfelschorle.

Um 7:20 Uhr brach ich auf zum Supermarkt, um weitere Getränke zu bunkern, aber dieser öffnete erst um 9 Uhr – so ein Mist, na ja, dann eben nicht.
Der Weg raus aus Burgos war nicht zu verfehlen, weil auf dem Gehsteig außerhalb des Parks metallene Jakobsmuscheln angebracht waren und die Straße daneben nach Westen führte. Die einzige Erhebung auf der langen ebenen Strecke war eine Brücke über eine Autobahn.

Beim Verlassen des Parks sah ich oben auf der Brücke einen Punkt, was wohl ein Radfahrer war. Ich dachte gar nicht daran, diesen Fahrer einzuholen, aber das ergab sich nach etwa 7 Kilometern. Da sah ich einen Radler, vermutlich den Radler von der Brücke, deutlich näher vor mir fahren, aber immer noch weit weg.

Nach einer Kurve war er verschwunden und ein kleiner Ort mit wenigen Häusern tauchte auf. Die Dorfbar lag wie auf dem Präsentierteller direkt an der Straße. Eine Hand voll Mountainbikes stand davor und ich nahm an, dass es Pilger waren, die hier ihre Frühstückspause machten. Ich hatte nach dem gestrigen Überfressen noch keinen Appetit und fuhr vorbei.

An der Steigung hinter dem Ort war ich überrascht, dass ich den Radler von vorhin noch näher vor mir sah. Das bedeutete, dass er langsamer fuhr als ich. Während ich das so überlegte und die Entfernung einschätzte, hörte ich von hinten das Surren von Reifen. Ein Mountainbiker mit Rucksack, sicher auch ein Pilger, überholte mich wort- und grußlos.

Am nächsten Berg holte ich meinen Radler ein und forderte ihn mit Ultreia und einer Handbewegung auf zum flotten Fahren. Er lachte, und deutete, dass er Zeit habe. Die Radtaschen mit der Jakobsmuschel wiesen ihn als Jakobspilger aus. Zu diesem Zeitpunkt ahnte ich noch nicht, dass dieser Radler mir von Jakobus geschickt wurde und fuhr weiter.

In der Morgenfrische hatte ich keine Mühen mit den Steigungen. Im Gegenteil, dadurch wurde mir warm. Unangenehm waren die Abfahrten, wenn der kalte Fahrtwind fast bis auf den Körper ging, denn ich hatte freie Beine und die Ärmel hochgekrempelt.

Laufend hielt ich Ausschau, wann die Brücke über die Autobahn kam, denn dort musste ich links abbiegen. Ich wollte mich nicht noch einmal verfahren, wie in Frankreich nach Port d'Agres, als ich die Abbiegung und die Brücke über den Lot übersah.

Hier klappte es, die Brücke kam und auch Yudego. Nur die Abbiegung im Ort, die der Radführer beschrieb, fand ich nicht. Es gab auch keinen Wegweiser bis fast zum Ende des Ortes. Dort war aber eine Tankstelle, ein Lichtblick, denn hier wollte ich nach dem richtigen Weg fragen bzw. mir meinen Kurs bestätigen lassen.

Ich stoppte bei der Tankstelle, hatte das Rad zwischen den Beinen und drehte mich um. Doch aus der Drehung wurde mehr, es wurde ein Sturz. Plötzlich lag ich, auf das linke Knie stürzend, am Boden und das Rad unter mir. Es ging so blitzschnell, dass ich nicht reagieren konnte. Mein Knie schmerzte sofort heftig. Dazu hatte ich mir auch noch eine Schürfwunde in der Größe eines Fünf-Mark-Stückes zugezogen. Besonders peinlich war mir, dass das in Sichtweite von Menschen passiert war. Ich hatte vermutlich das Rad nicht fest genug zwischen die Füße genommen, und durch das leicht ansteigende Gelände am Rand der Tankstelle musste das Rad zurückgerollt sein. Unterstützt durch das Hauptgewicht auf dem Hinterrad schien sich der Schwerpunkt des Rades schneller verlagert zu haben, als ich reagieren konnte. Damit war das Rad gekippt. Durch meine Körperdrehung und gedanklich mit der zu stellenden Frage befasst, wurde ich auf dem falschen Fuß erwischt und da lagen wir beide nun.

Der Tankwart meinte auf meine Frage hin und nach dem Betrachten der vorgegebenen Route des Radführers, dass ich die Straße, auf der ich zu ihm kam, weiter fahren solle. Ich würde mir damit Berge und einige Steigungen ersparen. Ich nahm seinen Rat an, und bereute ihn auch nicht.

Vielleicht zwanzig Autos habe ich auf den 11 Kilometern bis Castrojeriz gesehen, dafür aber musste ich einen heftigen Gegenwind aus Südwest und eine brütende Hitze ertragen.

Als ich endlich in Castrojeriz ankam, hatte ich mächtig Durst und ein leichtes Hungergefühl, und suchte nach einem Geschäft oder einer Bar. Straßenarbeiter zeigten mir den Weg zu einem Supermarkt, den ich in einem Keller fand. Er war etwa doppelt so groß wie meine Garage, hatte aber keine Bocadillos. Also kaufte ich auch nichts zum Trinken.

Ein paar Ecken weiter fand ich in dem engen Gassengewirr doch noch eine Bar, und erhielt dort mein Spätfrühstück. Dazu leistete ich mir wie gestern eine eiskalte Cola. Danach ging es mir wesentlich besser, ich fühlte mich deutlich frischer - cokefrisch eben - als bei der Ankunft und freute mich auf die Weiterfahrt.

Es ging fast 30 Kilometer lang durch menschenleeres Gebiet hügelauf, hügelab und mit unvermindertem Gegenwind. Ich erinnerte mich, dass ich ja gerade die Meseta durchquerte.

Von weitem sah ich einen roten Punkt, der durch das wellige Gelände nicht immer zu sehen war. Beim Näherkommen entpuppte er sich als das Rotlicht einer Ampel, die den Straßenverkehr über eine kleine schmale Brücke regelte. Natürlich hatte ich rot, als ich bei ihr ankam. Trotzdem fuhr ich weiter, weil ich aus meiner erhöhten Sitzposition über den Brückenbogen die Gegenseite sehen konnte, von der kein Auto kam. Über meine Frechheit lachte ich und empfand so etwas wie Stolz über das Vergehen. Diese Ampel war die einzige Abwechslung bei der langen Fahrt in einer braunen und dürren Landschaft bis Fromista.

Dort führte mein Weg an einem Supermarkt vorbei und ich musste einfach stoppen, weil ich unheimlich Durst hatte, jedoch nicht auf meine Getränke, sondern auf etwas Besonderes.
Ich schnappte mir eine Flasche des Sonderangebotes. Es war eine 2-Liter-Flasche Zitronenlimonade. Mit drei Zügen hatte ich mehr als die halbe Flasche geleert, musste mehrmals grausam rülpsen und hatte einen klebrigen Geschmack im Mund. Nur mit Mühe konnte ich die Flasche zwischen Sattelstütze und Bremsseil unterbringen, aber ihr Inhalt überlebte trotzdem nicht lange. Zum Schluss hatte ich einen Wasserbauch und die Zunge klebte am Gaumen. Das war auch nicht das Wahre. Gott sei Dank hatte ich Kaugummis und die beseitigten den Klebezustand.
Als ich beim Überschlagen der noch zu fahrenden Kilometer bis Carrion feststellte, dass nur noch etwa 20 km zu fahren waren, fühlte ich mich trotz der Hitze und der schon gefahrenen 70 Kilometer sehr gut. Lag es daran, dass die Flüssigkeit wirkte und den Körper abkühlte, oder war es der fehlende Gegenwind, der mich nun seitlich schob?

Die Straße war nun breiter und belebter, und erstmals sah ich mehrere Radfahrer vor mir. Parallel zur Straße verlief seit Fromista ein Feldweg für die Jakobspilger. Er war immer wieder mit Granitsteinen und dem blaugelben Jakobswegpiktogramm abgegrenzt, damit er nicht von zweispurigen Fahrzeugen benutzt werden kann. Ab hier sah ich auch erstmals Fußpilger.
Zwei bunt gekleidete Radler waren weit vor mir, verschwanden und tauchten immer wieder in der welligen Landschaft auf. Auf halber Strecke vor Carrion überholte ich sie. Es waren Vater und Sohn, die meinen Gruß nicht beantworteten. Von den Fußpilgern kam immer ein Gruß zurück.

Am Anfang von Carrion de los Condes stand wie in Santo Domingo ein Kiosk, aber als richtiges Steingebäude. Zunächst ignorierte ich ihn, weil mir der Ort so klein schien, dass ich beim langsamen Durchfahren das Refugio entdecken müsste. Am Ende der Straße war ich aber erfolglos und fuhr zu dem Kiosk zurück. Der war allerdings geschlossen, weil um 13 Uhr bereits die Siestazeit begonnen hatte. Ich versuchte mich am Stadtplan zu orientieren und eine Eintragung wie Refugio oder Peregrino zu entdecken.
Auf einmal standen die beiden Radler, Vater und Sohn, neben mir, aber nur wenige Sekunden, dann fuhren sie weiter. Ich sah ihnen nach und hatte den Eindruck, dass sie genau wüssten, wohin sie zu fahren hatten. Sofort setzte ich mich auf mein Rad und fuhr hinterher. Schon nach wenigen Metern bogen sie bei einem kleinen Denkmal ab und schoben zu einem

unscheinbaren Gebäude hinter der Kirche. Und dann sah ich die Schrift über der Tür. Es war das Refugio.
Schüchtern trat ich nach den beiden in den Flur ein. Dort saß eine Klosterfrau am Schreibtisch und redete auf zwei andere Pilger ein. An den Gesichtsausdrücken von Vater und Sohn konnte ich sehen, dass die Worte nicht positiv ausfielen. Alle Betten waren jetzt kurz vor 14 Uhr schon vergeben. Aber die Klosterfrau tröstete uns mit einem Becher voller Zitronenwasser für jeden. Dann beschrieb sie den Weg zu einer weiteren Unterkunft. Vater, Sohn und ich fuhren los und suchten das Gebäude des anderen Klosters.

Hinter der Bezeichnung Colegio hätte ich nie eine Pilgerunterkunft vermutet. Nach dem Läuten öffnete eine Klosterfrau, die uns in ihr Verzeichnis eintrug und unsere Pilgerpässe stempelte. Dann bat sie uns, mit den Rädern um das Eck bis zu einem Blechtor zu fahren.
Dort wurde uns geöffnet und wir betraten einen großen Hof, in dem einige Autos standen. Später erfuhr ich, dass mehrere Familien hier eine gemeinsame Freizeit verbrachten. Ich sah mehrere belegte Wäscheleinen und einen Waschplatz.
Eine andere Klosterfrau öffnete eine Tür zu einem Haus, und vor uns lag ein Schlafraum mit ca. 40 Betten. Etwa zehn waren schon belegt. Ich schnappte mir gleich das erste Bett nach der Tür. Ich sah darin einen Vorteil bei Blähungen, erkannte den Nachteil aber erst später, als ich feststellen musste, dass jeder, der ein- und ausging, immer an mein Bett stieß.
Die Dusch- und WC-Möglichkeiten lagen hinter dem Schlafraum, waren sehr sauber und mit guten Materialien ausgestattet. Ich hatte die leise Hoffnung, dass es bei einer Unterkunft in einem Kloster vielleicht neben einem Essensangebot auch eine Pilgermesse geben würde. Aber nix gab's, weder das eine, noch das andere.

Nach dem Wäschewaschen in gleißender Sonne ging ich etwa gegen 15 Uhr los, um irgendwo ein Mittagessen zu bekommen und einzukaufen. Aber ich lernte einfach nichts dazu, was die Gepflogenheiten des Südens um die Mittagszeit anging. So war ich enttäuscht, als ich in ein Restaurant ging und Platz nehmen wollte. Das Bedienungspersonal war bereits am Aufräumen und Herrichten für das Abendessen. Ich erfuhr aber, dass die Bars und Restaurants um 18 Uhr wieder öffneten. Also spazierte ich weiter durch den Ort, um einen Markt zu finden. Aber sämtliche Geschäfte waren bis 17 Uhr geschlossen. Allmählich fiel mir auf, dass ich als einziger Mensch auf den Straßen unterwegs war. Ich ging zurück und legte mich auf mein Bett, um zu schlafen. Es gelang mir allerdings nicht richtig, weil laufend neue Gäste ankamen.

Nach 17 Uhr stand ich dann auf und ging wieder los, diesmal aber mit Rucksack und Fotoapparat ausgestattet. Ich wollte erst einkaufen, dann Fotos schießen und anschließend zum Essen gehen. Bei meinem ersten Spaziergang war mir aufgefallen, dass es viele Storchennester gab, was bei uns eine Seltenheit ist, und wollte das dokumentieren. Außerdem hatte ich eine Bar entdeckt, die ein Pilgermenü für 8 Euro anbot.

Dort bestellte ich wieder einen gemischten Salat, Pollo und Eis. Im Preis inbegriffen waren Brot, eine Karaffe Wasser und Wein. Es war das dritte Mal auf meinem Jakobsweg, dass ich Wein trank. Nur diesmal war diese Karaffe, ca. ein halber Liter, für mich ganz alleine. Entsprechend fühlte ich mich am Ende des Essens. Ich glaube, ich hatte einen kleinen Schwips. Gemütlich und doch sehr konzentriert, damit ich nicht allzu sehr schwankte, spazierte ich zurück zu meinem Refugio.

Ich war ganz erstaunt, was jetzt in dem Innenhof alles los war. An einer langen Tischreihe hatten die Familien mit ihren Kindern zum Essen Platz genommen und auch an den Einzeltischen gegenüber saßen Leute.

Einer von diesen Gästen war der Radler, den ich heute Morgen an einem Berg bald nach Burgos überholt und mit einer Handbewegung zum flotten Fahren ermuntert hatte. Auch er erkannte mich und wir lachten einander an. Er machte gerade Brotzeit.

Ich setzte mich zu ihm und wir redeten mit Händen und Füßen über das Pilgertypische: wohin, wie lange unterwegs, woher, usw. Sprachlich war es nicht ganz einfach, denn Englisch und Deutsch, meine Sprachen verstand er nur teilweise. Er war Italiener aus der Umgebung von Udine, war mit einer Spanierin verheiratet und lebte seit Jahren in Arles, in der Provence. Seit diesem Jahr war er nicht mehr berufstätig, nachdem er viel auf ausländischen Großbaustellen im Einsatz (Saudi-Arabien, Frankreich, Kuba) gewesen war. Von seinen drei Kindern lebten noch die beiden Mädchen. Sein Sohn sei bei einem Mopedunfall ums Leben gekommen. Wegen ihm unternahm er diese Pilgerfahrt nach Santiago. Er erzählte mir auch, dass ich ihm bereits gestern im Refugio von Burgos aufgefallen war, als ich die Karten so intensiv studiert habe. Aufgrund dessen vermutete er, dass ich Deutscher sein müsste. Nur Deutsche planten sorgfältig und würden auch entsprechend arbeiten.

Während unserer Unterhaltung kam ein jüngerer spanischer Radpilger mit seinem Mountainbike in unsere Nähe und spritzte sein Rad ab. Ich dachte noch, so ein eitler Knopf. Das Rad nur einen einzigen hellbraunen Farbton, denn alle Mountainbikes sahen so schmutzig aus. Aber als er das Hinterrad ausbaute, war klar, dass diese Reinigung nur dazu diente, bei einer Arbeit nicht ganz so schmutzige Hände zu bekommen. Ich vermutete einen Plattfuß, konnte aber keinen erkennen, und war deshalb über den Fortgang der Sache neugierig.

Der Spanier war in einer vierköpfigen Radlergruppe unterwegs und hatte im Laufe des Tages einen Speichenabriss. Ich projizierte das Problem sofort auf mich, was ich in diesem Fall getan hätte. Ich hatte keine Ersatzspeichen dabei, wie diese Gruppe. Für die sei der Speichenaustausch überhaupt kein Problem. Sie hätten das schon oft tun müssen. Es sah alles ganz einfach aus, was der Radler tat. Vielleicht sollte ich das zu Hause auch einmal am ausgetauschten Hinterrad üben, hm. Das Werkzeug hätte ich auch gehabt, nur keine Ersatzspeiche.

Mein überholter Radler, der Italiener, nutzte seinen Sprachenvorteil und unterhielt sich mit der Gruppe. Da merkte ich erst, wie benachteiligt wir Deutschen mit unserer Sprache sind. Er, der Italiener, hatte aufgrund seiner Familiensituation einen Riesenvorteil gegenüber mir.

Als die Dämmerung einsetzte, war der Speichenwechsel längst vollzogen und langsam verschwand einer nach dem anderen im Schlafraum. Auch ich legte mich hin und war sehr zufrieden darüber, dass meine Tagesplanung aufgegangen war und dass ich wieder einmal mit jemandem sprechen konnte.

Der vierundzwanzigste Tag

Carrion de los Condes – Mansilla de las Mulas

Die Nacht war sehr unruhig gewesen, nicht durch andere, sondern durch meine Blähungen und dem vielen Wein beim Abendessen.

Endgültig vorbei war der Schlaf um 5 Uhr, als sich, wie all die Tage, seit ich in Spanien war, die ersten Fußpilger leise aufmachten. Jeder Zweite stieß in der Dunkelheit an mein Bett, bevor er den Raum verließ. Dazu kam, dass mit jeder Türöffnung recht frische Luft zu mir kam, die mein dünner Schlafsack kaum aufhielt.

Kurz nach 6 Uhr reichte es mir und ich stand auch auf, um zu packen. Am abreisefertigen Rad gab's kurz vor sieben Uhr wieder das Pilgernotfrühstück Müsliriegel, Apfel und eine halbe Flasche Wasser.

Dann ging's in der Morgenfrische von 15° C los Richtung Sahagun. Als Tagesziel strebte ich Mansilla de las Mulas an. Aufgrund der topografischen Einträge in der Straßenkarte erwartete ich eine flache und flotte Fahrt, wenn es der Wind zuließ.

Die Straße war tatsächlich flach wie eine Flunder und ziemlich gerade, soweit man sehen konnte. Und es gab auch keinen Wind, so dass ich wirklich schnell vorwärts kam.

Nach einiger Zeit bemerkte ich in der Ferne einen Punkt am Straßenrand. Je näher ich rankam, desto klarer wurde die Sache. Es war ein Radler, der am Straßenrand stand und das Gelände beobachtete. Da die Straße etwas höher lag, konnte man gut über die Büsche und die Resttümpel zu den weiter hinten liegenden Bäumen sehen. Allerdings erkannte ich nichts, was den Sinn einer solch langen Beobachtung ergeben konnte. Zwangsläufig beobachtete ich deshalb den stehenden Radler, an dem ich bald vorbeirauschte. Er schien ein einfacher Mann mit etwas dunklerer Gesichtsfarbe, vielleicht ein sonnengegerbter Landarbeiter, zu sein. Aber vielleicht hatte bei der Hautfarbe meine Sonnenbrille ein wenig mitgeholfen.

Nach mehreren hundert Metern drehte ich mich zu dem Radler um. Ich wollte sehen, wie weit ich mich schon von ihm entfernt hatte und ob er immer noch beobachtete.

Erschrocken sah ich, dass er hinter mir herfuhr, aber wie! Er strampelte beinahe wie ein Hamster im Laufrad. Wieso? Hatte er nicht bis vorhin zum Beobachten jede Menge Zeit gehabt, und jetzt, nachdem ihn ein Radler überholt hatte, war er aufgewacht, oder steckte eine andere Absicht dahinter? Wieder mangels Sprachkenntnissen wollte ich das nicht in Erfahrung bringen, sondern gab noch mehr Gas.

Bei der Geschwindigkeitsanzeige von über 30 km/h drehte ich mich noch einmal um und sah, dass sich der Abstand deutlich vergrößert hatte. Das beruhigte mich etwas, dennoch blieb ich bei dem Tempo, das mir nichts ausmachte.

Die Straße machte bald eine große Kurve. Durch eine große Baum- und Buschgruppe war der weitere Verlauf der Straße aber nicht einsehbar. Kaum war das aber der Fall, erschrak ich erneut. Weiter vorne stand schon wieder ein Radler auf der Straße. Aber es war gleich zu erkennen, dass er Satteltaschen hatte. Daraus schloss ich, dass es sich im Unterschied zu dem vor kurzem überholten Radler um einen Pilger handeln musste.

Beim Näherkommen erkannte ich ihn und war erleichtert. Es war der italienische Radpilger von gestern Abend, der in Frankreich mit seiner spanischen Frau lebte. Warum und wieso weiß ich nicht, jedenfalls stoppte ich abrupt meine Fahrt und blieb neben dem Italiener stehen.

Ob er Probleme hätte, fragte ich ihn, aber er verneinte. Trotz meiner nicht so guten Erfahrungen mit Dominique aus Montbonnet nahm ich meinen ganzen Mut zusammen und fragte ihn, ob ich mit ihm zusammen nach Santiago fahren dürfe. Er schaute mich an, lachte und sagte ja. Später erzählte er mir, dass er sich total über meine Frage gefreut hatte und es ihm eine Ehre sei, dass ich mit ihm fuhr. Die in Burgos beobachtete Art der Routenplanung hätte ihm sehr imponiert und durch mein Tempo hoffte er auf ein flotteres Vorwärtskommen.

Wie sich bald herausstellte, war Ezio für mich ein Geschenk des Himmels. Er löste mein Sprachenproblem. Ich bin mir auch heute noch absolut sicher, dass alles, was ich ab diesem Zeitpunkt erlebte, nur möglich war, weil ich mit Ezio unterwegs war. Wir fuhren (für mich) gemütlich weiter und unterhielten uns über alles Mögliche. Ich sprach langsam deutsch oder englisch, aber ganz sicher verstand Ezio nicht alles. Das machte nichts aus, wir kamen trotzdem ganz gut zurecht. So zum Beispiel, als es um das Tagesetappenziel ging. Ezio wollte nach Leon, ich nach Mansilla, also nicht ganz bis Leon. Wir einigten uns auf Mansilla, weil er mir rein planerisch vertraute.

Längst hatte ich Hunger und darauf spekuliert, mich in Sahagun nach einem Bocadillo umzusehen. Als ich das Ezio vorschlug, war er von der Idee begeistert.

In Sahagun erlebte ich dann erstmals, wie es gehen konnte, wenn die Sprache durchgängig gesprochen und verstanden wurde. Ezio fragte Passanten nach dem Zentrum und wo es gute Bocadillos gäbe. Wir fanden auch schnell zu der vornehmen Bar und konnten draußen bei den Tischen in der Morgensonne warten, bis unser Essen und der Tee kam. Geliefert wurde uns eine warme Bodacillo, wunderbar mit zerlaufenem Käse und warmem Schinken. Es war die beste Bocadillo, die ich in Spanien erhalten hatte!

Bald nach Sahagun bog die vom Radführer empfohlene Straße ab, wurde recht buckelig und war absolut ruhig. Ich kann mich an kein Auto erinnern, das uns begegnet war.

Beim nächsten Ort stießen wir auf die Fußpilgerroute, die sich mit unserem Weg vereinte. Ich war erstaunt über die Anzahl der Pilger, die wir nun sahen. Am meisten sah man Einzelpilger, es gab aber auch Gruppen, die unterwegs waren.

Als die Straße wieder besser wurde, war parallel daneben ein Feldweg für die Fußpilger angelegt worden und wir brauchten nicht mehr klingeln und ausweichen.

In Mansilla mussten wir nach dem Refugio nicht suchen, denn der Pilgerweg führte direkt daran vorbei.

Das von außen unscheinbare Gebäude überrascht ab dem Augenblick, wenn man es betritt. Das Innere wirkt mit den uralten Fliesen gemütlich. Am Ende des Flures öffnet sich ein wunderschöner Innenhof mit liebevoll gestalteter Bepflanzung, Duschen und WC, aber auch mit einer Waschmaschine. Ich war sofort in dieses Refugio verliebt. Die Aufnahme mit Fahrrädern war kein Problem, obwohl es erst 12:30 Uhr war. Uns wurde ein Raum mit 4 Stockbetten zugewiesen. Schnell luden wir unsere Sachen bei dem noch freien Stockbett ab und gingen auf Wunsch von Ezio sofort los zum Essen.

Die Möglichkeiten dazu lagen alle rings um das Refugio herum, so dass keine Wegezeiten entstanden. Und Ezios Sprachkenntnisse machten es möglich, dass wir 5 Minuten vor der Mittagsschließung der Bar noch Spaghetti Bolognese und ein Bier bestellen konnten. Die Portion war nicht besonders groß, schmeckte aber wunderbar und reichte völlig aus.

Danach trennten wir uns. Ezio wollte einen Arzt oder eine Apotheke aufsuchen, weil er eine schlimme Rötung an einem Arm hatte. Ich sehnte mich nach einer Dusche und hatte dabei nach Tagen wieder einmal die Gelegenheit, in einen Spiegel zu schauen.

Ich erschrak, was ich da sah. Da war ja ein am Bauch etwas dünn und im Gesicht struppig gewordenes Gespenst, das mir irgendwie bekannt vorkam. Eine Gesichtsreinigung war dringendst notwendig. Die schlimme optische Wirkung wurde noch unterstützt durch die Sonne, die seitlich voll auf das Gesicht schien. Es war nahezu ein Wald von Haaren, der aus der Nase beseitigt werden musste. Ich hatte nicht zuviel Werkzeug dabei, aber eine Pinzette für diesen Fall genauso wie einen 1mm breiten Schraubenzieher für die Schrauben der Sonnenbrille, die immer wieder nachgezogen werden mussten. Die Rasur des Gesichtes dauerte 20 Minuten, dann war wieder alles glatt wie ein Babypopo.

Anschließend setzte ich mich in den zu diesem Zeitpunkt leeren Innenhof und aktualisierte mein Tagebuch. Zwei Herren kamen und setzten sich zum Philosophieren über Glaube, Gott, Jesus, Johannes, Indien, drei

Erdteile / drei Weltreligionen, die Rollen von Qumram, den Essenern und den Tag des Weltendes, an einen der Nachbartische. Aufgrund der räumlichen Verhältnisse musste ich zwangsläufig zuhören. Als sie wieder gehen wollten, entdeckte einer der beiden meine kleine Karstadttüte. Durch diese Enttarnung fragte er mich, ob ich Deutscher sei. Als ich das bejahte, fragte er, warum ich mich nicht in das Gespräch eingemischt hätte, was ich hier tue, warum ich hier sei. Dann erklärte er mir, dass einer, der den Jakobsweg einmal gegangen sei, den Weg wiederhole, so wie er es jetzt zum siebten Mal tue. Er sei aus Österreich und der zweite Diskussionspartner mit preußischem Dialekt kam aus Dießen am Ammersee...

Zwar wollte ich mich ein wenig ausruhen, andererseits hatte ich von dem Ort noch nichts gesehen. Also startete ich mit Fotoapparat zu meiner Besichtigungstour, bei der ich Ezio wieder traf. Er hatte vom Arzt für die als Sonnenallergie diagnostizierte Rötung Tabletten bekommen und wirkte wieder etwas fröhlicher.

Nach 18 Uhr gingen wir in eines der Restaurants, in dem es ein Pilgermenü gab; Kosten 6,80 Euro incl. einem großen Glas Bier.
Im Büro wurde jede Menge von Jakobswegerinnerungen angeboten. Ich kaufte eine silberne Jakobsmuschel mit Halsband und eine Minifliese mit der Wegmarkierung, der stilisierten Jakobsmuschel.

Als mich Ezio später im Innenhof entdeckte, dass ich bei einer Dose Bier eine spanische Autozeitung las – mehr Bilder anschaute -, erklärte er mir die spanischen Autowunschverhältnisse. Die Nummer eins sei Mercedes, gefolgt von Audi, Volkswagen und Seat.
Zu diesem Zeitpunkt war die Küche voller kochender und essender Gäste. Die Stimmung dort war sehr lustig und auf einmal wurden Lieder, manche sogar mehrstimmig, gesungen. Sie wirkte bis in den gemütlichen Innenhof, in dem bei einsetzender Dämmerung inzwischen alle Sitzplätze belegt waren.
Ich genoss die wunderbare Atmosphäre und ging bald zu Bett. Diese Nacht hoffte ich besser zu schlafen, weil ich abends vernünftiger gegessen hatte. Außerdem war es ein Glückstag gewesen, denn der heilige Jakobus hatte mir ja Ezio geschickt!

Der fünfundzwanzigste Tag

Mansilla de las Mulas – Astorga

Ich hatte das Gefühl, noch nicht lange geschlafen zu haben, als ich mit brutaler Gewalt geweckt wurde. Um 22 Uhr hatte eine Disco, die einen Straßenzug entfernt lag, mit ihrem Krach begonnen. Bei der Hitze waren logischerweise alle Türen und Fenster geöffnet, so dass jeder Ton zu hören war. Bis 1:30 Uhr war kein Schlaf möglich.

Als ich wieder auf die Uhr sah, war es 3:01 Uhr und kein Geräusch mehr zu hören. Ich aber war wach wegen der Blähungen, die dringend hätten abgelassen werden müssen. Allerdings hatte ich Angst, jemand könnte mich hören und das Ergebnis vielleicht auch noch riechen. Nie mehr würde ich abends auf dem Jakobsweg einen Salat essen, nahm ich mir vor. Das war jetzt das dritte Mal mit Blähungen nach einem abendlichen Salatessen.

Um 6:20 Uhr hielt ich es mich auch nicht mehr im Bett, nachdem schon fast alle Mitschläfer den Raum verlassen hatten. Das Pilgernotfrühstück des Tages bestand aus Banane, Tomate, Müsliriegel, Apfel und einer halben Flasche Wasser.

Es war noch nicht ganz 7 Uhr, als Ezio und ich mit „Ultreia Jakob" bei 10,7° C losfuhren. Dass die Tage kürzer wurden, spürte ich heute erstmals an der fehlenden Helligkeit, oder lag es am wenigen Schlaf?

Trotz der frühen Zeit war die N601 schon sehr belebt, und über manchen Wiesen bzw. Feldern lagen erste Nebelschwaden.

Über die brettelebene Straße erreichten wir Leon und standen um 8 Uhr vor der schönsten Kirche Spaniens, der Kathedrale Santa Maria de la Regla auf dem großen freien Platz. Außer 2 Bars war noch alles geschlossen, nur Putzfrauen und eilige Berufstätige waren unterwegs. Die Sonne stand noch sehr schräg und hatte die Luft noch nicht erwärmt.

Bei den Erinnerungsfotos blieb ich irgendwie mit dem Kamerakabel am Rad hängen und riss die Aufhängung ab. Das bedeutete zukünftig mehr Umstände bei der Handhabung der Kamera. Bisher hatte ich die Fototasche um den Hals hängend gesichert und die Kamera selbst in der Brusttasche aufbewahrt. Damit war ich selbst einhändig schnell schussbereit. Durch dieses Malheur war es nun notwendig, immer mit zwei Händen zu arbeiten.

Ezio und ich schoben danach langsam durch die leere Fußgängerzone auf der Suche nach einer ansprechenden Bar für ein Frühstück. Ich überließ Ezio die Auswahl, denn er als fast Einheimischer würde uns ganz sicher nur Gutes antun. Aber es kam nichts, was Ezio zufrieden stellte. Wir suchten und fanden den Pilgerweg raus aus Leon. Dabei führte unsere Fahrt durch einen langen Park am Kloster de San Marcos, der ehemaligen kostenlosen Pilgerherberge, vorbei.

Fast am Ende Leons angekommen fanden wir eine Bar, in der wir für Tees, Biere und Bocadillos mit sehr viel Serano-Schinken nur insgesamt 8,40 Euro bezahlten. Es war nicht die erhoffte Traumbar, aber die letzte bis Astorga, wie wir bei der Fahrt durch die nächsten Orte feststellten.

Die N120 lief parallel zur Autobahn bergauf und bergab und war sehr dicht befahren. Ezio erklärte mir das mit der Mautpflicht, denn es gibt in Spanien mautpflichtige und nichtmautpflichtige Autobahnen. Weshalb es diesen Unterschied gibt, habe ich nicht verstanden. Das lag vielleicht doch an den sprachlichen Feinheiten, die uns letztlich trennten und die auch nicht mit Gesten aufgehoben werden konnten. Möglicherweise waren die mautfreien Autobahnen von der EU finanziert worden, die auf einer freien Benutzung besteht. Der Standstreifen der Nationalstraße war für uns Radler im Vergleich zu unseren deutschen Bundesstraßen traumhaft breit und damit sicher genug.

Die Fahrtzeit nach Astorga verging schnell. Vielleicht lag es daran, dass ich nicht mehr allein mit mir und meinen Gedanken war.

Rein zeitlich gesehen war es normal, dass wir um 12:30 Uhr bereits in Astorga eintrafen. Ich hatte Ezio diesen Ort als Etappenziel vorgeschlagen, weil Angelika über das Internet eine gute Unterkunft ermittelt hatte. Überhaupt hatte ich den Eindruck, dass es Angelika zu Hause Spaß machte, mich zu verfolgen bzw. nach vorne zu schauen, weil ich ihr meine geplanten Etappen genannt hatte. In Frankreich war es mehr noch ein Staunen über das schnelle Vorwärtskommen und dann die moralische Aufrichtung durch die Wetterprognosen gewesen.

Wir, Ezio und ich, wussten damit beim Erreichen von Astorga bereits den Namen unseres Refugios, aber nicht, wo es lag. Aber Ezio war ganz schnell in der TI und hatte kurz darauf einen entsprechend gekennzeichneten Stadtplan.

Bis zur Albergue San Javier waren es keine 300 m. Der Zugang lag in einer sehr schmalen Straße und in Sichtweite der Kathedrale Santa Maria.

Das Gebäude wirkte innen zunächst dunkel, was sich aber bald relativierte. Der Empfang war besetzt und wir hatten nach wenigen Minuten auch schon unseren Pilgerstempel und unsere Übernachtungsmöglichkeit. Dass ein Frühstück gebucht werden konnte, stellte einen Komfortsprung dar. Damit machte der morgendliche Start mehr Freude, weil das Suchen nach einer Bar entfiel.

Unser Schlafraum lag im zweiten Stock direkt an der Straße, hatte 6 Hochbetten und alles war noch frei. Die Abstände zwischen den Bettgestellen waren sehr gering, so dass später, als alles belegt und mit Gepäck voll gestopft war, das Absteigen vom oberen Bett ein lustiges Balancieren erforderte.

Der Minibalkon von 30 cm Tiefe über der Straße war hervorragend für die Lüftung der Schuhe geeignet, aber auch nicht für mehr.

Die drei Sanitärräume, Duschraum mit sechs Zellen, WC-Raum mit sechs Kabinen, Waschraum mit 3 Waschbecken und 3 Zellen, waren ganz neu und sehr sauber.

Sehr überrascht war ich, wieder einen Innenhof vorzufinden, aus dem es beruhigend plätscherte. Größer als der von Mansilla hatte er zwar keine blumentopfgeschmückten Wände, dafür aber zwei echte Bäume. Ein besonderer Komfort für die Pilger war das Fußbecken. Es war etwa 10 cm tief und aus zwei Wandaustritten plätscherte laufend neues Wasser herunter.

Den großen Waschtisch benutzte ich zu einer großen Waschaktion. Sehr intensiv kümmerte ich mich um den großen hellbraunen Fleck im Funktionsunter- und -oberhemd, aber auch auf der Hose unter dem Gürtel. Nach intensiver Bearbeitung mit Waschmittel und Bürste glaubte ich zunächst auch erfolgreich gewesen zu sein. Aber kaum hatte ich mit Wasser die Stellen vom Schaum befreit, waren die Flecken wieder da. Also gut, bleibt nur. Aber zu Hause geht's euch an den Kragen, da wird sich Angelika mit euch befassen...

Nach der Bettenbelegungs- und Besichtigungsaktion genehmigte Ezio nur das Duschen und drängte dann zum Essen. Schon gestern hatte er mit dem Essen noch vor der Siestapause recht gehabt.

Auf der Suche nach einem Lokal kamen wir an einem Supermarkt vorbei, in dem ich erstmals Süßigkeiten, Nüsse und Kekse, kaufte. Die Inspiration dazu hatte ich vor Tagen von Verena in Nájera erhalten, und heute gab ich endlich den Gelüsten nach.

Kurz drauf fanden wir in einer Seitenstraße endlich ein Lokal mit großer Speisekarte und einem Sitzplatz im Freien unter Sonnenschirmen. Für 7,50 Euro gab's zwei Spiegeleier, zwei Scheiben Schweinefleisch, Pommes, einen Vanillepudding und einen halben Liter Bier.

Gesättigt kehrte ich in den Innenhof zu meiner Wasch- und Tagebuchaktion zurück. Ezio machte sich auf die Suche nach einem Arzt, weil er sich nicht wohlfühlte. Auch die Rötung seines Armes war nicht zurückgegangen.

Nach meiner Arbeit folgte mein erster Spaziergang. Ich wollte mir die Kathedrale und den von Gaudí[27] gebauten Bischofspalast näher ansehen, beließ es aber beim Fotografieren, weil der Eintritt Geld kostete. Dafür kaufte ich mir lieber die Karte von Galizien, die ich demnächst brauchte und bummelte ein wenig durch die Innenstadt.

Von dem Radrennen, für das während unserer Ankunft gerade die Straßen gesperrt worden waren, bekam ich nur noch die Siegerehrung mit. Der Krach aus den Lautsprechern war unvorstellbar groß und für mich fast nicht erträglich. Es war mein zweites, aber noch nicht letztes Spektakelerlebnis auf meinem Jakobsweg.

Bei der Prüfung, wie trocken denn meine Wäsche schon sei, traf ich im Innenhof Radler, die ich in Logrono schon gesehen hatte. Auch sie erkannten mich.

Nachdem ich Ezio auch nicht fand, als ich zum Abendessen gehen wollte, ging ich allein zu dem Mittagslokal und leistete mir ein anderes Menü (4 Scheiben Speck, Pommes, gedünstete Paprika, Karamellpudding und dazu wieder ein großes Bier).

Als Verdauungsspaziergang wählte ich eine andere Route. Ich wollte den Park und die römischen Überreste sehen, denn Astorga ist wie Augsburg eine Römergründung, und ebenso alt. Vom Park aus war in der fast untergehenden Sonne die Sicht nach Westen und damit in unsere morgige Fahrtrichtung wunderbar. Auf dem Rückweg kam ich durch den bisher nicht gesehenen unteren Teil der Fußgängerzone mit dem großen Platz, Springbrunnen und dem Rathaus.

In der Albergue lag Ezio im Bett und fühlte sich wieder nicht wohl. Aber die Fahrt morgen mache er auf jeden Fall mit. Dabei sagte er mir auch, dass er nur bis Ponferrada mit mir fahren werde. Dort habe er ein Treffen mit einem dort wohnenden früheren Arbeitskollegen vereinbart, den er seit 20 Jahren nicht mehr gesehen habe.

Schade, Ezio war ein netter Kerl und seit seiner Anwesenheit war meine Pilgerfahrt eine Bequemreise wegen seiner Sprachkenntnisse geworden. Aber noch hatten wir einen gemeinsamen Tag vor uns, auf den ich mich trotzdem freute.

---

[27] Antoni Gaudí i Cornet (1852–1926), katalanischer Architekt und Künstler

Der sechsundzwanzigste Tag

Astorga – Ponferrada

Ich hatte ganz gut, aber nicht durchgeschlafen. Dafür sorgten sowohl die Geräusche des Straßenverkehrs, der sich kaum reduziert hatte, als auch meine Blähungen, die trotz Vermeidung von frischem Salat wieder da waren. Was ich noch nicht wissen konnte, war, dass ich sie erst zu Hause mit Fencheltee in den Griff bekommen würde.

Um 6:30 Uhr stand ich endlich auf, denn ab 7 Uhr gab es Frühstück. Und wir wollten so früh wie möglich aufbrechen, weil ein anstrengendes Erlebnis vor uns lag. Für 3 Euro gab's Tee, Weißbrotstangen und Marmelade; etwas wenig, aber immerhin warmer Tee war im Bauch.

Um halb 8 Uhr fuhren wir los. Ezio fühlte sich wieder in Ordnung.

Bald nachdem wir gestartet waren, empfand ich, als ob ich Blei in den Füßen hätte. Eine Erklärung dafür fiel mir nicht ein. Die Straße wurde schmal, buckelig und führte durch Büsche, übermannshohe Gräser und Bäume, so dass eine Sicht um uns herum nicht möglich war. Nach vorne war nur Straße, einsame, unebene und immer kurvige Straße.

Auf einmal war klar, wieso das Treten heute schwer fiel. Der Blick auf den Höhenmesser und der geistige Vergleich der morgendlichen Tagebucheintragung ergab, dass wir nach nur 7 Kilometern Strecke bereits auf über 1000 m Höhe waren. Da wir heute auf über 1500 m hoch mussten, war das noch nicht der Rede wert.

Allmählich führte die ansteigende Straße aus dem Buschland heraus und wir bekamen eine Rundumsicht. Damit wurde es auch wärmer und ich hatte das Gefühl, dass mir das Treten leichter fiel. Es handelte sich aber um eine Täuschung, verursacht durch den von der Sonne langsam wärmer werdenden Körper, denn die Anzeige des Höhenmessers stieg unverdrossen. Irgendwann begann ich damit, Ezio den nächsten vollen 10er zu sagen. Bald musste er darüber lachen und einmal maulte er, weil ich's vergessen hatte. Auch das Thermometer stieg langsam höher.

In El Ganso, einem ärmlichen Dorf in den Montes de León, das wir streiften, stoppten wir für eine erste Trinkpause und zogen endlich unsere ärmellosen Westen aus. Dabei sahen wir bei einem Blick zurück, dass nicht weit weg in den Büschen der Fußpilgertrampelpfad parallel zu uns den Berg hinaufführte.

Nach meinem Höhenmesser hatten wir noch etwa 200 Meter hinaufzufahren, aber wo tatsächlich die Bergspitze bzw. der höchste Punkt lag, war nicht zu sehen. Es ging einfach nur weiter bergauf und schwenkte langsam in Serpentinen ein. Es ging längst nur noch mit dem ersten Gang vorwärts, den ich nur mit dauergedrücktem Schalter halten konnte. Auch Ezio hatte Probleme mit seiner Schaltung. Er war mit seinen lediglich zwei Blättern vorne ohnehin schon im Nachteil mir gegenüber. Seine Handschaltung, dasselbe Prinzip wie bei meinem Radlerfreund Christian, für die hinteren Ritzel rastete immer erst nach mehreren Schaltversuchen ein.

Als ich vor uns in einiger Entfernung 2 Männer radeln sah und bei mir merkte, dass ich leicht schneller fahren könnte, trat ich stärker in die Pedale. Die beiden Männer hatte ich bald eingeholt, sogar den jüngeren dritten Mann, den ich vorher gar nicht bemerkt hatte. Obwohl es deutlich bergauf ging, lief es bei mir prima, sowohl kraft- wie auch atemtechnisch.

Kurz vor Foncebadon sah ich eine junge Frau vor mir radeln, die ich auch langsam einholte. Etwas erschrocken war ich nach einer weiteren Serpentinenkurve, als ich sah, dass der Anstieg noch steiler wurde und das Straßenhorizontende noch nicht das Ende war. Fast hätte mich in diesem Augenblick die Kraft verlassen und ich hätte absteigen müssen. Aber ein kurzes Stoßgebet zum heiligen Jakobus, dass ich doch einmal einen kompletten Berg in Spanien hinauffahren möchte, half mir. Das gab noch einmal einen Schub nach vorn, Gott sei Dank, denn kaum hatte ich den grade gesehenen Anstieg hinter mir, verflachte das Gelände und es ging nur noch sanft steigend etwa 300 m weiter. Und am Ende der Steigung sah ich dann den Steinberg mit dem Cruz de Ferro.

Langsam ausschnaufend und ausrollend fuhr ich bis zu den Holzgattern und stellte mein Rad dort hin. Ich war stolz über meine Bergleistung, war ganz stolz am Cruz der Ferro zu sein und heulte einfach los.

Kurz nach mir kam die grade überholte junge Frau an und blieb mit ihrem Rad ebenso schnaufend am Gatter stehen und stützte sich ab. Als ich sie mit „na, auch ko?" ansprach, verstand sie mich nicht, aber sofort waren drei junge Italiener da und übersetzten. Sie hatten von oben mein Überholmanöver gesehen und wollten dann von mir wissen, woher, wohin, warum, zunächst die pilgerüblichen Fragen. Ich erklärte ihnen meine Pilgerfahrt als Danksagung an Gott für mein bisheriges Leben, dass ich mit meiner Frau keinen Streit hätte, im Gegenteil, sie unterstütze mich sehr. In meiner Eitelkeit setzte ich noch einen drauf und sagte ihnen mein Alter. Da erhoben sie mich zu einem Champion und alle sagten „Congratulations".

15 Minuten nach mir kam Ezio an. Er fotografierte mich, als ich meinen Stein und den von Hanni und Franz niederlegte. Ich gratulierte Ezio, dass er trotz der gestrigen Unpässlichkeit heute so tapfer gefahren war. Wir waren laut Anzeige des Höhenmessers auf 1488 m und die Aussicht war fantastisch. Von der Anstrengung waren wir beide sehr nass und hatten einen Riesendurst. Zur Vorbeugung gegen Wadenkrämpfe und Erschöpfungszustände nahmen wir sicherheitshalber auch gleich das Magnesiumpulver.

Den höchsten Punkt dieser Etappe hatten wir aber noch nicht erreicht, wie ich wenige Minuten später feststellen musste. Es ging zwar bergab, aber nach einer Linkskurve erschrak ich. Die Steigung kam so überraschend und war nicht gering, so dass das Umschalten auf kleinere Gänge gerade noch klappte. Der Höhenmesser blieb bei 1495 m stehen.

Von hier konnte man wirklich von West nach Ost sehen. Ich schoss deshalb ein Panoramafoto.
Aber danach ging's hinunter ins Tal, sehr steil und sehr kurvig. Auch wenn von oben der Straßenverlauf abschnittsweise oft sehr gut zu übersehen war, fuhr ich dennoch äußerst vorsichtig und gebremst, obwohl die Straßenqualität deutlich besser war als in der Schweiz die Straße vom Haggenegg-Pass nach Schwyz. Mein Versprechen gegenüber Angelika, kein unnötiges Risiko einzugehen, hatte ich immer im Hinterkopf und wollte es auch einhalten. Die Folge war, dass ich von einigen Radlern überholt wurde und auch Ezio mich weit abhängte. Aber immer wieder wartete er auf mich. Der mir aus einem Buch einer Radpilgerin bekannte schlechte Rillenbelag von El Acebo fiel mir nicht unangenehm auf.
Auf der Brücke von Molinaseca zeigte der Höhenmesser mit 561 m den tiefsten Punkt an. Bis Ponferrada ging es auf einer recht komfortablen Straße wieder leicht bergauf.

In Ponferrada, 595 m, kamen wir um 12 Uhr an und suchten die TI. Zwar fiel das Fragen Ezio sprachlich leicht, es hinderte uns jedoch nicht, zweimal an der TI vorbeizufahren. Dabei lag sie so offensichtlich in dem Gebäudekomplex an dem großen Platz. Mit dem Stadtplan war alles Weitere nur eine Frage von Minuten.
Die Albergue San Nikolas von Flüeli hatte aber noch geschlossen und öffnete erst um 13 Uhr. Ich war der vierte Neuankömmling und konnte im

Schatten bequem auf den Wartestühlen Platz nehmen. Ezio verabschiedete sich von mir, um seinen ehemaligen Freund wieder zu sehen. Allerdings sagte er auch, dass er morgen früh wieder hier sei und mit mir nach Santiago fahren wolle. Deshalb werde er sein Rad hier in der Albergue abstellen.

Von dieser Aussage war ich so überrascht, dass ich ihm beinahe um den Hals gefallen wäre. Durch diese Aussicht und dass ich hier ganz sicher eine Unterkunft bekommen werde, überkam mich ein unglaublich glückliches Gefühl. Ich spürte Ruhe, Frieden und Dankbarkeit in mir aufsteigen und betrachtete die Anlage mit Genuss.

Die Herberge war aus Dankbarkeit von einem Schweizer nach seinem Jakobsweg gestiftet und im Jahr 2000 eingeweiht worden. Zur Herberge gehört ein durch Mauern abgegrenztes Grundstück mit einem kleinen Wasserbecken, eine große sonnenüberdachte Freifläche mit vielen Sitzplätzen, eine Kapelle, eine große Rasenfläche mit einer Jakobssäule, eine Totengedenktafel für die auf dem Jakobsweg Umgekommenen und großzügige Wasch- und Trockengelegenheiten.

Die Kapelle war 1665 von einem kinderlosen Ehepaar gestiftet worden. In den nachfolgenden Jahrzehnten wurde um sie herum ein Hospiz gebaut, das später zum Kloster wurde. Nach der Vertreibung der Mönche verfiel das Kloster und die Steine dienten der Stadt als Materiallager. Erst 1849 bekam die Kapelle durch die Anlage eines Friedhofes als Leichenhaus und Friedhofskapelle für rund 100 Jahre eine neue Funktion. Nach der Schließung des Friedhofs blieb die Kapelle jahrzehntelang verschlossen und begann wieder zu verfallen. Im Rahmen des Baues der Pilgerherberge wurde sie restauriert und in die Anlage der Pilgerherberge integriert. Seitdem wird täglich ein Gottesdienst bzw. ein Gebet mit anschließendem Pilgersegen angeboten. Darauf freute ich mich, denn bisher hatte ich auf meiner langen Fahrt noch keine Gelegenheit für einen Pilgersegen gehabt.

Ich bekam ein Vierbettzimmer zugeteilt, mit 2 Hochbetten und war zunächst allein. Alle Räume waren in derselben Qualität ausgestattet. Die Dusch-, Wasch- und WC-Räume sahen sehr neu und sauber aus. Da es Samstag war und mir die Öffnungszeiten der Geschäfte nicht bekannt waren, wollte ich gerade nach dem Duschen losziehen, um den Supermarkt zu suchen, den mir Klaus empfohlen hatte, als Klaus mit einem asiatischen Pärchen kam und denen das andere Hochbett zuwies.

Die beiden Koreaner waren auf einer 8wöchigen Tour, um Europa kennen zu lernen. Und 4 Wochen davon wollten sie auf dem Jakobsweg verbringen. In Deutschland hatten sie Berlin, Hamburg und München angesehen. Bestandteil des Münchenaufenthaltes war ein Ausflug zum Schloss Neuschwanstein gewesen...

Aufgrund der großen Hitze von 34° C wollte ich nicht schon wieder zum Schwitzen kommen und ging deshalb entsprechend langsam über den großen Parkplatz hinein in die Stadt, natürlich bergauf. Den Supermarkt hatte ich bald gefunden und er hatte tatsächlich noch auf, aber nur noch 15 Minuten, denn um 14 Uhr war Schluss. Thunfisch und Schinken aus der Dose, ein Glas spanische Mixpickles, 2 Riesentomaten, anstelle eines Weißbrotes – sämtliches Gebäck war ausverkauft – eine Tüte getoastetes Brot und 2 große Dosen Bier, das sollte mein Mittagessen sein.

In der großen Küche bereitete ich alles auf, männlich primitiv eben, speiste in aller Ruhe und konnte die vielen Neuankommenden beobachten. Zum erhofften Mittagsschlaf kam es nicht ganz, weil die Geräusche deutlich zulegten. Etwa 40 Kinder kamen für eine Übernachtung, obwohl der Platz dafür nicht vorhanden war. Für sie wurde ein Matratzenlager im Aufenthaltsraum des 1. OG eingerichtet.

Klaus war ein 67jähriger Deutscher aus Hessen und einer von 3 freiwilligen Helfern zur Betreuung der Herberge. Sein Alter war ihm an nichts anzumerken, so jugendlich wirkte er. Er war den Jakobsweg von Straßburg nach Santiago bisher 7x gegangen. Mit Beginn seiner Rentnerzeit hat er sich freiwillig gemeldet und hilft jedes Jahr 6 Wochen in irgendeiner Herberge, wobei ihm seine französischen, spanischen und englischen Sprachkenntnisse sehr helfen. Von Klaus hatte ich am nächsten Morgen erfahren, dass die Albergue mit 120 Gästen deutlich über den 80 Bettenplätzen belegt gewesen war.

Durch die vielen herumtobenden Kinder und die Hitze fand ich im Freien zunächst keinen ruhigen und schattigen Platz für meine tägliche Tagebucharbeit. Ich ging deshalb in die Kapelle, um sie zu besichtigen, um Ruhe zu finden und Dank zu sagen. Überrascht war ich über die doch vielen Leute, die während meiner Anwesenheit die Kapelle besucht haben. Um 19:30 Uhr sollte hier die Pilgermesse stattfinden und darauf freute ich mich schon.

Nach dem Waschen meiner Hemden fand ich dann eine alte Schulbank im Schatten, so eine wie aus meiner Kindheit, auf der ich meine Dokumentation erledigen konnte. Inzwischen war auch die Rasenfläche schon von Gästen belagert.

Wieder in meinem Zimmer, gerade aufräumend, kam Klaus mit einem neuen Gast, dem er das Bett über mir zuteilte. Der junge Mann war ein Ungar, sprach deutsch und sei deshalb auf dem Jakobsweg, weil dieser in Ungarn stark im Kommen sei. Während der Unterhaltung mit ihm fiel mir ein, dass ich auf dem Weg zum Supermarkt eine Fahrradwerkstatt gesehen hatte. Ob die noch offen hatte?

Ich schnappte mein Rad und war nach wenigen Minuten bei dem Laden. Alle Rollläden waren bereits heruntergelassen, aber die Tür stand noch eine Hand breit auf. Vorsichtig öffnete ich sie ganz und sah einen älteren Herrn, der gerade gehen wollte. Ich fragte ihn mit Gesten, ob er die Lenkvorrichtung wieder festigen könne. Seit Tagen zog ich die große Schraube mit der Hand an. Schon seit längerer Zeit hatte ich beim Bremsen und anschließenden Stillstand bemerkt, dass sich das blockierte Vorderrad vor und zurückbewegen ließ. Ich hatte Angst um die Fahrsicherheit.

Zunächst wollte der Mechaniker nicht, aber ich ließ nicht locker und bat um Werkzeug, damit ich es selbst machen konnte. Nun prüfte er mein Rad und holte wirklich Werkzeug. Allerdings wollte er das Problem selbst beheben, was er auch nach wenigen Minuten geschafft hatte. Als ich ihm erzählte, dass ich seit München aus Deutschland mit dem Fahrrad unterwegs sei, wollte er keine Bezahlung haben. Für meine kleine Spende auf den Tisch bedankte er sich und lachte dazu. Mir fiel ein Stein vom Herzen, dass diese Sorge nun endlich beseitigt war.

Ich brachte das Rad zurück zur Albergue und ging erneut in die Stadt, um einzukaufen, zu essen und zu fotografieren. Im schon bekannten Supermarkt deckte ich mich mit meinem Abendessen ein: Baguette, Bierschinken, Orangensaft und Wasser. Damit spazierte ich die Hauptstraße entlang, setzte mich auf eine Bank im Park und vesperte.

Kurz vor halb acht Uhr war ich in der Kapelle und wartete. Zusammen mit weiteren Besuchern waren wir 12 Leute, die auf den Pfarrer warteten und warteten. Es kam aber keiner. Nach und nach verließ einer nach dem anderen wieder die Kapelle. Ich war sehr enttäuscht, ging als letzter und beschäftigte mich auf einer der Bänke im Garten sitzend mit den Unterlagen über die Bau- und Bilderbeschreibung der Kapelle. Schade, endlich hätte es die Möglichkeit einer Pilgermesse gegeben und dann kam kein Pfarrer. Ich befragte Klaus dazu. Er meinte, wenn der Pfarrer nicht käme, dann müsse ihn eine andere wichtigere Aufgabe abgehalten haben.

Auf dem Weg ins Haus lief mir das koreanische Pärchen über den Weg, ausgerüstet mit einer Nikon-Kamera. Ich erzählte von meinen Nikons und Objektiven zu Hause, die mir aber für meine lange Radfahrt zu wertvoll gewesen seien. Deshalb hatte ich mir eine handliche und leistungsstarke Kompaktkamera gekauft. Als sie sich für meine Kodak interessierten, demonstrierte ich ihnen meine Topargumente für diese Kamera, die sie beeindruckte.

Um 21:30 Uhr ging ich ins Bett und wollte schlafen. Stolz und dankbar rekapitulierte ich diesen Tag, und freute mich auf morgen, wenn Ezio wiederkommen und wir gemeinsam weiterfahren würden. Würde er wirklich kommen?
Die anderen drei Zimmer-Mitbewohner waren noch unterwegs.

Der siebenundzwanzigste Tag

Ponferrada – Vega de Valcarce

Ich hatte recht gut, aber etwas zu kurz geschlafen. Ab 3:36 Uhr war es mehr Ruhen und Dösen als Schlafen.
Mit Einsetzen der Dämmerung schlichen die Koreaner und der Ungar leise aus dem Raum und wanderten weiter. Ich habe sie nie mehr gesehen.

Um 6:30 Uhr stand ich endlich auf und ging zum Rad, um es reisefertig zu machen. Da kamen 4 Radler aus dem Haus zu ihren Rädern, um loszufahren. Wir erkannten uns gegenseitig aus dem Refugio von Carrión. Es waren die Radler mit der Radwäsche und dem Speichenabriss. Warum auch immer schien ich für sie interessant zu sein, denn sie forderten mich zu einem Gruppenfoto auf.
Ezio hatte sein Kommen für 7 Uhr angekündigt. Mir war aber klar, dass er nicht pünktlich auf die Minute erscheinen würde. Aber irgendwie hoffte ich es doch, denn um jede Minute, die er später kam, wuchsen meine Zweifel. Ich überlegte mir einen Plan B, eine Weiterfahrt ohne Ezio. Aber kaum war ich in die Gedanken richtig eingestiegen, als ich hinter der Mauer ein Geräusch hörte. Es war ein Golf, der gehalten hatte, und aus dem Ezio ausstieg. Nachdem er mich seinem Freund vorgestellt hatte, packte auch er sein Rad und wir fuhren los. Sein Freund winkte uns lange nach.

Es war 7:45 Uhr und die Sonne konnte den Dunst noch nicht durchdringen. Ponferrada war größer als ich dachte, denn es dauerte lange, bis wir in die Außenbezirke kamen. Grundsätzlich war uns die Routenführung klar, doch konnten wir nie einen Wegweiser nach Camponaraya finden. An einer Straßenkreuzung stoppte Ezio zwei Motorradpolizisten, die uns dann die Richtigkeit unserer Route bestätigten. Kaum waren die Polizisten weitergefahren und wir noch nicht auf den Rädern, da entdeckten wir an einer Mauer einen Wegweiser nach Camponaraya, allerdings ziemlich von einer Kletterpflanze eingewachsen.

Die Straße war seit langem eine einzige Gerade und flach. Sehr weit in der Ferne erkannten wir ganz zarte Erhebungen, denn dort begannen die Ausläufer der Cordillera Cantabrica.

Nach der ersten Kurve, zu Beginn einer leichten Steigung sahen wir oben in einiger Entfernung ein Licht blinken. Beim Näherkommen entpuppte sich die Erscheinung als Blinklicht von Polizei- und Rettungsfahrzeugen. Wir erkannten auch die beiden Polizisten, die wir erst vor kurzem um Rat gefragt hatten. Die Fahrzeuge standen rechts am Straßenrand bzw. zu Beginn einer Seitenstraße. Links an der Böschung saßen 3 oder 4 Menschen, den Rucksäcken nach Pilger. Wir dachten an einen Unfall mit Fahrzeugen, hörten aber später am Tag davon, dass sich hier sehr früh morgens ein Unfall mit einem Pilger ereignet hatte. Der Pilger, ein junger Mann, sei später an den Unfallverletzungen verstorben.

Ezio erklärte mir eine alte spanische Unsitte, die wohl Ursache des Unfalls gewesen sein dürfte. Die Spanier gehen einmal in der Woche aus zum Saufen, und das am Samstagabend bis zum Sonntagmorgen. Deshalb ist am Sonntagmorgen überall die Polizei sehr präsent, um Besoffene am Fahren zu hindern bzw. aus dem Verkehr zu ziehen. Und heute war Sonntagmorgen. Dies erklärte auch die beiden Motorradstreifen.

Da fielen mir die grölenden und angetrunkenen jungen Leute ein, die wir morgens in Puente la Reina angetroffen hatten. Auch das war ein Sonntagmorgen gewesen. Mir wurde bei der Erklärung von Ezio ganz komisch im Bauch, denn wir waren genau in dieser kritischen Zeit, Sonntagmorgen, unterwegs. Es fuhren zwar fast keine Autos, aber wenn ausgerechnet in dem einen Auto, das auf unserem Weg fuhr, ein Betrunkener sitzen würde... Ich vertrieb den Gedanken mit einem „Jakobus hilft, Jakobus beflügelt, wir sind auf dem Weg nach Santiago". Auch die Steigungen und die Abfahrten in der bergiger und immer schöner werdenden Landschaft lenkten von dunklen Gedanken ab.

Und dann las ich das Ortschild von Villafranca del Bierzo. Wir hatten das Santiago für Kranke erreicht, wollten aber nach Santiago de Compostela! In den Straßen und engen Gassen war überhaupt nichts los.

Wir fanden aber trotzdem zum Hauptplatz, an dem zwei Bars geöffnet hatten, die von Fuß- und Radpilgern bevölkert waren. Da wir beide auch noch nichts gegessen hatten, blieben wir hier und bestellten uns Tee und die Frühstücksbocadillo. Wir waren nun am Fuß der Cordillera Cantabrica, die wir morgen überqueren mussten. Heute hatte ich unsere Fahrt nur bis Vega geplant.

Von der Tagesetappe mit 40 km hatten wir bis zum Frühstück schon über die Hälfte zurückgelegt. Nur zwei Straßen führten zu unserem Ziel: die Autobahn und die N VI. Auf ihr setzten wir unsere Fahrt fort und hatten wieder das Erlebnis, dass kein einziges Auto auf der ehemaligen Nationalstraße fuhr. Wir hörten nur immer wieder ein Rauschen von der Autobahn, deren Trasse über uns auf Stelzen verlief.

Ich hatte mich aus folgenden Gründen für Vega de Valcarce als Etappenziel entschieden. Es war Sonntag und ich hatte schon von Sonntagspilgerpausen gehört, und warum sollte ich, da ich gut in der Zeit zum voraussichtlichen Abflugtermin lag, nicht auch ein wenig langsamer tun; wir hatten gestern erst einen großen Aufstieg bei heißen Temperaturen gehabt und mussten die nächste schwere Überquerung der Berge nicht sofort am Folgetag durchführen; diese Anstrengung wollte ich nicht während eines heißen Tages machen, sondern möglichst früh bei Kühle und wenn wir frisch erholt waren. Ezio fand die Planung wie immer „tres bien".

Die Steigung der Straße bis Vega war harmlos und noch deutete nichts auf das morgige Ereignis hin. Recht lustig fand ich einen stark bepackten Mann, der die halbe Straßenbreite benötigte, als wir ihn überholten. Daran waren nicht seine Backen und sein Dreifachkinn schuld, vielmehr war seine Figur ringsherum äußerst stattlich, um das Wort fett zu vermeiden. Neben seinem Rucksack auf dem Rücken trug er links und rechts jede Menge Plastiktragetaschen.

Es war kurz vor 11 Uhr, als wir den kleinen Ort Vega (727 m) erreichten. Ich glaubte, dass wir bei den wenigen Häusern das Refugio automatisch finden würden. Aber auch hier gelang es uns am Wegweiser vorbeizufahren. Den markanten Punkt, den Brunnen mit laufendem Wasser für jedermann, hatte ich zwar gesehen, nicht aber das Schild darüber: Refugio. Als wir am Ende des Dorfes waren, hatte sich Ezio gleich den ersten Passanten geschnappt und nach der Albergue gefragt. Als wir dann beim Zurückfahren am Brunnen abbogen und das Schild sahen, war uns das Fragen peinlich.

Die einfache Unterkunft konnte nur schiebend erreicht werden, so steil ging es die ca. 40 m hoch. Quer vor dem Haus war eine kleine Terrasse mit

vielen Sitzgelegenheiten, schattenspendenden Bäumen und Wäscheleinen. Die Aussicht auf das Dorf und die Berge war wunderbar. Seltsam berührte es mich, als ich die Stelzen der Autobahn nicht weit hinter dem Haus sah.
Ezio und ich waren die ersten Ankömmlinge des Tages, was wir den Rufen der Nachbarschaft entnehmen konnten. Als sie uns sahen, riefen sie auf Spanisch „Maria, die nächsten kommen, Maria, jetzt kommt Arbeit".

Vom offenen Eingang des Hauses ging es in die beiden Toiletten, in die Duschkabine, in den Schlafraum mit 10 Hochbetten, eine Treppe hoch und in den Empfangsraum, der sowohl als Radabstellraum mit Internetanschluss und hinter einem Vorhang als Notunterkunft diente. Die Räumlichkeiten des OG's blieben mir unbekannt, denn ich erfasste nur immer meinen Bereich, den Bereich, den ich brauchte. Maria, die junge und hübsche Frau für alle Fälle, war noch beim Säubern der Spuren der Pilger der vergangenen Nacht, so dass uns ihr Mann aufnahm. Wie sich später herausstellte, gehörte Maria zu den Honoratioren des Ortes. Möglicherweise war sie sogar die Bürgermeisterin.

Nach dem Duschen spazierten Ezio und ich durch den Ort, stöberten in den ausgestellten Regalen des kleinen Supermarktes und wollten die Kirche besichtigen, was aber wegen des gerade stattfindenden Gottesdienstes nicht möglich war.
Inzwischen hatten wir Hunger bekommen und suchten nach einer Essmöglichkeit. Wir fanden aber nur ein Restaurant, ein für mich typisch spanisch eingerichtetes Lokal. Für 10,50 Euro gab's ein feudales Menü: Pastasalat, 3 Riesenscheiben Rinderbraten mit Pommes, Pilgerkuchen und ein großes Bier. Oh, war das gut und viel gewesen, und wie war ich voll! Nach einem kleinen Verdauungsspaziergang bis zum anderen Ende des Dorfes trennten wir uns. Ich wollte noch einmal in die inzwischen leere Kirche gehen und Ezio zu dem Supermarkt, um eventuell Souvenirs für seine Lieben zu kaufen.

Beim Betrachten in der Kirche wunderte ich mich über die leeren Nischen im Altar, und dachte mir dazu überhaupt nichts. Als ich nach einem Gebet die Kirche verließ und langsam zum Refugio bummeln wollte, hörte ich Musik. Sofort versuchte ich, sie zu orten und dorthin zu laufen, als die Spitze einer Prozession hinter einem Haus auftauchte.
Voller Begeisterung über das, was ich sah, nahm ich an, dass heute ein Festtag sein müsse, wenn ein kirchlicher Umzug stattfand. Die drei fehlenden Kirchenfiguren wurden vor dem Pfarrer durch das Dorf getragen, dahinter folgte eine mexikanische (!) Gesangsgruppe mit wunderbarer

Musik a la Los Paragayos. Hinter den Honoratioren, in deren Mitte Maria zu mir lachte, ging das Volk. Ich dankte Gott für dieses einmalige Erlebnis einer Prozession in einem anderen Land. Nach dem Einzug der Heiligenfiguren und des Pfarrers in die Kirche löste sich der Umzug auf und ich konnte mir die traditionell in schwarz gekleideten Musiker aus der Nähe betrachten. In Strömen lief ihnen der Schweiß übers Gesicht, aber vermutlich nicht nur dort...

Im Refugio wollte ich den Tag dokumentieren und nach Möglichkeit schlafen. Inzwischen waren weitere Pilger angekommen und machten den Eingang eng, die Terrasse voll und steigerten den Geräuschpegel.

Am späteren Nachmittag wurde ich Zeuge, wie ein Pilger an den Füßen verarztet wurde. Er hatte sich an beiden Fußsohlen erhebliche Blasen zugezogen und konnte damit nicht mehr weiterlaufen. Eine junge Pilgerin behandelte ihn. Mir grauste, als ich das Anstechen der Blasen sah und darunter das rote Fleisch herauskam. Wenig später sah ich den Blasen-Mann erst entspannt auf der Terrasse sitzen und kurz darauf wieder laufen. Mit dick verbundenen Fußsohlen steckte er in offenen Schuhen und machte erste vorsichtige Gehversuche. Morgen gehe er auf jeden Fall weiter, meinte er.

Ezio kam mit einer dicken Zigarre und einer Plastiktasche vom Einkauf zurück, holte seine Badehose und wollte in den Valcarce zum Baden gehen. „Du rauchst Zigarre?" fragte ich überrascht. Ezio zog genüsslich, lachte und meinte, sonntags immer; außerdem fühle er sich rundum wohl – so meine Interpretation aus dem italienischen, spanischen, deutschen und englischen Sprachengemisch. Voller Stolz zeigte er mir die beiden T-Shirts, die er für seine Mädchen gekauft hatte.

Mir machte die Anwesenheit von Ezio einfach Spaß!

Auf unserer ersten Besichtigungstour hatten wir an dem Gebirgsbach eine Art Bad entdeckt. Die inzwischen wieder wolkenlosen 35° C und die sonntägliche Ruhepause machten ihm Appetit auf eine Erfrischung.

Schlafen konnte ich nicht, aber die Ruhe in dem halbdunklen Raum tat auch gut. Nur der Stachel mit dem Badengehen, der saß und schmerzte immer mehr, bis ich endlich aufstand, Badehose und Handtuch packte und Ezio suchen ging.

Ezio lag am Bach schlafend im Schatten der Bäume, vermutlich schon erfrischt. Leise zog ich mich um und testete die Wassertemperatur. Und da

lachte er auf einmal hinter mir und sagte irgendetwas, was ich nicht verstand, vermutlich aber Spott war.
Das Wasser empfand ich zunächst schon als sehr kalt, aber ich gewöhnte mich schnell daran. Bei der Tiefe von etwa 60 cm und der in diesem Bereich geringen Strömung könne ich im Falle eines Hitzschlages kaum ertrinken, dachte ich und frischte mich vorsichtig ab. Nach kurzer Zeit schwamm ich wirklich, gegen die Strömung und blieb damit immer an der gleichen Stelle. Es war herrlich, einfach ein wunderbares Gefühl: Sonntag, Radeln heute schon beendet, eine Prozession gesehen, gut gegessen, das Bett für die Nacht gesichert, ein Bad in einem frischen und klaren Gebirgswasser genießen, nur noch rund 170 km bis Santiago und die längste Zeit von meiner Angelika getrennt gewesen zu sein!
Auch Ezio kam wieder ins Wasser und wir planschten. Damit machten wir andere Spaziergänger neugierig. Einige kamen und ließen sich auf der Wiese nieder, andere gingen ins Wasser. Ein Mann und eine Frau machten das mangels Badezeug in ihrer Unterwäsche – sehr interessant..., aber wen sollte das stören? Vermutlich waren es auch Pilger und die hatten bei den Einheimischen wohl ohnehin Narrenfreiheit.

Als wir so im Wasser rumtollten, fuhr an der angrenzenden engen Straße ein riesiger Sattelschlepper vorbei. Wir dachten, er hätte sich verfahren, aber nach einigem Manövrieren war er an der Engstelle vorbei und fuhr zu dem freien Platz, den wir gerade noch von unserer Liegewiese aus sehen konnten.
Nach einiger Ruhezeit im Gras schaute ich nach dem LKW, konnte aber nur den Aufleger sehen, der inzwischen geöffnet war. Der Aufleger war eine fahrbare Bühne für eine Band, wie man an den Lautsprechern erkennen konnte! Bestand da ein Zusammenhang zwischen dem Umzug und dem Aufleger? Am Abend wussten wir es dank Ezios Sprachkenntnissen. Heute endete ein dreitägiges Fest mit allgemeinem Tanz auf dem Dorfplatz.

Der Schatten der Berge machte nicht kalt, uns aber Beine zur Beendigung des Badetages. Wir spazierten einen anderen Weg zurück zur Hauptstraße und unserem Refugio. Ich hängte nur die nassen Badesachen auf und ging dann zu dem Supermarkt, denn Ezio hatte mich schon wieder angemacht, diesmal mit dem Kauf der T-Shirts. Aber Souvenirs kaufen, hier, mitschleppen, gibt's überhaupt ein ansprechendes Angebot, habe ich denn eine Idee? – Dies alles ging mir durch den Kopf.
Bei der Befriedigung der Schaulust, bei der Durchsicht des Angebotes also, fiel mir ein T-Shirt mit einem Jakobspilger mit Fahrrad auf. Dieser lustige Radlpilger mit Bart würde doch zu mir passen, oder? Bis Mansilla

hätte das mit dem Bart sogar auch noch gestimmt. Meine Frage nach meiner Größe in meiner Lieblingsfarbe rot verstand die Frau. Sie suchte ihre Vorräte durch, konnte mir aber mit der Farbe nicht dienen. Was blieb mir anderes übrig, als den Radler auf blauem Hintergrund zu nehmen, wenn die Größe stimmte und der Preis (9 €) akzeptabel war? Kaufen – eben!

Als ich den Laden verließ, hörte ich deutsche Worte. Sie kamen von zwei jungen Frauen mit Mountainbikes, die auch die Auslagen durchstöberten. Ich ging hin und sagte ihnen, dass ich fern der Heimat begeistert sei, wieder einmal deutsche Laute zu hören. Auch die beiden waren überrascht. Sie stammten aus Stuttgart und waren seit Pamplona mit dem Rad unterwegs. Übernachten wollten sie eigentlich im nächsten Ort, waren aber wieder zurückgekommen, weil sie dort unfreundlich abgewiesen worden waren. Ich empfahl ihnen unser Refugio, falls noch Platz vorhanden sei oder das Hostal gegenüber dem Restaurant, das ich nach dem Mittagessen beim Verlassen des Lokals entdeckt hatte. Es musste mit dem Lokal zusammenhängen, denn abends saß davor dieselbe Frau, die ich mittags in der Küche beim Kochen gesehen hatte.

Von den beiden Mädels erfuhr ich, dass der Unfall heute Morgen vor Villafranca einem Pilger das Leben gekostet hatte. So jedenfalls waren ihre Informationen. Wir verabschiedeten uns voneinander in der Hoffnung, uns auf der Strecke nach Santiago heil wieder zu sehen.

Im Refugio angekommen sah ich Ezio im Gespräch mit dem Mann, den wir heute Morgen mit seinen vielen Tüten auf der Straße überholt hatten. Auch er machte hier im Refugio einen Stopp und war beim Zubereiten einer Gazpacho[28], als Ezio ihn entdeckte. Der Dicke – Ezio und ich nannten ihn der Erscheinung wegen Sancho Panza, wie den Schildknappen von Don Quijote – war scheinbar allgemein bekannt und kam jährlich um diese Zeit hierher. Woher er kam und wohin er ging, haben wir nicht erfahren, glaube ich. Oder ist mir das auch schon wieder entfallen?

Baden machte hungrig und nichts tun auch, also gingen Ezio und ich wieder auf Esssenssuche. Mangels Alternative kehrten wir erneut in unser Mittagsgasthaus ein und bestellten uns ein Pilgermenü. Ezio übersetzte mir wieder die jeweils 5 Angebote der Menüfolge. Wir entschieden uns für Paella, Calamares mit Pommes, Eis und ein kleines Bier; Preis 8 €.

Wir waren uns beide einig, dass wieder ein Verdauungsspaziergang notwendig sei. Auf dem Weg zum Ende des Ortes kamen wir zwangsläufig

---

[28] Spanische kalte Suppe aus ungekochtem Gemüse

erneut bei dem Laden vorbei und Sekunden später hatte Ezio wieder eine Zigarre im Gesicht, und grinste spitzbübisch.

Am hintersten Haus bei den Quellen auf den Wiesen überraschte uns ein Spektakel. Die Musik war laut und konnte nur von dem Aufleger stammen, der heute Nachmittag auf dem Dorfplatz aufgestellt worden war. Später erfuhren wir, dass der Tanz um 21 Uhr beginne und bis 22 Uhr dauere. Dann sei bis Mitternacht eine allgemeine Esspause und anschließend gehe es bis 4 Uhr morgens weiter. Ezio und ich waren neugierig und wollten uns näher ansehen, was alles geboten sei.

Um den Dorfplatz herum waren Spielgeschäfte für die Kinder aufgestellt, wie bei unserem Volksfest. Der Platz selbst war ziemlich voller Menschen, die zu der Musik tanzten, die die 5-köpfige Band auf der Auflegerbühne machte. Gespielt und gesungen wurde Popmusik, aber auch spanische Folklore. Ezio sang jedenfalls zu einigen Lieder genauso mit, wie fast alle anderen Besucher. Viele Kinder saßen vor der Bühne auf dem Boden und bestaunten die Musiker mit offenen Mündern. Unangenehm fielen mir die jüngeren Männer auf, die sich weder am Tanz, noch am Gesang beteiligten, sondern nur an den Theken standen und Alkopops tranken. Da fiel mir wieder die Sache mit dem Wochenendsaufen der Spanier und dem tödlichen Unfall des Pilgers ein.

Mit der Pause um 22 Uhr leerte sich der Platz recht schnell und auch wir gingen zurück zum Refugio.

Ich legte mich in mein Bett und schloss die Augen, um den Tag vor meinem geistigen Auge vorbeiziehen zu lassen. Dabei muss ich wohl sehr weit weggerutscht sein und wurde durch plötzliches heftiges Lachen der anderen Schlafgäste geweckt. Erschrocken schaute ich mich um und hörte in der Erinnerung der letzten Sekunden noch mein eigenes Geräusch. Ich hatte vermutlich eines dieser lustigen Grunzgeräusche von mir gegeben, die auch Angelika zu Hause schon öfter zum Lachen gebracht hatten. Keiner der anderen Gäste schaute mich zwar an, aber genau das war das Verdächtige. Nur ganz langsam verebbte das Gelächter, vereinzelt wurde noch einmal kräftig nachgelacht. Ich glaube, ich hatte bestimmt ein sehr rotes Köpferl. Ezio war noch draußen auf der Terrasse und hatte von meinem Grunzer nichts mitbekommen.

Sicherheitshalber legte ich mich auf die Seite, damit ich schlafen konnte und die anderen nichts mehr zu lachen hatten.

Der achtundzwanzigste Tag

Vega de Valcarce – Portomarin

Der Schlaf war nur kurz, denn plötzlich war wieder die laute Musik zu hören. Die Krachquelle war bestimmt über 500 m Luftlinie von uns entfernt, aber wir hörten alles, sogar das Gerede der Leute während der Musikpausen.
Um halb fünf Uhr wurde ich erneut wach, weil mir etwas fehlte: der Musikkrach. Hatte ich etwa trotz des Lärms geschlafen? An ein Weiterschlafen war jetzt nicht mehr zu denken, denn um 5:20 Uhr rührten sich die ersten Wanderer und schlichen hinaus.
Um 6:30 Uhr standen auch wir beiden Radler auf, um uns reisefertig zu machen. Beim Packen der Räder fiel mir die etwas warme feuchte Luft auf. Oder war es Einbildung durch das Schlafdefizit? Als Frühstück gab es 2 Müsliriegel und 5 Schluck Wasser.

Die Temperaturkontrolle ergab 17° C um 7 Uhr, als wir bei wolkigem Himmel nach Sarria, unserem heutigen Etappenziel, aufbrachen. Rückschlüsse auf das Wetter konnte ich keine ziehen, weil ich erst später merkte, dass ich am Morgen die aktuelle Höhe nicht notiert hatte. Ein Vergleich der abendlichen und morgendlichen Höhe lässt eine minimale Prognose über das Wetter zu, bezogen auf den aktuellen Ort.
Vor uns lag nun eine Höhendifferenz von rund 600 Höhenmetern, die auf 12 Kilometer bis Cebreiro zu überwinden war. Ich hatte Maria noch gefragt, wie wir am besten nach Cebreiro kommen und insgeheim gehofft, dass es einen flacheren Weg dorthin geben würde. Aber es gab nur einen kürzeren, den sie mir auf einem Papier aufskizziert hatte. Doch trotz großer Aufmerksamkeit von Ezio und mir konnten wir die besagte Abzweigung nicht finden.

Beim Runterschalten hatte ich neue Probleme. Jetzt wollte der zweite Gang auch nicht mehr einrasten, zum ersten Gang kam ich überhaupt nicht mehr. Um mit dem zweiten Ritzel zu fahren, musste ich mit dem Daumen den Schalter gedrückt halten. Oh Gott, und das bei Beginn dieser Bergtour.
Und es kam noch unangenehmer. Nach der zweiten Biegung war die Wettertendenz klar – es würde heute schlechtere Wetterbedingungen geben. Ich hatte ja geplant, die Bergfahrt bei niedriger Temperatur zu machen, aber was dann kam, war doch schlimmer als erwartet. Der Gegenwind, den wir spürten, nahm nach jeder Kurve zu. Er machte uns aber noch nichts aus, weil wir schon wieder schwitzten. Auch die Feuchtigkeit nahm spürbar zu.

Kurz bevor wir unsere Wetterklamotten angezogen hatten, überholte uns bergauf ein Radler. Es war der Holländer von Nájera, unterwegs seit Holland bis hierher, der im ersten Gang so schnelle Pedalumdrehungen machte, dass mir beim Zuschauen gleich die Luft wegblieb. Außerdem war er sehr mutig bekleidet: oben trug er nur ein Muskelshirt.

Der Wind war inzwischen so heftig geworden, dass wir bei 1000 m Höhe die Regenjacken als Windschutz anzogen und bis zum Kinn dicht machten. Die Sicht nahm wegen des Nebels drastisch ab, so dass wir nur noch von einem Leitpfosten zum anderen sahen. Von der laut Autokarte landschaftlich schönen Strecke war keine Spur zu sehen!

Wir überlegten, ob wir in Pedrafita (1099 m) eine Frühstückspause machen sollten. Doch als wir an die erste Bar kamen und die noch geschlossen war, fuhren wir weiter und bogen Richtung Cebreiro ab.

Durch den Richtungswechsel hatten wir jetzt zwar keinen Gegenwind mehr, dafür nässte nun der dichte Nebel, der nicht einmal mehr die Sicht bis zum nächsten Pfosten ermöglichte und der Verkehr nahm zu. Ohne Vorwarnung wie das normalerweise anwachsende Geräusch fuhren plötzlich Autos vorbei, von oben wie von unten kommend. Gott sei Dank hatten unsere Regenjacken leuchtende Sicherheitsfarben und die Autofahrer fuhren ein vernünftiges Tempo. Es dauerte nicht lange und die Regenjacke glänzte vor Nässe. Als ich am Kopf Kälte empfand, stoppten wir im Windschatten eines Stadels. Ich zog mir die winddichte Mütze unter den Helm und wechselte die Radlerhandschuhe in meine wind- und wasserdichten Handschuhe. Ezio hatte zwar auch eine Kappe, die er unter den Helm ziehen konnte, aber keine weiteren oder geschlossenen Handschuhe, der arme Kerl. Die Temperatur war auf 8,2° C gefallen. Das war zwar noch nicht meine niedrigste Temperatur auf der ganzen Strecke, aber in der Summe war es das widrigste Wetter.

Nach Cebreiro (1293 m) selbst fuhren wir nicht hinein, denn es gab nichts außer Nebel zu sehen.

Danach, kurz vor der Pilgerfigur am Alto san Roque, ließ das Nässen nach und wir stoppten nur zu einem Erinnerungsfoto. Aus dem Nichts kamen weitere Radler, aber auch Fußpilger vorbei. Meine Stimmung hellte sich leicht auf, weil ich wusste, dass es von hier bis zur höchsten Höhe am Alto del Poyo nur noch max. 4 Kilometer sein konnten. Dann war unser höchster Punkt in dieser Etappe und für die Reststrecke bis Santiago erreicht.

Unterwegs hatte ich Ezio immer über unseren Stand informiert, wie viel wir schon gefahren und wie hoch wir inzwischen waren, aber auch, wie die

Temperatur immer weiter gefallen war. Ezio hatten diese Ansagen immer gefallen. Wenn ich einmal längere Zeit nichts gesagt hatte, weil ich ihn an Steigungen vorübergehend abgehängt hatte, dann maulte er und wollte den neuesten Stand wissen; tempratura, kilometre, haa... Ich höre geistig immer noch seine Stimme und sehe sein schelmisches Grinsen dabei.

Ab dem Alto del Poyo mit seinen 1335 m ging es langsam abwärts, das Treten fiel leichter, größere Gänge konnten geschaltet werden und die Geschwindigkeit nahm zu. Es dauerte nicht allzu lange, da hatte ich das Gefühl, es würde heller. Der Nebel war längst nicht mehr nass, er wurde heller, bis er ganz verschwand. Für wenige Augenblicke konnten wir erleben, wie wir aus den Wolken, dem Nebel herauskamen und wie dann diese eben verlassene weiße Schicht als Deckel über uns lag. Endlich konnten wir mehr von der Landschaft sehen, die seit langem und noch bis Sarria in der Straßenkarte als besonders schön bezeichnet wird. Ich hatte mich im Vorfeld schon sehr auf diese 17 Kilometer lange Abfahrt gefreut. Schade war, dass wir nicht das sonnige Wetter der letzten Zeit hatten. Unter den heutigen Gegebenheiten war ich froh, endlich dem Nebel, der Nässe und der Kälte entflohen zu sein.

Nach einer langen Fahrt von etwa 30 Kilometern seit der Pilgerfigur am Alto san Roque stoppten wir erstmals wieder beim Kloster Samos. Wir waren beide durch die lange Abfahrt und den Fahrtwind so steif, dass das Absteigen Mühe kostete. Ich hatte trotz der Handschuhe sehr kalte Hände, aber Ezio hatte es noch schlimmer erwischt. Er brachte sekundenlang die Hände nicht vom Lenker weg, so verkrampft waren sie, obwohl inzwischen die Temperatur auf 18° C angestiegen war.
Als wir nach den geschossenen Fotos weiterfuhren, sah ich den Holländer, der uns beim Anstieg nach Vega überholt hatte. Er hatte seine mutige Sonnenanbeterbekleidung auch den Witterungsverhältnissen angepasst und fuhr mit Jacke. Ich fuhr eine Zeit lang mit ihm, ohne dass sein Tempo mir Probleme bereitet hätte. Der eigentliche Grund meiner Mitfahrt war ja herauszubekommen, ob ich mit ihm mithalten konnte. Im Gegenteil, ich hatte das Gefühl, ich könnte noch einiges mehr geben, ohne an meine Grenzen zu stoßen. Aber als ich mich nach Ezio umdrehte, war er nicht mehr zu sehen. Das Tempo war für ihn zu hoch, also stoppte ich und wartete auf ihn.
Beim gemeinsamen Weiterfahren merkte ich, dass er doch langsam war. Das Problem war aber auch bei ihm die Schaltung. Auch er musste an den Steigungen, und das waren nicht wenige – von Vega bis Portomarin 1571 Höhenmeter! -, mit größeren Gängen fahren. Das kostete ihn viel Kraft.

Und wer weiß, ob er nach der Kälte und der langen kühlenden Abfahrt überhaupt schon richtig aufgetaut war?

Kurz vor Sarria nahm der Verkehr deutlich zu. Trotz langsamer Fahrt und sorgfältiger Beobachtung konnten wir keinen Wegweiser zu einer TI oder dem Refugio sehen. Aber für Ezio kein Problem. Er fragte und wir mussten von der Hauptstraße runter.

Auf dem Weg zur Altstadt, die auf einem Berg lag, kamen wir an einem Radgeschäft vorbei. In Gedanken malte ich mir bereits aus, dass wir unsere Räder dorthin bringen könnten, wenn wir unsere Unterkunft gesichert hatten. Aber auch das kam anders.

In einer bergauf führenden Gasse fanden wir das Refugio. Der Empfangsraum war voller Menschen und am Empfang selbst wurde Ezios Anfrage auf eine Unterkunft negativ beantwortet. Was sollten wir nun machen? Die etwas unfreundliche Dame verwies uns auf die gegenüberliegende Peregrino-Stelle.

Dort wurde Ezio gesagt, dass auch das zweite Refugio schon belegt sei. Er erhielt eine Liste mit den Herbergen bis Santiago, deren Schlafplatzanzahl und die Telefonnummern. Die Frau in der Vermittlungsstelle rief für uns bei der nächsten Herberge an, aber dort ging niemand ans Telefon. Was tun? Weiterfahren, bis wohin? Bis Santiago waren es ungefähr noch 125 km und eine Unterkunft zu bekommen würde nicht einfacher, weil sich nun die Pilgermassen auf das Ziel hin verdichteten. Dazu kam, dass die Tageszeit gegen uns sprach: *Je später man ankommt, desto unwahrscheinlicher ist es, ein Bett zu erhalten!*

Nach kurzer Überlegung entschlossen wir uns, bis zur nächsten Herberge in Belante weiterzufahren. Sollte es dort auch wieder nicht klappen, dann führen wir weiter zur nächsten. Im schlimmsten Fall wollten wir bis Portomarin fahren. Sollte dort auch kein Platz mehr sein, dann würden wir auf eine Pension oder ein Hotel ausweichen. Bisher waren wir erst 68 Kilometer gefahren, da sollten die noch 22 zu fahrenden, auch zeitlich, leicht möglich sein.

Um aus Sarria rauszukommen, mussten wir erst noch den steilen Berg hochfahren. Dann ging es über einen miserablen unbefestigten Weg - teils sandig, teils kiesig, teils Teerbrocken - steil bergab. Am Ende kamen wir wieder auf die LU633, die Straße, auf der wir nach Sarria gekommen waren und die nach Portomarin führt. Und gleich ging es ziemlich lange kurvig bergauf.

Die Suche aber nach Schildern mit den Ortsnamen wie z. B. Belante, in denen Herbergen seien, war leider vergeblich. Bei mir stieg der Frust so hoch, wie die Laune sank.

In Paradela musste ich absteigen, weil ich mich irgendwie schlapp fühlte. Als ich mit den Füßen auf dem Boden war, merkte ich, wie meine Knie vibrierten und meine Hände zitterten. War es Unterzucker? Zwar hatte ich in Vega Müsliriegel gegessen und auf der Strecke erneut zwei, ich hatte auch immer wieder getrunken, doch schien das durch die Anstrengung längst abgebaut zu sein.

Ich bräuchte eine Pause, sagte ich zu Ezio und sah völlig überrascht direkt vor mir einen kleinen Lebensmittelladen, der noch geöffnet hatte. Mit hungrigem Magen... Bananen, Äpfel, Gebäck und Getränke waren gleich gekauft und bald auch gegessen. Langsam fühlte ich mich besser und wir machten uns auf die letzten 10 Kilometer.

Komisch, ich hatte den Eindruck, dass alles freundlicher wirkte. Lag es am Wetter – es war doch nach wie vor bewölkt, lag es an der nur noch kurzen Strecke – es ging doch wie bisher dauernd anstrengend rauf und runter, lag es am nun ausgiebig gefüllten Bauch – so schnell konnte doch die Verdauung auch nicht sein, oder?

Endlich kam Wasser in Sicht. Es war der aufgestaute Rio Mino. Dahinter lag Portomarin. Was uns hier wohl erwartete? Dank Ezio war es für mich kein Problem, trotzdem hatte ich leichte Sorgen, verstärkt durch unser Erlebnis von Sarria.

Die Fahrt runter zum Fluss und über die Brücke war toll, die Aussicht sehr schön, aber drüben ging es sofort wieder steil bergauf. Portomarin war vor noch nicht allzu langer Zeit umgesiedelt worden, weil es zu nahe am Fluss lag, der in der Gegend mit natürlichen Grenzen aufgestaut werden sollte. Die Häuser waren abgetragen und auf einem höheren Gelände eins zu eins wieder aufgestellt worden. Natürlich wurde dabei der Ort straßenmäßig moderner angelegt.

Auf der Suche nach dem Refugio kamen wir an einer Pension vorbei. Ich schlug Ezio vor, hier doch gleich zu fragen, was er ablehnte. Wir fuhren langsam weiter durch den Ort und staunten, wie viele Pilger, mit Rucksäcken und mit Rad, hier zu sehen waren. Gegenüber der Kirche lag eine Sporthalle, die Poliodeportivo. Dort schauten wir kurz hinein und sahen, dass etwa 20 Leute auf Isomatten lagen. Meine Zweifel über eine Unterkunft wuchsen. Aber Ezio wollte zum Refugio. Es war längst belegt. Das Zweite war geschlossen. Wir fuhren zurück zu der Pension, die wir vorhin gefunden hatten: auch schon belegt. Dann fragte Ezio in einem Hotel: auch alles belegt!

Auf der Hauptstraße standen wir um uns blickend, als ich auf einmal ein bekanntes Gesicht sah. Der Radler mit Anhänger war einer der 4 Franzosen von St.Jean-Pied-de-Port. Wie kam der mit Anhänger hierher? Wo hatte er uns eventuell überholt? Ezio und er unterhielten sich und dann bot der Franzose uns an, mit ihm zu campieren. Das lehnte ich ab, weil ich weder eine Isomatte, noch einen wärmenden Schlafsack hatte. Außerdem, musste ich mir das in meinem Alter zumuten? Der Franzose radelte weiter und wir fuhren wieder zu der Sporthalle.

Inzwischen war deutlich mehr Fläche belegt. Ezio brachte in Erfahrung, dass wir hier kostenlos übernachten könnten, auf dem Boden. Oje, vielleicht würde ich die eine Nacht überstehen, aber was wäre mit der nächsten? Ich erklärte Ezio, dass eine Isomatte schon sehr nützlich wäre, aber woher nehmen, wenn nicht stehlen?

Beim Spaziergang unter den Arkaden an der Hauptstraße entdeckten wir ein Sportgeschäft, in dessen Schaufenster Isomatten angeboten wurden. Als dann der Laden noch geöffnet war, fiel mir ein Stein vom Herzen, denn nun konnten wir uns wenigstens eine Unterlage kaufen. Die Bandbreite der Preise lag zwischen 7 € für die Einfachmatte und 32 € für die Komfortmatratze, die sich selbst aufbläst, wenn man sie ausrollt. Uns genügte das einfache Stück und wir gingen damit zur Sporthalle zurück, um uns einen Platz auszuwählen.

Inzwischen war die freie Fläche schon wieder geringer geworden. Zwei Toiletten gab es und auch zwei Duschen. Diese wurden allerdings bewacht und konnten nur gegen 1 € benutzt werden. Es war alles sehr primitiv, aber wir waren ja Pilger...

Die verschwitzte Kleidung konnte an Wäscheleinen aufgehängt werden, die an den Seitenwänden angebracht waren. Der Zugang zu den Wänden war aber bereits durch dort liegende Pilger kaum möglich.

Wir richteten unser Lager am Ende der Liegeschlange ein, die inzwischen in der Mitte des Raumes angekommen war. Laufend kamen neue Gäste an. Eine vierköpfige Gruppe aus Österreich schloss sich bei uns an und war mit ihrem Lager fast fertig, als ein Bekannter zu ihnen kam und erzählte, er habe doch ein richtiges Quartier gefunden. Wort- und grußlos verschwanden die Österreicher wieder.

Der Räderpark am Anfang der Halle war inzwischen gewaltig angewachsen. Wenn jetzt der sein Rad wollte, der es als Erster an die Mauer angelehnt hatte?

Nach Erledigung aller Arbeiten, Duschen, Wäsche aufhängen, Schlafstelle herrichten, Tagebuch schreiben, brachen wir zum Abendessen auf. Wir spazierten die Hauptstraße auf und ab, und Ezio schlug dann ein Lokal vor. Er hatte auch zeitlich klug gewählt, weil wir die ersten Gäste nach der Abendöffnung waren, die bedient wurden. Wir bestellten ein Combinades, ein Menu incl. großes Bier für 9 €. Auch hier hatte Ezio wieder richtig gehandelt.

Beim Essen diskutierten wir über unsere weitere Pilgerfahrt. Mein ursprünglicher Plan mit kleinen Etappen geriet wegen des Negativerlebnisses in Sarria schon außer Takt, sodass wir nach Portomarin, weitergefahren waren, das nicht in meinem Plan vorgesehen war. Der nächste Übernachtungsstopp in Melide würde vermutlich auch nicht klappen. Wenn wir morgen gleich bis Santiago durchfahren? Wäre doch machbar, denn es sind ja nur noch rund 100 Kilometer, oder? Ich akzeptierte sofort Ezios Vorschlag, denn darauf wollte ich ja hinaus, und damit bekam der kommende Tag eine neue Bedeutung.

Nach dem Essen zog sich Ezio zurück und ich wollte den Ort abseits der Hauptstraße entdecken. Neben den Fotos, die ich schießen konnte, nahm ich auf einmal ein Geräusch wahr, das etwas eigenartig klang. Es hörte sich wie Glockenklang an, aber doch irgendwie anders. Mir war es egal, bedeutete Glockenläuten doch der Ruf zum kommenden Gottesdienst und darin sah ich eine Chance, endlich vielleicht eine Pilgermesse mitfeiern zu dürfen.

Ich ging zurück zur Kirche und suchte die Quelle des Läutens. Es kam nicht von Glocken aus dem Kirchturm – den gab es nicht. Dafür entdeckte ich mehrere Lautsprecher am Rand des Kirchendaches...

Innen war die Kirche sehr schlicht mit einfachen Bänken eingerichtet. Wären nicht seitlich des Altarraumes in beiden Nischen Statuen der Gottesmutter und eines Bischofs gestanden, dann hätte es in der Kirche keinerlei Schmuck gegeben.

Bis zum Beginn des Gottesdienstes war die Kirche voller Menschen. Auch wenn die Messe in Spanisch gehalten wurde, so kam mir doch alles bekannt vor. Ich betete eben mein Vaterunser in Deutsch und der Friedensgruß mit der Geste ist ohnehin international.

Ob es eine Pilgermesse war, konnte ich nicht beurteilen, aber die Teilnahme an einem Gottesdienst, der erste und einzige auf meiner Pilgerfahrt, war schon ein erhebendes Gefühl. Voller Stolz ging ich danach zu Ezio in die Polideportivo und erzählte ihm davon.

Ich war total überrascht, wie voll nun die Sporthalle war. Ich schätzte die Menge auf 300 bis 400 Personen, die hier nächtigen wollten. Frei waren nur noch die Gehpfade. Unmittelbar neben uns hatten sich junge Leute niedergelassen, deren Ausrüstung mit dicken Schlafsäcken und aufblasbaren Matratzen deutlich besser als unsere war.

Ich hatte alle Kleidungsstücke, die ich nicht zum Schlafen brauchte, auf meiner Isomatte so hindrapiert, dass sich die Unterlage etwas weicher anfühlte. Als Kopfkissen diente meine Flugradtasche.

Der erste Liegetest war in Ordnung, denn ich lag auf dem Rücken. Aber wie würde das im Schlaf klappen, da ich viel auf der Seite bzw. dem Bauch liege? Und Platz brauche ich auch, weil ich immer ein Bein anwinkele! Die Matte war nur 60 cm breit und im engen Mumienschlafsack hatte ich ja schon in der Schweiz keinen Platz gehabt und mir deshalb mit zweimaligem Aufreißen mehr Bewegungsfreiheit verschafft. Ob das gut gehen würde?

Ich beruhigte mich mit dem Gedanken, nur diese eine Nacht müsse ich aushalten, einmal müsse ich leiden, damit ich was zum Erzählen hätte. Die Radtaschen standen wie die Rucksäcke der anderen immer an der Kopf- oder der Fußseite. An die Möglichkeit des Bestohlenwerdens dachte ich, unterdrückte aber auch diese Gedanken damit, dass alle Leute hier Pilger seien und möglicherweise dieselben Gedanken wie ich hätten.

Ezio lag eingewickelt in seinem Schlafsack und war längst im Land der Träume. Ich aber konnte lange wegen des harten Bodens und des hohen Geräuschpegels nicht einschlafen.

Mit Löschen des Lichtes um 22 Uhr wurde es schnell ruhiger, aber ein paar Deppen machten sich einen Spaß daraus, immer wieder laut loszureden und zu lachen. Dann meldeten sich die Leisezischer und der Geräuschkreislauf begann fast von vorne.

Der neunundzwanzigste Tag

Portomarin – Santiago de Compostela

Es war die erwartete unbequeme Nacht. Immer wieder wachte ich wegen Druckschmerzen an der Schulter oder an der Hüfte bzw. wegen allgemeiner Unbequemlichkeit auf. Und dann begann das schon bekannte Ritual: Ab 5 Uhr gibt es erste Geräusche, denn die ersten Pilger ziehen los.

Um halb 6 Uhr stand ich dann auch auf, um zur Toilette zu gehen. Ich hatte mir überlegt, wenn noch mehr aufstehen, dann werde es vor den beiden WC's einen Stau geben. Und wehe, wenn ich dann einen Blasendruck hätte.

Mein Gedanke, frühzeitig zur Toilette zu gehen, war zwar richtig, aber die Realisierung bereits zu spät: Vor beiden WC-Türen gab es bereits eine Warteschlange. Ich ging deshalb aus der Sporthalle raus und um einige Straßenecken herum, bis ich niemanden mehr sah und sorgte dort für Flüssigdüngung. Danach ruhte es sich etwas entspannter aus.

Um 6:30 Uhr blinzelte ein verschlafener Ezio zum ersten Mal. Das war für mich das Zeichen aufzustehen und zu packen. Inzwischen hatten mindestens zwei Drittel aller Pilger die Sporthalle schon verlassen. Obwohl ich früher als Ezio aufstand, war er schneller mit dem Packen des Rades fertig.

Als ich endlich so weit war und mit dem Rad auf die Straße schob, kam Ezio und winkte mir zu, ich solle ihm folgen. Der gute Kerl hatte während meiner langsamen Packerei in Erfahrung gebracht, dass eine der vielen Bars ab 7 Uhr geöffnet hatte. Dorthin gingen wir und bekamen völlig überraschend ein gutes Frühstück mit warmem Tee, Toast, Butter und Marmelade. Außerdem gab es dort eine Toilette...

Ich war mit mir und der Welt sehr zufrieden, als wir um 7:15 Uhr losfuhren. Mir fehlte mangels Sonne die Orientierung, wo denn Westen lag. Ich glaubte einfach dem Wegweiser.

Es war noch nicht ganz hell – der spätere Sonnenaufgang durch die westlichere Lage von Galizien war deutlich zu bemerken -, aber ein freundlicher Tag kündigte sich mit leichter Bewölkung an. Mit 11° C war es recht frisch, doch die Steigungen brachten mich recht schnell zum Schwitzen. Die Abfahrten waren bei dieser Temperatur allerdings nicht angenehm, so dass ich mir meine ärmellose Jacke anzog, so wie ich es an manchen Tagen in Frankreich getan hatte. Als die ersten Sonnenstrahlen zu sehen waren, bildeten sich Nebelschwaden, die zunehmend dichter wurden.

Neben unserer Straße verlief zwischen Felsen und Gestrüpp der Pilgerpfad, so dass viele Fußpilger zu sehen waren. Dass wir heute Santiago erreichen würden, hofften wir und deshalb saß bei mir der Gedanke des Erreichens schon ziemlich tief. Ich hatte teilweise das Gefühl, es gehe nicht flott genug vorwärts, obwohl die Tacho- und Pulswerte anderes anzeigten. Die 13 Kilometer bis zu der großen Straße, die zu überqueren war, wollten einfach nicht enden.

Vor der Straßenkreuzung gab es einen Radlerstau. Scheinbar wussten die Leute nicht genau, wie es weiterging. Für mich war das kein Problem,

denn laut meinem Radführer war alles eindeutig. Außerdem sah ich hier zum ersten Mal XACOBEO, das Zeichen für einen markierten spanischen Radweg.
Die Richtungsanzeige deckte sich mit der meines Radführers. Wieso hatten denn die anderen Radler das Radwegzeichen nicht gesehen, oder kannten sie das Zeichen überhaupt nicht? Ezio folgte mir bedenkenlos und rief den anderen etwas zu, worauf auch sie aufbrachen. Im weiteren Verlauf merkte ich, dass wir beide, Ezio und ich, schon ein flotteres Tempo fuhren als die Radler, die vorhin den Stau verursacht hatten.

Die folgende etwa 13 km lange Straße[29] war schmal und voller Fußpilger – sie kamen uns vor wie Lemminge -, aber sie führte durch ein wunderschönes Gelände. Es ging an Feldern, eingezäunten Wiesen und Buschgruppen vorbei, führte durch kleine Wälder, aber auch Dörfer, die nur aus ein paar Häusern bestanden.
In einem Dorf gab es einen Pilgerstau. Ursache war ein kostenloses Ausschenken von Kaffee und Tee. Ezio und ich nahmen das Angebot aber nicht an. Wir wollten lieber weiterfahren. Der Traum von schöner Strecke endete erst kurz vor Palas de Rei, als wir auf die N547 fahren mussten. In diesem größeren Ort konnten wir endlich unsere Getränkevorräte wieder auffüllen.

Die Straße war wieder breit mit einem Standstreifen für uns Radler, die Kurven hatten wieder größere Radien und die Steigungen waren nicht so steil, dafür aber länger. In manchen Bergabschnitten war die bergauf führende Trasse zweispurig. Es war die letzte Nationalstraße unserer Pilgerfahrt, denn sie führte uns bis kurz vor Santiago. Entsprechend flott ging die Fahrt voran. Außerdem waren wir endlich wieder in der Sonne, die von einem leicht bewölkten Himmel schien. Die Temperatur war inzwischen auf 20° C gestiegen und wir hatten relativ kräftigen Seitenwind von rechts, aus nördlicher Richtung.

Mit Melide erreichten wir um 10:30 Uhr unser wichtiges Zwischenziel. Hier wollten wir unsere Bocadillo- und Teepause machen. Für die Lokalitäten war wieder Ezio zuständig und er schlug auch bald zu.
Melide war in meinem ursprünglichen Plan die letzte Übernachtungsstation vor Santiago gewesen. Doch die heute gesehenen

---

[29] Die beiden einzigen nichtbefestigten, nicht geteerten oder nicht mit Betonplatten ausgelegten Wege waren *in Deutschland*: ein kurzes Stück auf dem Staudamm der Iller auf dem Weg nach Wiggensbach; die als Fuß-, Wander- und Radweg umfunktionierte ehemalige Bahnstrecke von Kempten über den Buchenberg.

Mengen von Pilgern bestärkten die Richtigkeit, dass wir den Plan in Sarria umgeworfen und in Portomarin die Durchfahrt bis Santiago beschlossen hatten. Vor uns lagen noch rund 53 Kilometer.

Einige Kilometer hinter Melide wunderten wir uns über das, was wir sahen. Vor uns war ein Rollstuhlfahrer unterwegs, mit flottem Tempo. Der Mann mittleren Alters war sehr kräftig, mit Muskelshirt und Piratentuch bekleidet und ihn störte es scheinbar nicht, auf einer recht belebten Straße zu fahren. Ob er auch ein Pilger war, konnten wir nicht feststellen, da kein Gepäck zu sehen war. Wir näherten uns ihm auf einem Berganstieg, überholten ihn dann aber nur mit Mühe, als es bergab ging. Ich erinnere mich noch gut daran, dass ich fast eine Gänsehaut bekommen hatte, als ich dabei die Tachoanzeige mit 28 km/h sah.

In Arzúa machten wir noch einmal eine Kaufpause für Getränke – noch rund 36 Kilometer. Die Landschaft wurde ganz langsam flacher und der Höhenmesser zeigte schon länger ein sinkendes Niveau an. Deshalb war die Fahrt flott und kaum anstrengend.

In O Pedrouzo wunderten wir uns über die Pilgerschlange, die um 12 Uhr vor dem Refugio anstand... - noch rund 16 km Kilometer. Mir kam es vor, als würde die Zeit kaum vergehen und die Kilometer nicht abnehmen, so groß war die Sehnsucht nach dem Ziel, oder war wieder der Geist schneller als der Körper?

Die großen Straßen nach Santiago enden alle an einem Autobahnring um die Stadt. Nur kleine Straßen führen bis zum inneren Ring. Wir mussten nun unsere Straße am Kreisverkehr verlassen und eine alte, kaum befahrene Straße Richtung Flughafen benutzen.

Lavacolla war der nächste Ort und nur wenige Kilometer dahinter lasen wir zum ersten Mal – Santiago.

Um 14 Uhr hatten wir unsere Zielstadt Santiago erreicht. Jetzt mussten wir nur den Weg zur Kathedrale finden. Wegweiser dahin konnten wir nicht entdecken, auch keinen Hinweis mit Center; aufgrund der vielen größeren Hügel und der dichten Bebauung auch keinen Kirchturm. Für Ezio kein Problem, denn er fragte einfach an einer Tankstelle.

Als wir ältere, graue und historisch wirkende Gebäude erreichten, nahmen die Menschen auf den schmäler werdenden Straßen zu. Wir folgten ihnen und nach mehreren Kurven tat er sich auf – der Platz Obradoiro und davor die Kathedrale.

Es war 14:45 Uhr – wir waren angekommen. Ezio und ich – wir fielen uns um den Hals. Wir waren glücklich und stolz, unser Ziel ohne Schaden erreicht zu haben. Gott sei Dank! Unter den vielen Menschen fand ich gleich jemand, der uns gemeinsam fotografierte.

Ich schob mein Rad zu den Arkaden des gegenüberliegenden Universitätsgebäudes und suchte nach einem Platz, wo wir unsere Räder gesichert während der Kirchenbesichtigung abstellen konnten. Aber als ich mich nach Ezio umdrehte, war er nicht da. Ich suchte den Platz ab, wo er steckte. Endlich sah ich ihn, mit einer Frau sprechend. Darüber wunderte ich mich, denn Ezio hatte während der ganzen Reise eher den Wortkargen gegenüber Fremden gespielt. Die einzige Ausnahme war Sancho Panza in Vega gewesen, mit dem er gelacht und geblödelt hatte.

Als ich wieder bei Ezio war, erklärte er mir, dass diese Frau ihm ein Quartier für die kommende Nacht angeboten hatte, 25 Euro die Nacht für uns beide und nur etwa 5 Minuten von der Kathedrale entfernt; ob ich einverstanden sei? Natürlich, denn damit war völlig überraschend die Übernachtungsfrage gelöst. Ezio willigte ein und bat, dass wir das Zimmer aber erst sehen wollten.

Wir folgten der Frau und waren wirklich bald in einer schmalen Gasse an einem Haus mit „H" und einem Stern. Das bedeutet Hostal und ist eine einfache Pension. Durch einen dunklen Flur und zwei steile Treppen führte uns die Frau hinauf zu einer Wohnung mit vielen Zimmern und zwei Bädern. Eines der Zimmer hatte 3 Betten und war für uns. Es war ganz ordentlich und vor allen Dingen traumhaft gegenüber der Unterkunft der vergangenen Nacht! Wir akzeptierten Zimmer und Preis, den wir am folgenden Morgen gegen 9 Uhr bezahlen sollten. Unser Gepäck stellten wir nur schnell im Flur ab, um die Räder ein paar Meter weiter in einer Tiefgarage zu parken. Wieder hatte ich das zweifelhafte Vergnügen, mein Gepäck 2 Stockwerke hoch zu schleppen!

Es war 16 Uhr, als wir frisch geduscht und umgezogen mit unserer Besichtigungstour begannen.

Als erstes wollten wir den letzten Pilgerstempel in unser Credencial del Peregrino haben. Danach gab es die Pilgerurkunde, weil wir mehr als 200 km geradelt waren. Anschließend wollten wir die Heimfahrt klären. Ich war 12 Tage zu früh gegenüber meiner von zu Hause aus geschätzten Ankunft dran und Ezio hatte noch gar nichts in dieser Hinsicht unternommen.

Bald hatte Ezio das Pilgerbüro entdeckt, das in einem der Räume im Obergeschoss eines der historischen Gebäude lag. Auf der breiten Treppe und weiter hinauf wurden die Leute immer mehr und ich befürchtete, dass nun eine Warterei beginnen würde. Gott sei Dank war das nicht der Fall, denn im Pilgerbüro hatten wir nur 2 Leute vor uns.

Die hinter der Theke sitzende junge Frau studierte meinen Pilgerpass und war sehr erstaunt über meine Stempel, die ich auf meiner Pilgerfahrt erhalten hatte. Ich zeigte ihr, dass meine Strecke fast genau der Skizze im Pilgerpass entsprach. Sie schien von der langen Pilgerfahrt in 29 Tagen so angetan gewesen zu sein, dass sie ihren beiden Kolleginnen begeistert meinen Pilgerpass zeigte. Für eine Spende von 2 € bekam ich meine Pilgerurkunde und war fast dem Heulen nah, als ich sie in Händen hielt und meinen lateinischen Vornamen las – Uldarich.

Im Parterre des Gebäudes war das Reisebüro. Eigentlich war es nur ein großer abgewickelter Tresen, hinter dem 3 junge und hübsche Frauen die Pilger bedienten. Zuerst sagte mir eine der Frauen, dass eine Änderung des Fluges nur am Flughafen durchgeführt werden könne. Als sie meine erschrockene Reaktion sah - ich sollte auf Spanisch oder Englisch ein Gespräch führen -, bot sie aber sofort an, für mich dort anzurufen. Es dauerte lange, bis sie Kontakt hatte und zu reden begann. Plötzlich kam sie auf mich zu und sagte in Englisch, dass am anderen Ende eine Deutsch sprechende Frau sei.

Schon wieder, aber diesmal positiv überrascht, übernahm ich den Hörer, und meine Gesprächspartnerin stellte sich als in Berlin arbeitend vor. Jetzt bestätigte sich das, was mir Angelika in Condom, in Frankreich, schon erzählt hatte. Eine Umbuchung sei immer möglich. Wäre ich nur 10 Minuten früher dran gewesen, dann hätte ich bereits am nächsten Tag zurückfliegen können. Nun könne sie mir nur einen Flug am übernächsten Tag anbieten. Günstig war diese Änderung nicht, aber um 16:30 Uhr war für 225 € Zusatzkosten der Heimflugtermin klar. Oh war ich glücklich, früher als erwartet wieder nach Hause zu kommen! Letztendlich kam mir der Flug damit so teuer, als wenn ich gleich den regulären Preis bezahlt hätte. In ihm wären Änderungskosten bereits enthalten gewesen. Ich konnte nicht warten, ich musste sofort Angelika von der Neuerung berichten. Sie war total überrascht und ich glaube, dass wir beide kleine Freudentränen in den Augen hatten, denn nun war ein glückliches Ende der Pilgerfahrt in Sicht.

Auch Ezio freute sich mit mir. Er hatte sich inzwischen informiert, wie er und das Rad nach Arles in die Provence zurückkommen würden. Für ihn gab es die Eisenbahn und für das Rad hatte er in der TI Prospekte über Firmen erhalten, die Rückfahrttransporte unternehmen.

Nachdem nun weitgehend alles klar vorbereitet war, gingen Ezio und ich in die Kathedrale, zur Besichtigung, aber auch um zu beten.

Ezio betete fast eine halbe Stunde unbeweglich in einer Bank. Danach sagte er mir: „My boy is ok". Damit meinte er, dass er sein Versprechen erfüllt habe. Bei der Beerdigung seines Sohnes hatte er versprochen, für ihn eine Wallfahrt zu machen und für ihn in Santiago zu beten.

Nach meinem Gebet und noch während Ezios Gebet wollte ich zur Jakobus-Figur, aber daraus wurde nichts. Eine Menschenschlange stand vierreihig an. Als ich zu Ezio zurückkam, war er nicht mehr in der Bank. Mir fiel das Herz in die Hose. „Das darf doch nicht wahr sein, dass wir uns verlieren. Wie sollen wir uns in dieser Menschenmenge wieder finden? Ezio hat doch die Schlüssel für Haus und Zimmer." Ich schickte ein Stoßgebet zum heiligen Jakobus und wollte den Verlust einfach nicht akzeptieren. Wartend blieb ich am Rand der Bank stehen, in der Ezio bis vorhin gebetet hatte. Ich hoffte, dass er mich vielleicht auch suchte und an seinem Betplatz noch einmal vorbeischaute. Und tatsächlich, plötzlich kam er aus dem Menschengewirr auf mich zu. Ich atmete kräftig durch.

Damit Ezio seine Rückkehr unter Dach und Fach bringen konnte, trennten wir uns und verabredeten ein Treffen um 18 Uhr vor der Kathedrale. Ezio fuhr mit einem Taxi zum Bahnhof und ich spazierte stolz wie ein Gockel sehr gemütlich über den Obradoiro.

Einer bettelnden Zigeunerin am Treppenbeginn zur Kathedrale warf ich das Geld, das mir Hanni zum Spenden nach meinem Gutdünken mitgegeben hatte, in den Korb. Über den hohen Wert des Scheines erschrak sie sehr, schaute auf und dankte mit einem ungläubigen Gesicht. Ich nickte ihr zu und dachte, dieser Dank gehe an Hanni. Durch diese traurigen und überraschten Augen motiviert nahm ich mir vor, auch zu spenden, morgen im Laufe des Tages.

Den Trubel, das Angekommensein genießend und einige Fotos schießend, ging ich langsam über den Obradoiro und setzte mich gegenüber auf einen freien Platz der Mauerbrüstung. Träumend, beobachtend, rückblickend auf die Ereignisse der Fahrt und die warme Sonne genießend wollte ich auf Ezio warten.

Da sah ich den Brasilianer von Logrono mit seinen Freunden ankommen. Ich ging auf ihn zu und gratulierte ihm, und schoss natürlich für sie Erinnerungsfotos. Dabei wurde ich beobachtet. Als ich mich wieder hinsetzte, sprach mich ein junger Mann an. Ich beantwortete zwar sein freundliches „Hello", war aber misstrauisch. Das bemerkte er wohl und half meiner Erinnerung nach. Wir hatten uns am Cruz de Ferro getroffen. Das war vor 5 Tagen und vor rund 300 Kilometern gewesen. Er und seine Freunde waren die, die mich für einen Champion gehalten hatten. Mein Gott, war die Welt klein und doch wunderschön!

Kurz nach 18 Uhr tauchte Ezio wieder auf und wir spazierten gemütlich durch die Gassen der Altstadt, um die Speisekarten zu studieren, aber auch, um die besten Ansichtskarten und Souvenirs zu finden.

Am Rande der Altstadt setzten wir uns in ein Terrassencafe und tranken eine Riesen-Cerveza – ein großes Bier. Ezio sagte, das sei sein Erinnerungsbier an Ulli. Er erzählte mir, dass morgen um 9 Uhr von einem Transportunternehmen sein Rad abgeholt werde. Für 80 € werde es innerhalb einer Woche bei seiner Heimatadresse abgeliefert. Und um 12 Uhr fahre er mit dem Taxi zum Bahnhof, weil um 13 Uhr sein Zug Richtung Heimat fahre. In Barcelona wolle er aber noch 2 bis 3 Tage einen früheren Freund besuchen. Mir war klar, dass eine Trennung kommen werde und doch überraschte mich die Information etwas unangenehm.

Wir setzten unsere Besichtigungstour durch die Altstadt fort und gingen dann in ein Restaurant, in den Keller hinab. Auf der Speisekarte stand Pulpo vinagretta, saurer Tintenfisch. Ich wollte mich mithilfe Ezios in die Geheimnisse der südlichen Speisen einweihen lassen.

Kaum hatten wir das Essen gewählt, kamen die 3 Italiener vom Cruz de Ferro, die ich vorhin auf dem Obradoiro getroffen hatte, auch in das Lokal und setzten sich an den Tisch neben uns. Ezio unterhielt sich mit ihnen und erfuhr, dass um 19 und 21 Uhr eine Pilgerandacht in der Kathedrale stattfinde. Da wollten wir auch unbedingt hin.

Kurz vor 21 Uhr gingen wir zur Kathedrale, die nur über einen Nebeneingang noch geöffnet war. Eingelassen wurden nur Peregrinos / Pilger. 40 Leute waren wir in einer der Kapellen, die ich bereits am Nachmittag besichtigt hatte.

Ein älterer Herr stellte sich als Priester vor und beschrieb den Ablauf der Andacht auf Spanisch und Englisch. Jeder der Andachtteilnehmer solle sich vorne am Ambo vorstellen, woher er komme, wie und seit wann er unterwegs war, seine Beweggründe für die Pilgerfahrt nennen, wie die Zeit vor dem Aufbruch gewesen sei, dann der erste Tag und wie er sich nun nach dem Erreichen des Zieles fühle. Für die gemeinsame Meditation habe er kleine Hefte mit Gebeten in verschiedenen Landessprachen vorbereitet.

Jede Sprache habe einen andersfarbigen Einband. Beim Gebet solle einer nach dem anderen, in beliebiger Reihenfolge, einen Absatz in seiner Landessprache lesen. Danach folge der nächste Absatz in der Landessprache des nächsten Lesers.

Ezio zeigte bei seinem ‚später' auf mich, nannte mich Amigo und ein wenig versagte ihm dabei die Stimme.

Zum Abschluss in der Kapelle beteten wir das Vater unser und sangen das Ave Maria misere cordiae.

Danach führte uns der Pfarrer in die Krypta zum Sarkophag des Heiligen Jakobus. Nach ein paar Sekunden der Besinnung forderte der Pfarrer alle auf zu sagen, was sie nun fühlten. Anschließend erteilte er zum Ende der Andacht den Pilgersegen.

Jeder Einzelne verabschiedete sich von ihm mit Handschlag, und er berührte jeden mit der anderen Hand an der Schulter und sagte unterschiedliche Grußworte. Sie schienen mir individuell aufgrund der Äußerungen der Pilger in der Kapelle gewesen zu sein. Es war ein unglaublich erhabenes Gefühl, so individuell in kleiner Runde geistlich betreut worden zu sein!

Beim Verlassen der Kathedrale und dem Hinaustreten in die schon recht fortgeschrittene Abenddämmerung war ich total glücklich und ein paar Tränchen rollten...

Gemütlich zum Quartier zurückgehend hörten wir beim Überqueren des Obradoiro leise spanische Musikklänge. In den Arkaden des Unigebäudes gegenüber der Kathedrale spielte eine größere Musikergruppe tolle spanische Musik mit Gesang. Da musste ich natürlich stehen bleiben und zuhören. Es gab auch CDs zu kaufen, doch ich konnte mich nicht durchringen, diese Musik zur Erinnerung mit nach Hause zu nehmen. Ich hoffte mit meinem inzwischen knappen Geld auskommen zu können. Das stellte sich am Folgetag als nicht möglich heraus. Außerdem bereue ich es bis heute, die CD nicht gekauft zu haben.

So spät wie nie auf meiner Pilgerfahrt war ich dann im Bett; es war 22:45 Uhr. Während ich über diesen wunderschönen Tag nachdachte, schlief ich ein.

Der dreißigste Tag

Santiago de Compostela

Irgendwie hatte ich erwartet, ich könne beruhigter schlafen, wenn ich am Ziel war. Aber es war ein Trugschluss.
In dem hellhörigen Haus oder in der Wohnung hatte jemand um halb 2 Uhr ein ziemliches Spektakel gemacht, so dass ich ab dieser Zeit immer wieder wach war. Die Gedanken setzten ein über das, was kommen würde, wie es gelöst werden könnte. Ich musste noch eine Nacht in Santiago bleiben – konnte ich hier in dieser Wohnung noch einmal übernachten? Wie komme ich zum Flughafen? Was tue ich, wenn Ezio weg ist?

Um 7:30 Uhr standen wir auf und Ezio packte sein Gepäck abreisefertig. Dann schrieb er seine Postkarten und ich aktualisierte mein Tagebuch.
Als wir gehen wollten, trafen wir in der Küche die Frau von gestern wieder, die uns das Zimmer vermietet hatte. Ezio erklärte ihr, dass ich noch eine Nacht in Santiago bleiben müsse und die kommende Nacht noch hier verbringen würde. Die Frau hatte nichts dagegen, allerdings müsse ich eventuell in einem anderen, kleineren Zimmer schlafen, falls das Dreibettzimmer wieder vermietet werden könne. Für diesen Fall zeigte sie uns das neue Zimmer. Den Umzug meines Gepäcks werde sie gegebenenfalls erledigen.

Kurz vor 9 Uhr gingen Ezio und ich dann runter, holten sein Rad aus der Tiefgarage und warteten vor dem Haus. Das Öffnen der Tiefgarage klappte erst beim dritten Versuch und ich blockierte das Tor sicherheitshalber durch eine Holzlatte auf die Lichtschranke, bis Ezio mit seinem Rad herauskam. Beim Gedanken an meine morgige Aktion wurde mir etwas mulmig, weil ich dann ja alleine sein würde.
Als das Rad durch einen Klein-LKW abgeholt war, gingen wir los, um irgendwo zu frühstücken. Bereits gestern hatte sich Ezio dafür eine Bar ausgesucht. Das Frühstück mit Speck und Spiegeleiern, Saft, Croissants und Tee war wie im Urlaub, wie in einem guten Hotel.

Dann hielt Ezio aber nichts mehr zurück, die Souvenirläden aufzusuchen. Eigentlich wollte ich das nicht, aber er steckte mich an und ich machte mich dann auch auf die Suche nach einem Andenken für meine Angelika.
In einem der vielen Läden entdeckte ich eine goldene Jakobsmuschel mit Perle. Das sollte mein Dankgeschenk für Angelika sein, als

Entschädigung für 4 Wochen Einsamkeit und als Dank für ihre Unterstützung während der Fahrt.
Als ich meine Kreditkarte als Zahlungsmittel hingelegt hatte, wurde sie von einem anderen Mitarbeiter in einer längeren Liste gesucht. Vermutlich war das die Sperrliste. Es geschah zwar alles sehr diskret, doch mir als Ex-Banker blieb das nicht verborgen. In mich hineinlachend genoss ich die Situation, dass indirekt damit meine Bonität geprüft wurde. Auch wenn der Anstoß zum Souvenirkauf letztlich von Ezio stammte, so war ich doch stolz über mein Geschenk und freute mich schon auf das Gesicht von Angelika bei der Überreichung. Ezio brauchte schon etwas länger, bis er mit seinen Einkäufen durch war.

Langsam bummelten wir weiter und kehrten auf dem Rückweg zu unserer Unterkunft für 10 Minuten zu einem Gebet in die Kathedrale ein.

Um 12 Uhr half ich Ezio beim Tragen seines Gepäckes zum Taxistand, der nur wenige Meter von der Kirche entfernt lag. Wir umarmten uns zum Abschied sehr innig. Ich sagte ihm, dass er ein echter Jakobsfreund gewesen sei und dass ich ihn nie vergessen werde. Ezio wollte etwas sagen, brachte aber nur Tränen heraus. Auch ich heulte, verlor ich doch nun das herausragende Ereignis auf dem Jakobsweg, meinen die Sprachen betreffenden Sorgennehmer, den von Jakobus gesandten Pilgerfreund Ezio! Wer weiß, ob wir uns je wieder sehen werden...

Abgesprochen hatten wir, dass wir per Email in Kontakt bleiben wollen, was dann von zu Hause aus auch geschah. Mir war hundselend, als das Taxi anfuhr und mit Ezio verschwand.

Ich fühlte mich plötzlich einsam wie ein Kind, das von seiner Mama abgeschoben wurde. Was sollte ich nun tun? Und doch, irgendwie fühlte ich mich auch frei. Hatte ich mich nicht gestern nach der Ankunft und heute weitgehend Ezio angeschlossen und von ihm treiben lassen, und ihm damit untergeordnet? Hatte er nicht abgelehnt, unseren heutigen Spaziergang etwas weiter auszudehnen, damit wir mehr sehen als nur die Gassen in der Umgebung der Kathedrale?

Diese Erkenntnis half mir bei der Abnabelung. Nach kurzer Zeit fühlte ich mich wieder stark und unternehmungslustig. Hunger hatte ich und wollte bei dem Türken essen gehen, den ich gestern bereits entdeckt und heute schon gesehen hatte. Das Döner-Menü mit einem Riesendöner, Pommes und einer kleinen Cola für 5,50 € war das Abschiedsmittagessen in Santiago. Morgen um diese Zeit würde ich bereits am Flughafen sein, hoffte ich.

Mit vollem Bauch zog ich los durch bisher noch nicht gegangene Gassen und Straßen. Ich orientierte mich am Stadtplan und kam in die große Markthalle, wo gerade die Aufräumungsarbeiten für die heutige Schließung begannen.
Mit einer Wasserflasche gegen den Durst bei der zunehmenden Hitze bewaffnet ging ich in den Park, der etwas westlich der Kathedrale lag. Ich wollte einfach gemütlich Santiago entdecken und alles fotografieren, was meine Jakobswegdokumentation vervollständigen könnte.

Beim Spaziergang im Park gab es dann wirklich das Aha-Erlebnis. An einer Stelle sah ich *das* Santiagobild, das natürlich fotografisch festgehalten wurde. Ich setzte mich für einige Minuten auf eine Parkbank und genoss den Anblick, Gott und die Welt.

Nach reichlichen Fotomotiven kehrte ich auf einem anderen Weg zum Obradoiro zurück und setzte mich wieder auf die Betonbrüstung. Hier schrieb ich in aller Ruhe meine 17 Ansichtskarten und genoss den Trubel der Menschenmengen.
Am eindeutigen Verhalten konnte ich die Neuankömmlinge, Fußpilger wie Pilgerradler, erkennen. Einmal musste ich aufspringen und zu einem Pärchen hingehen, um es mit seinem Fotoapparat zu fotografieren. Es erschrak zunächst durch mein Aufdrängen, Sekunden später aber lachte das Paar glücklich und überschüttete mich mit Dank.
Ich dachte über meine Pilgerfahrt nach und stellte dabei fest, dass jeder Tag meiner Fahrt einzigartig gewesen war. Es gab Kälte, Regen, Hitze, Durst, Ängste, ob die Getränkevorräte reichen würden, die unterschiedlichsten Unterkünfte und Gastgeber, und keine Panne. Ich hatte sehr viel Glück gehabt und empfand wieder dieses enorme Glücksgefühl, das ich so gern mit Angelika geteilt hätte. Aber der Countdown bis zum Wiedersehen lief ja bereits!

Etwa um 18 Uhr beendete ich meinen Tagtraum, um wieder Gaumengenüssen nachzugehen. Nicht weit weg vom Dom hatte ich eine Bar entdeckt, zu der auch ein kleiner Einkaufsmarkt gehörte. Dort aß ich ein frisch mit Seranoschinken, Käse und Tomaten zubereitetes Bocadillo und trank ein kühles Bier.
Beim Gehen kaufte ich mir eine Dose Bier als Betthupferl, damit ich auch ruhig schlafen könne, und die Cola Cao-Dosen, die mir Simone in Auftrag gegeben hatte. Ich wusste nicht, wie die Packungen aussahen und wo ich die Artikel bekommen könnte. Doch beim Weg zur Kasse sah ich dann auf einmal die Dosen. Dass ich die gefunden hatte, erfüllte mich auch

für Sekunden mit unheimlichem Stolz. Konnte ich doch damit meinen Kindern etwas Besonderes aus Spanien und damit eine Erinnerung mitbringen.

Mit der Einkaufstasche ging ich wieder in die Kathedrale. Als ich die kleine Warteschlange zur Jakobsfigur sah, reihte ich mich sofort ein. Denn wenn ich schon keine Pilgermesse erlebt hatte, so wollte ich doch die Heiligenfigur, die man von vorne oben am Hochaltar sehen konnte, umarmen.

Um diese Zeit waren deutlich weniger Menschen in der Kirche. Deshalb entschloss ich mich in einer Bank Platz zu nehmen und etwas zu meditieren. Auf einmal kam Bewegung aus einem Nebenraum: der Pfarrer der gestrigen Pilgerandacht zog in priesterlichem Gewand ein. Für mich völlig überraschend fand ein Gottesdienst statt und ich blieb zum Mitfeiern. Er sollte ein kleiner Ersatz für die heute Mittag entgangene Pilgermesse sein, in der alle neu angekommenen Pilger begrüßt worden waren. Diese Information hatte ich inzwischen aus einem Papier entnommen. Dass mir das und auch das Schwingen des Botafumeiro[30] im täglichen Pilgergottesdienst um 12 Uhr entgangen war, bedauerte ich zwar, aber mir war die Verabschiedung meines Pilgerfreundes Ezio wichtiger gewesen. Ich hätte ihn doch nicht einfach so fahren lassen können...

In meiner Unterkunft fand ich tatsächlich mein Gepäck in dem kleineren Zimmer wieder. Beim Genuss meines Betthupferls, der Dose Bier, schrieb ich die Ereignisse im Tagebuch nieder und bereitete mein Packen für morgen vor. Ich hoffte auf eine ruhige Nacht und gab meiner Angelika einen letzten lieben Fernkuss. Ich versprach ihr auch, dass ich keine große Fahrt mehr ohne sie unternehmen werde. Hoffentlich kann ich dieses Versprechen auch halten...

Der einunddreißigste Tag

Santiago de Compostela – Wulfertshausen

Die vergangene Nacht war geräuschmäßig deutlich besser gewesen. Trotz einer Wachphase und einem Alptraum konnte ich bis 6 Uhr schlafen. Aber ich hatte ja Zeit, also döste ich weiter.

---

[30] Riesiger Weihrauchbehälter: etwa 1,50-1,60 m hoch und 54 kg schwer

Um 7:20 Uhr stand ich endlich auf. Das war auch gut so, denn wenige Minuten später hörte ich klappernde Schritte auf dem langen Flur, die immer näher kamen. Schon klopfte es an meiner Tür. Ich sperrte auf und sah mich meiner Zimmervermieterin gegenüber, deren Aussehen noch nicht tagfein war. Sie wollte das Übernachtungsgeld haben, obwohl es erst für 9 Uhr abgesprochen war.

Als ich ihr die 50 € gab, stutzte sie. Da es keine Verständigungsmöglichkeiten gab und ich jede Diskussion vermeiden wollte, rechnete ich ihr mit meinen Händen den Betrag vor. Das musste sie wohl kapiert haben, denn schon verschwand sie und ich habe sie auch nicht wieder gesehen. Aber was hatte das zu bedeuten? Sollte ich etwa betrogen werden? Sicherheitshalber sprang ich schnell hinterher und war froh, als ich den Schlüssel zur Tiefgarage an der Wand hängen sah. Ich schnappte ihn, damit ich auch ganz sicher in die Tiefgarage reinkommen würde. Hoffentlich war das Rad auch noch da...

Wenn ich jetzt schon bezahlt hatte, warum sollte ich noch bis 9 Uhr bleiben? Nach einer Minimorgentoilette ging ich mit meinem gesamten Gepäck zur Tiefgarage, um das Rad zu holen. Das Öffnen funktionierte auf Anhieb. Gut so, aber was war dann gestern bei Ezio anders gewesen? Misstrauisch nahm ich die Holzlatte und stellte sie vor den optischen Kontakt. Sicherheitshalber spurtete ich sofort die 20 Meter zum Rad hinunter, um mit ihm heroben zu sein, bevor die Automatik die Tür schließen konnte.

Kurz vor dem Rad bekam ich einen furchtbaren Stich irgendwo zwischen Hintern und linkem Knie. Ich fiel fast hin, weil mich mein Bein nicht mehr trug. Mit aller Willenskraft schleppte ich mich humpelnd zum Rad und schob es nach oben. Dort versuchte ich mich wieder aufzurichten, aber ein unangenehmer Schmerz verhinderte, dass ich meinen linken Fuß gerade stellen konnte. Ich vermutete sofort einen Hexenschuss, verursacht durch die abrupte schnelle Bewegung bei noch kalter Muskulatur. Das Radpacken klappte gut, das Aufsteigen aber nur mit Mühe.

Als ich auf dem Sattel saß und in die Pedale trat, spürte ich den Schmerz nicht mehr. Ganz langsam fuhr ich die Gasse hinunter zur Straße und dann weiter Richtung Kathedrale. Auf dem Weg dorthin hatte ich in den letzten beiden Tagen eine Bar gesehen, von der ich hoffte, dass sie geöffnet hatte, was auch der Fall war. Damit konnte ich in aller Ruhe frühstücken, frisch zubereitete Bocadillo und Tee. Am Geldautomat versorgte ich mich mit Geld, da meine Reserven fast erschöpft waren. Sehr vorsichtig, wie ein alter

Mann, stieg ich wieder aufs Rad und fuhr langsam die wenigen Meter zum Obradoiro und schaute mir die Kathedrale ein letztes Mal an.

Bei einer Panaderia, die ich gestern nach dem Besuch des Türken entdeckt hatte, kaufte ich mir eine Brotzeit für alle Fälle – ein Bocadillo mit Thunfisch, Karotte, Mayo und Tomate, und eine Wasserflasche. Das Wasser füllte ich in meine Radflasche um und hängte 2 Teebeutel rein.

Dann ging's los Richtung Flughafen. Ich hatte mich aufgrund der TI-Empfehlung für die untere Route des Stadtplanes entschieden. Laut Stadtplan gab es zwei Möglichkeiten, um zum Flughafen zu kommen und ich wollte natürlich nur die kürzere Strecke fahren.

Als ich nun am Bahnhof auf die Schnellstraße einbog, gab es einen Wegweiser Flughafen. An den folgenden Kreisverkehren fehlten entsprechende Hinweise, dafür gab es aber Verbotsschilder u. a. für Fahrräder und Reiter... Ich fuhr auf Verdacht, mich nach dem Sonnenstand richtend, immer Richtung Osten und hoffte auf ein glückliches Ende.

Beim x-ten Kreisverkehr war dann ein Schild mit „Lavacolla" und einem Flugzeugsymbol zu sehen. War ich froh darüber, auf dem richtigen Weg zu sein und endlich die Schnellstraße verlassen zu können. Sekunden später musste ich lachen, denn die nun zu fahrende Straße kam mir sehr bekannt vor: Ezio und ich waren sie vorgestern in umgekehrter Richtung stadteinwärts gefahren. Ich hätte mir also die Nachfrage in der TI sparen und denselben Weg zurückfahren können, wie wir ihn bei der Ankunft benutzt hatten. Das Positive aber war, dass ich durch die andere Route neue Ansichten über Santiago kennen gelernt habe und durch den Umweg ein paar Kilometer mehr gefahren bin.

Die Straße nach Lavacolla war mir als teilweise recht bergig in Erinnerung und ich überlegte, ob ich unbedingt jeden Berg hinauffahren müsse. Konditionell war das überhaupt kein Thema, aber ich würde transpirieren und käme damit verschwitzt heim. Also schob ich das ein oder andere Mal auch deshalb, weil ich Zeit hatte. Was mir aber bald weniger gefiel, war die längere Verzögerung der Ankunft beim Flughafen durch das Schieben. Ich hatte also meine Ungeduld leider noch nicht verloren und wollte die restlichen Berge fahren. Dadurch wiederum war ich zum Schalten gezwungen. Aber der zweite Gang ließ sich nicht mehr schalten.

Ich drückte mehrmals, zunächst ohne technische Reaktion, aber dann krachte es bei Tageskilometer 8,6 und der Schalthebel war locker wie ein Kuhschwanz. Ich stoppte und prüfte, was passiert war. Das Schaltseil war locker und aus dem Schalthebel gerissen. Zusätzlich war die Kette auf das kleinste Ritzel, den siebten Gang, die Grundposition, gehüpft. Das bedeutete, dass ich nun nicht mehr schalten konnte und alles im 7., 14. oder 21. Gang fahren müsste – auch bergauf. Normalerweise hätte ich mich sehr geärgert, aber nun musste ich lachen und dankte Jakobus für seinen bisherigen Schutz. Da ich ja auf dem Weg nach Hause war, hatte der Schaden keine schwerwiegenden Konsequenzen. Zu Hause stellte ich fest, dass ich das Ersatzseil zwar einziehen hätte können, nicht jedoch in den Schalthebel integrieren. Dafür wäre ein Spezialwerkzeug notwendig gewesen. Glück hatte ich also gehabt, dass ich den Umweg nach Lourdes nicht gefahren war und auch auf die Fahrt zum Kap Finisterre verzichtet hatte. Nicht auszudenken, wenn mir dieses Malheur irgendwo auf der Strecke passiert wäre…

Trotz des siebten Ganges stieg ich wieder auf und fuhr die Steigungen der restlichen Strecke bis zum Flughafen.

Ich fühlte mich völlig entspannt, als ich um 10:50 Uhr dort ankam. Nun suchte ich nach einer passenden Stelle, an der ich das Rad zerlegen und flugfertig machen konnte. Diese fand ich an einer Grünfläche unweit des Einganges zur Abflughalle. Damit schmutzige Hände bei den Radarbeiten weitgehend vermieden werden, kam ich auf die Idee, den ohnehin schon halbzerrissenen Schlafsack als Putzlappen zu verwenden. Das wäre dann sein letzter Nutzen auf der Pilgerfahrt.

Gemütlich auf dem Trainingsanzug als Kissen sitzend putzte ich das Rad beim Zerlegen. Von den Bussen, die mit Fluggästen nur wenige Meter neben mir stoppten, ließ ich mich nicht aus der Ruhe bringen.

Um 12 Uhr war alles fertig: Rad zerlegt, geputzt, im Bikebag verpackt und mit dem übrigen Gepäck auf einen Trolli festgezurrt.

Bald war auch ich flugtauglich angezogen und schob mit meinem Gepäcktrolli in die Abflughalle. Ich suchte den Schalter von Airberlin. Der freundliche Mann, Anfang Dreißig, erklärte mir dort, dass ich keine Flugkarte bräuchte. Mein Personalausweis sei alles, was ich um 15 Uhr beim Einchecken und der Gepäckaufgabe am Gate brauche. Wenn ich den Flug bezahlt hätte, lägen meine Daten elektronisch vor.

Oh, welche Überraschung, das nenne ich Rationalisierung! Hoffentlich gibt es keinen Systemausfall!

Auf dem Weg nach einem Sitz im Wartebereich suchend, bei dem ich meinen Trolli unmittelbar neben mir haben könnte, sah ich die Nische, in der die Radpilger ihre Räder zerlegen und in Kartons verpacken können. Es steht sogar angekettetes Werkzeug zur Verfügung. Nun sah ich, was ich trotz vorheriger Internetrecherche nicht eindeutig finden konnte. Es gab tatsächlich Kartons für jeden Radler. Ich hatte mein 2,5 kg schweres Bikebag unnötigerweise gekauft und dann noch fast 2600 Kilometer mitgeschleppt. Na ja, dann hatte es eben zum Konditionstraining gedient...

Nachdem ich mein Thunfisch-Bocadillo verdrückt hatte, versuchte ich mich zu entspannen, zu dösen und wartete auf 15 Uhr.

Kurz vorher ging ich zum angekündigten Gate und schloss mich der Miniwarteschlange an, die sich schon gebildet hatte. Als die Frau beim Einchecken meine Riesentasche sah, erklärte ich ihr, dass das mein Fahrrad sei. Sie fragte mich, ob ich den Transport bezahlt hätte. Klar! Dann ging sie mit mir und meinem Gepäck zur Seite an das große Förderband, das mein Gepäck abtransportierte. Ich fühlte mich erleichtert und murmelte vor mich hin: „Angelika, ich komme!"

Bei der Personen- und Handgepäckskontrolle wurde mir meine Reservewasserflasche abgenommen und in den Abfall geworfen – Sicherheitsgründe. Ich hatte mir doch das Wasser zum Durstlöschen gekauft und nicht für die Mülltonne! Hätte ich sie nur vorher getrunken.

Das Angebot im Duty-Free-Bereich war nicht viel größer als in den kleinen Märkten, die ich auf meinem Weg in Spanien erlebt hatte. Lediglich großzügiger und geschmackvoller war alles dargestellt, und teurer. Schwach wurde ich, als ich die Pilgerkuchen sah. Einer musste als authentischer Gaumengenuss für meine Lieben daheim unbedingt mit.

Dann war Warten angesagt bis zum Boarding-Aufruf. Durch die großen Fensterflächen konnten die Bewegungen sowohl auf der Rollbahn wie auch auf dem Vorfeld gut beobachtet werden. Als das Boarding angekündigt wurde, wollte natürlich jeder Wartende der Erste sein. Folglich entstand ein Riesenstau vor dem Einlass.

Als bei mir langsam Ärger hochkommen wollte, bemerkte ich doch Bewegung in der Abwicklung. Zuerst wurden die Behinderten, z. B. die mit Rollstuhl, die sehr Beleibten und alten Gebrechlichen durchgelassen.

Beim Besteigen des Flugzeuges wurde mir schnell klar, dass es sich von Santiago bis Palma täglich um einen Inlandsflug handelt. Mindestens 90 % der Fluggäste hatten spanische Gesichtszüge und die Bordunterweisung erfolgte in Spanisch.

Der Flieger war komplett ausgebucht. Die Flugdauer betrug nur eine Stunde und als Service gab es lediglich ein kostenloses Getränk.

In Palma de Mallorca musste ich für eine knappe Stunde in den Umsteigebereich. Dort sah ich ein bekanntes Gesicht: es war der Holländer, der Ezio und mich nach Vega bergauf mit Sonnenanbeterkluft im schlechter werdenden Wetter überholt hatte. Er war ebenfalls auf dem Rückflug und musste in Palma in einen Flieger nach Amsterdam umsteigen. Bei ihm war ein anderer deutscher Radpilger, den ich bisher nicht gesehen hatte. Er stammte aus Aalen und wartete auf seinen Flieger nach Stuttgart. Augsburg und Friedberg kannte er von seinen Radtouren, die er mit seiner Frau seit Jahren unternahm. So waren sie den Radweg Romantische Straße und Via Claudia schon bis Verona gefahren. Er sagte auch, dass ich mich auf Südtirol[31], die Radwege und die Gegend freuen könne. Durch das Fachsimpeln und Austauschen von Radwegtipps war meine Wartezeit bis zum Weiterflug ganz schnell vergangen.

Die Flugzeit von knapp 2 Stunden bis München war mir durch unsere Mallorcaflüge bestens bekannt und verging auch sehr schnell. Ein belegtes Brötchen und 2 Getränke beruhigten den hungrigen Magen.

Durch die Glastüre des Gepäcklieferbereiches konnte ich meine Angelika und Petra entdecken. Oh war das ein erfreulicher Anblick! Nur warten musste ich. Zuerst dauerte es etwas, bis das Förderband endlich anlief, dann kam mein Gepäck ziemlich zum Schluss. Inzwischen waren nur noch wenige Leute in dem Bereich und ich wartete immer noch – auf mein Rad. Als ich das Schild für sperriges Gepäck entdeckte, wurde ich wieder ruhiger. Hier musste es kommen, aber Angelika winkte etwas aufgeregt...
Nachdem ich das Rad auf dem Trolli verstaut hatte, konnte ich endlich zu meinen Lieben hinaus. Petra schoss sofort Fotos vom Heimkehrer und der Begrüßung seiner Angelika. Das aufgeregte Winken von Angelika sollte auf die ablaufende Zeit der Parkuhr hinweisen, doch zu diesem Zeitpunkt wartete ich noch auf mein Rad.

Kaum war das Gepäck im Auto verstaut, überraschten mich meine Lieben damit, dass ich heimfahren sollte. Ich folgte natürlich, war aber auf der Strecke sehr auf Petras Hilfe angewiesen, denn mir fehlte teilweise die Orientierung. Auf der Autobahn ging alles zu schnell. Von solcher Hektik war ich nach wochenlanger Radfahrt total entwöhnt.
Als endlich das Auto in der Garage stand und ich etwas später wieder in meinem Bett lag, war ich glücklich.

---

[31] unser für September bereits gebuchter gemeinsamer Radurlaub

Gott sei Dank für den Jakobsweg und die gesunde Heimkehr!

Am nächsten Tag hatte ich rückblickend auf die Autofahrt ein unangenehmes Gefühl. Von meinen Lieben war es gut gemeint, mich fahren zu lassen, aber im Nachhinein gesehen war es nicht richtig, sogar gefährlich. Aber Gott sei Dank waren wir gut heimgekommen.

Servus Jakobus!

Danach ...

Viele Wochen sind seit meiner Heimkehr vergangen. Manchmal, vor allen Dingen, wenn ich etwas davon erzähle / erzählen muss, kann ich es immer noch nicht glauben, dass **ICH** diese große, lange Fahrt gemacht habe. Seit dieser Erfahrung betrachte ich Leistungen, die andere Menschen vollbracht haben, mit ganz anderen Augen. Immer wieder sehe ich Szenen, Landschaften, Gesichter vor mir, wenn ich irgendwo ruhig sitze oder mit dem Rad unterwegs bin. Manchmal erwische ich mich, wie die Augen feucht werden...

Ich hatte immer genügend Getränke dabei und auch viel getrunken, ebenso Äpfel und Tomaten. Auch Speichel wurde genügend durch die Bonbonlutscherei und die Kaugummis aufgenommen. Diese Vorräte waren bis zum Ende der Pilgerfahrt fast aufgebraucht. Doch es hatte Tage gegeben, da gab es nach der Morgentoilette die erste **Blase**nentleerung abends vor dem Duschen. Die aufgenommene Flüssigkeit war als Schweiß ausgeschieden worden; und ich hatte viel geschwitzt, besonders um den Hüftbereich herum. Zu Hause hatte ich recht schnell nach einer Flüssigkeitsaufnahme einen Blasendrang. Deshalb musste die Blase wieder auf Fassungsvermögen trainiert werden, was doch einige Wochen dauerte.

Mein Eindruck von dem flachen Bauch mit leicht erkennbaren Muskeln, den ich im Spiegel des Refugios von Mansilla gesehen hatte, war schon richtig. Ich hatte rund 5 Kilogramm an **Gewicht** verloren. Das Tolle daran war, dass einige Hosen wieder passten, die in den letzten Jahren etwas enger geworden waren. Dennoch wollte ich wieder etwas Gewicht zulegen und hielt mich deshalb weder beim guten Essen zurück, das meine Frau ja immer schon kocht, noch beim Einkauf von Süßigkeiten. Noch vor Weihnachten brachte ich zu viel auf die Waage, so dass seitdem Naschen und abendliches Essen deutlich herunter gefahren wurden. Um sowohl die Kondition zu halten, als auch das Gewicht zu stabilisieren, will ich zukünftig die Radsaison erweitern. Dazu soll mir ein weiteres Rad, ein Mountainbike für kleinere Fahrten in der Gegend und zu fast jeder Zeit helfen.

Eine wichtige und unangenehme Erkenntnis nach der Heimkehr war die Hektik des Alltags hier und die Unmenge von Negativinformationen in Zeitung, Funk und Fernsehen. Ich brauchte **Ruhe und Zeit zum Einleben**. Es war nicht zu glauben, wie schnell ich mich von bestimmten Zwängen (z.

B. permanent laufende Musik aus Radio, von CD oder Kassette; zu welchem Zeitpunkt und auf welchem Sender kommen interessante Fernsehsendungen) entwöhnt hatte, die ich auch nicht vermisste. Meine Sorgen der letzten Wochen galten nur dem Trinken, Essen, Schlafen und der Strecke: wo kann ich Trinken und Essen nachkaufen, wo komme ich unter und wie geht meine Strecke weiter. Von manchem Straßenlärm abgesehen war es immer ruhig um mich und das bemerkte ich erst daheim. Ich wollte weiter Ruhe haben und möglichst niemand sehen. Der bald folgende Radurlaub mit Angelika in Südtirol half mir wieder auf die Sprünge.

Seit Jahren gab es nur noch selten Nächte, in denen ich durchgeschlafen habe. Ursache dürfte der berufliche Stress gewesen sein. Auf dem Pilgerweg wurde es nicht besser, nur hatte es andere Ursachen: kalt im Stroh, unbequem im Stroh und auf der Isomatte, schlecht ablassbare Blähungen durch die Salate, ärgerlicher Krach durch Fremde im Haus oder von der Straße her, sehr frühes Aufstehen und Rascheln der Fußpilger noch zu Nachtzeiten, nie aber das Schnarchen oder die Geräusche anderer Personen im **Schlaf**. Wieder zu Hause wurde es kaum besser. Diesmal war es aber die Blase, die mich zu Schlafpausen weckte. Mit diesem Problem kann ich gut leben, sofern es nicht durch mein Blasentraining beseitigt wird.

Wie schon seit 20 Jahren üblich, so wird es auch über den „Urlaub" Pilgerfahrt einen **Kalender** geben. Nicht nur mich / uns sollen 13 Fotos das folgende Jahr begleiten. In unterschiedlichen Versionen wurde er erstellt: für uns und Heinz die schönsten Bilder, für die Eltern / Schwiegereltern 13 Bilder mit ihrem Sohn / Schwiegersohn in besonderen Situationen. Nach Abschluss dieser Erinnerungen werde ich noch eine Version „Ezio" erstellen und Ezio als Erinnerung schicken.

Über die Internetadresse ist Ezio zwar zu erreichen. Nur trat hier das Sprachenproblem ganz deutlich auf. Bei der gemeinsamen Fahrt konnte mit Augen, Mimik, Gesten und in Brocken unterschiedlicher Sprachen gesprochen werden. Per **Email** klappt das nicht mehr. Mithilfe der italienischen Sprachkenntnisse einer ehemaligen Kollegin konnten Texte übersetzt und rückübersetzt werden. Erst die knappen Weihnachts- und Neujahrsgrüße konnte ich allein / mit Internet übersetzen und an Ezio schicken.

Bei der ersten Vorstandssitzung der Kolpingsfamilie nach meiner Rückkehr wurde ich gebeten, über meinen Weg in einen **Diavortrag** im

Rahmen des Kolpingsprogrammes zu berichten. Auch unser Pfarrer fragte mich nach einem Gottesdienstbesuch, ob ich bei einem der Seniorennachmittage Bilder über meine Pilgerfahrt zeigen würde. Selbstverständlich konnte ich die Wünsche nicht abschlagen und machte mich auch bald an die Arbeit.

Die angegangene Arbeit für die **Diashows** bestand aus Erstellung eines Fotobuches, Nachkauf von fehlenden Straßenkarten, Versuche in OpenOffice und WindowsVideomaker, Suche von passender Musik bis hin zur Sicherung der CD-Sammlung.

Schlussendlich erstellte ich für unsere Hauszeitschrift den **Artikel** „Mein Jakobsweg ...". Gebeten wurde ich in einem Anruf meines Ex-Chefs Anfang Mai 2008, dass auch er auf der Suche nach Beiträgen für die Mitarbeiterzeitschrift sei. Ich erfüllte ihm gerne den Wunsch.

Bis zum fertigen Beitrag, der in meiner vollständigen Fassung veröffentlicht wurde, begleiteten mich meine Frau, meine Kinder, aber auch mein Radlfreund Christian[32]. Der Artikel kam offensichtlich recht gut an, was die persönlichen Ansprachen und Anrufe von Ex-Kollegen bewiesen.

---

[32] Ihm danke ich *besonders herzlich* für sein sehr aufwendiges Lektorat meiner Erinnerungen, eine der Voraussetzungen zur Veröffentlichung dieses Buches

Und - Ziel / Ziele erreicht?

„… Hier glaubte ich die Möglichkeit zu haben, Abstand vom hektischen Beruf zu gewinnen über das bisherige Leben nachzudenken und meinem Schöpfer Dank für ein erfülltes Leben zu sagen".

- „Abstand vom hektischen Beruf gewinnen"

Zwar habe ich während der Fahrt oft an meinen Beruf und an meine Ex-Kollegen gedacht, aber es war schon ein gewisser Abstand festzustellen.
Die Hektik allerdings abzulegen gelang mir nicht so recht. So konnte ich einfach nicht warten. Ich musste immer weiter.
Mit Freude registrierte ich zu Hause, dass doch eine Verbesserung eingetreten war. Schnelligkeit beim Autofahren, die Lautstärke von Besuchen, die aufdringliche und negative Information in Rundfunk und Presse – das alles störte. Es dauerte Wochen, bis ich Nachrichtensendungen ansehen konnte. Auch in der Öffentlichkeit auftreten, wie z. B. den Sonntagsgottesdienstes zu besuchen, war mir zu anstrengend. Am liebsten war ich zu Hause im Garten und bei meiner Angelika.
Leider unverändert blieb meine Einstellung zum Warten: das klappte einfach nicht. Mir war es deutlich lieber, es bewegt sich etwas …

- „über Leben nachdenken"

Sehr viel habe ich über meine Vergangenheit, mein Leben, meinen Beruf, aber auch über aktuelle Probleme nachgedacht. Nicht immer fand ich Lösungsansätze. Die Erkenntnis darüber akzeptierte ich und will sie auch beibehalten, denn ich allein werde Probleme nicht ändern und den Gang der Welt kaum beeinflussen können. Und meine Kinder? Sie werden selber weiterkämpfen müssen, vor allem dann, wenn wir, ihre Eltern nicht mehr sind. Bis dahin will ich im wesentlichen Ratgeber und nur Helfer sein, wenn erwünscht…

- „meinem Schöpfer Dank für ein erfülltes Leben zu sagen"

Schon seit längerem verspüre ich das Bedürfnis, zu danken; wohl eine Folge des zunehmenden Alters. Nicht nur zu festen Ereignissen wie in Gottesdiensten, sondern auch und vor allem spontan, wenn sich etwas

Außergewöhnliches ereignet bzw. wenn ich mir einer Sache plötzlich bewusst werde. Dieses Empfinden hat sich auf meinem Jakobsweg noch verstärkt. So z. B. durch die lange und freiwillig gesuchte Einsamkeit, trotz einer glücklichen Partnerschaft; oder der glückliche Ausgang der seltsamen Verfolgungen, das heile Ankommen nach schnellen Abfahrten, das unkomplizierte Unterkommen fern der Heimat.

Viele Gebete und geistliche Lieder waren die tägliche Basis meines Jakobsweges.

Und das soll auch so im täglichen Leben bleiben!

Technisches kompakt

Land	Datum	Tag	Ort	Höhe	Pass / Besonderheit	höhen-meter	km	Tages-fahr-zeit	puls	max.	höhen-meter	Länder-km	fahr-zeit
D	10.7.07	1	Wulfertshausen	514		649	95,10	6:08	119	160			
	11.7.07	2	Ottobeuren	652		823	107,07	6:21	122	153			
	12.7.07	3	Lindau	384	Schifffahrt nach Rorschach						1.472	202,17	12:29
CH	13.7.07	4	Wattwil	909	Etzelpass 950m; Haggenegg-pass 1.414m	1.158	56,55	4:43	122	150			
	14.7.07	5	Brunnen	426	Schifffahrt nach Treib; Bahnfahrt nach Brünig-Hasliberg; Brünigpass 1.007/m	1.342	72,76	5:43	123	203			
	15.7.07	6	Brienz	600		1.275	79,63	5:54	118	150			
	16.7.07	7	Freiburg	624		839	97,00	6:06	113	166			
	17.7.07	8	Rolle	408		674	95,10	5:43	106	168	5.288	401,04	28:09
F	18.7.07	9	Seyssel	289		645	92,34	5:17	103	155			
	19.7.07	10	Faramans	410		823	116,18	6:24	110	147			
	20.7.07	11	Montfaucon-en-Velay	971		1.492	100,80	6:17	122	155			
			Montbonnet	1.121		1.243	85,73	6:02	111	189			

Fortsetzung 1

Land	Datum	Tag	Ort	Höhe	Pass / Besonderheit	höhen-meter	km	Tages-fahr-zeit	puls	max.	höhen-meter	Länder-km	fahr-zeit
	21.7.07	12	Aumont-Aubrac	1.080	Col d'Aubrac 1.340m	1.238	78,15	5:15	112	179			
	22.7.07	13											
	23.7.07	14	Port d'Agrès	277		869	125,76	6:47	110	207			
	24.7.07	15	Cajarc	221		426	58,50	3:12	108	141			
	25.7.07	16	Lauzerte	200		452	98,43	5:57	105	141			
	26.7.07	17	Condom	78		1.256	113,99	6:34	115	174			
	27.7.07	18	Arzaq-Arraziguet	237		1.157	109,20	6:21	111	175			
	28.7.07	19	St.Jean-Pied-de-Port	200	Ibaneta-Pass 1.057m; Alto de Erro 801m	1.330	119,10	6:52	114	215	10.931	1.098,18	64:58
	29.7.07	20	Pamplona	438	Alto de Perdón 679m	1.230	78,90	5:33	117	202			
	30.7.07	21	Logrono	388		1.315	96,55	6:01	115	179			
			Santo Domingo de la Calzada	668		572	50,04	3:15	110	171			
	31.7.07	22			La Pedraja 1.162m								
	1.8.07	23	Burgos	889		766	73,76	4:35	110	183			
			Carrión de los Condes	862		557	96,26	5:28	110	172			
	2.8.07	24	Mansilla de las Mulas	810		387	85,23	4:22	103	210			
	3.8.07	25	Astorga	881		469	67,40	4:10	98	141			

251

Fortsetzung 2

Land	Datum	Tag	Ort	Höhe	Pass / Besonderheit	höhen-meter	km	Tages-fahrzeit	puls	max.	höhen-meter	Länder-km	fahrzeit
	4.8.07	26	Ponferrada	595	Cruz de Ferro 1.504m	757	56,75	3:45	122	212			
	5.8.07	27	Vega de Valcarce	727	Alto del Poio 1.335m	377	40,39	2:31	100	149			
	6.8.07	28	Portomarin	455		1.571	90,76	6:12	112	201			
	7.8.07	29	Santiago de Compostela	331		1.511	97,55	5:59	112	179			
	9.8.07	31	Flughafen	410		271	15,57	1:14	115	147	9.783	849,16	53:05
					Geradelt:	**27.474**	**2.550,55**	**158:41**		**5174**			
					Tagesschnitt:	**886**	**82,28**	**5:07**	**109**	**167**			

252

Lightning Source UK Ltd.
Milton Keynes UK
UKHW020642250719
346798UK00009B/751/P